闲话北洋
XIANHUABEIYANG

明绍宇 编著

河南大学出版社
·郑州·

图书在版编目(CIP)数据

闲话北洋/明绍宇编著.—郑州:河南大学出版社,2012.2
ISBN 978-7-5649-0654-2

Ⅰ.①闲… Ⅱ.①明… Ⅲ.①北洋军阀史 ②北洋军阀—历史人物—人物研究 Ⅳ.①K258.2 ②K827=6

中国版本图书馆CIP数据核字(2012)第020166号

责任编辑　朱少雅
责任校对　陈　超
封面设计　翟淼淼

出版发行	河南大学出版社
	地址:郑州市郑东新区商务外环中华大厦2401号
	邮编:450046
	电话:0378-2811016
	0371-86059701(营销部)
	网址:www.hupress.com
排　版	郑州市今日文教印制有限公司
印　刷	郑州市欣隆印刷有限公司
版　次	2012年5月第1版
印　次	2012年5月第1次印刷
开　本	890mm×1240mm　1/32
印　张	8.5
字　数	213千字
定　价	25.00元

(本书如有印装质量问题,请与河南大学出版社营销部联系调换)

鑑上副妄耗本

序　言

　　习惯了在夜深人静的时候泡上一壶香茗,幽幽的香,淡淡的苦,袅袅的水汽中,无以言说的愁绪,全都在夜色中缄默不语。习惯了品完茶后去窗前看夜空,暮色四起,繁星点点,无垠长河中,哪一颗才属于自己?遥望星空,我常常想,如果将夜空比做漫长的历史,那么,星星定是历史上留下光芒的个体。星河灿烂,一时承载了多少的叱咤风云?然而,千古风流谈笑间,能被今人记住的终究不多。今天发生的事情如何才能让后人了解呢?这就产生了"书写"。屈原选择了"书写",于是产生了"与日月争光可也"的《离骚》;司马迁选择了书写,于是产生了"史家之绝唱"的《史记》;曹雪芹选择了书写,于是产生了"字字看来都是血,十年辛苦不寻常"的《红楼梦》……通过一个个文本的阅读,我们才得以了解历史,深入历史,也才能够"以史为鉴,感知兴替"。

　　一百多年前,武昌新军里革命党人的一声枪响,开启了推翻统治中国两千多年封建帝制的道路,中国从此踏上了通往共和的长路征途。但共和之路并不平坦,袁世凯窃取了革命果实,建立了以北洋军为主体的"北洋政府"。袁世凯死后,北洋军分成几个派别,虽说中央政府一直在北京维持着,但早已名存实亡。举国分崩离析,各派军阀拥兵自重,各自为政。为了各自的利益,他们之间或联合,或分裂,烽烟四起。内有军阀混战,外有帝国主义虎视眈眈,民众苦不堪言,古老的中国又一次遭受了前所未有的灾难。打开历史的帷幕,让我们走进那个战火纷飞、民不聊生的年代,去了解那时的人,那时的事……

中国数千年的王朝更替使得我们总会习惯性地按照政权主体的存在进行分段,于是就有了秦汉魏晋、宋元明清等一代代王朝。但北洋政府的定义却有了新的含义。北洋政府并没有真正地统一全国,当时仍有很多地方政权不服从中央的统一号令,但它有国旗,有国歌,是当时被世界各国承认的中华民国合法政府。在它的主导下,中国加入协约国,参与第一次世界大战,并以战胜国的身份出席巴黎和会。本书中所谈人物大都是这段时期的风云人物,他们的功业多在此时达到了顶峰。或许我们早就将他们遗忘,或许我们从未说起过他们,但在当时,他们都是能够呼风唤雨的掌权者。我们今天所要做的工作,就是走近这群人,在历史的尘埃里,去发掘他们作为"人"的本真。

北洋政府时期,中国正处于一个新旧交替的时代,传统文化面临着巨大的挑战,西方思想随着坚船利炮涌入中国,身处其中的个人犹如风雨中飘摇的树叶。那些曾经的时代风云人物,在北洋政府时期或是毁誉参半,或是臭名昭著。他们有的造福一方,受人敬仰;有的则凶残毒辣,遭人唾弃。他们的一举一动都改变着北洋政府的政治格局,一个细微的决定都关乎成千上万条无辜的生命,一个无意的疏忽都可能造成生灵涂炭、寸草不生的惨剧。对于历史人物,我们很难简单地用好坏去评判他们,也不应以今天的眼光去解读他们当时的作为。毕竟,早就有人说过:"在古人之后议古人之失,则易;处古人之位为古人之事,则难。"历史的车轮滚滚而过,跳出当事人的主观,眺望他们的背影,留给我们更多的是无限的遐想与深思。本书就是试图走近他们,了解他们,从而揭开缭绕在他们身上的云雾,从灰蒙蒙的资料中擦拭出一张张鲜活的面孔。

你是否知道性情暴烈的段祺瑞有自己的"六不原则"?你是否认为张勋"复辟"真的只是一场突如其来的闹剧?你是否想过被称

为"傀儡总统"的黎元洪如果不是生于乱世命运又将如何？的确，历史是不容假设的，它早已变成一组组生硬而空虚的字符，洒落在书本上，流淌进人们的记忆里。但是，返归历史的细节，于浮游之际了解人物生活的悲喜，我们才能更真实地进入他们的世界，了解他们的所思所感。也许只有如此，我们才能对他们的所作所为有更深刻的理解。不然，历史永远都只能成为几本教科书，一串字符，或是一个又一个的问号。

为了便于人们去了解北洋时期的那段历史，我选择了这样一个视角——闲话。不做高头讲章，用干巴巴的史料去考证人物生平事迹；也不捕风捉影，凭空造出一个个可笑的脸谱。借着闲谈北洋时期的往事，带领大家去认识那段风起云涌的历史，也去了解那些即将被我们遗忘或曲解的历史人物。书中没有文学家的华丽辞藻，也没有历史学家的严谨与求实，只是试着用一种轻松的语调去讲述我们所了解的北洋政府和那时的风云人物。定名为"闲话北洋"就说明了本书的基调：权当茶余饭后的趣味读物罢了，有趣也有益。最终，我们选取了三十个人物，选择他们最突出的特点，不再拘泥于教科书中简单的评价，而是尽可能把他们的主要事迹介绍给大家，以便读者更全面地了解真实的人物。"读史可以明智"，于兴亡更替间医愚清心，相信大家和我一样，在历史的长河中徜徉时，总会为自己的细心发现而惊喜不已。

秋水无痕，聆听落叶的倾诉。历史已然尘埃落定，"你见或者不见，它都在那里"，等待着被发掘。"书不尽言，言不尽意"，由于编写者水平有限，加之时间仓促，本书的错误之处在所难免，欢迎读者朋友们批评指正。朋友，就让我们一起遨游书海，去体味那段历史中人物的悲欢离合吧。是为序。

明绍宇

2011年7月

目录

闲话北洋

"六不总理"段祺瑞 /3
"和平总统"冯国璋 /14
"北洋之龙"王士珍 /25
"文治总统"徐世昌 /34
"秀才将军"吴佩孚 /42
"基督将军"冯玉祥 /52

"贿选总统"曹锟 /61
"土匪大帅"张作霖 /70
"反戈鬼子"郭松龄 /81
"北洋财神"梁士诒 /91
暴死"湖北王"萧耀南 /101
"五朝元老"萨镇冰 /111

"贪鄙将军"王占元 /121
"严酷炮将"倪嗣冲 /129
"三不知将军"张宗昌 /135
"汉奸军阀"齐燮元 /142
被赶下台的"湖南王"张敬尧 /150
"五省联帅"孙传芳 /159

"复辟辫帅"张勋 /169
"傀儡总统"黎元洪 /177
"超然将军"姜桂题 /187
"北洋奇葩"徐树铮 /194
狡黠无为的荫昌 /202
"近畿循吏第一"朱家宝 /208

"长江三督之首"李纯 /215
"快马张"张锡銮 /223
"马桶将军"王怀庆 /229
拒签《二十一条》的周自齐 /234
"抽签省长"张怀芝 /243
"斜眼将军"靳云鹏 /250

苍茫大地，寂静者居多；寥廓江天，笑傲者甚伟。当我们咂品历史，指点江山激扬文字欣于所遇时，岂不知人生在世，如寄蜉蝣。芸芸众生能在岁月大浪淘沙式的洗礼中留下些许痕迹者少之又少。然历史从不乏出类拔萃之人，他们如周天星辰，垂光四射，令后世之人钦羡扼腕……

"六不总理"段祺瑞

只要翻开中国近现代史,走进那个武夫治国的时代,我们就会发现一位"魔鬼"总理,他就是鲁迅先生笔下"三一八"惨案的元凶:段祺瑞。但令人惊讶的是,这位"魔鬼"总理一生买不起房,靠租房过日子,晚年更是贫困潦倒。也是这位"魔鬼"总理,一生立志要捍卫民主与共和,在获知枪杀学生的消息之后,长跪不起,旋即引咎辞职,开始僧人般的斋戒生活,直至去世,以求洗清自己的罪孽。更是这位"魔鬼"总理,一生谨守"不贪污肥己,不卖官鬻爵,不抽大烟,不酗酒,不嫖娼,不赌钱"的"六不原则",留下了"六不总理"的美名。

练兵能人成虎将

1865年段祺瑞出生在安徽六安县一个普通的农户家庭,这原本是件令人高兴的事情,但家庭的贫困使孩子的出生没有给他的父母带来多少欢乐。相反的,因为添丁,本来就生活拮据的家变得更加一贫如洗。在他16岁那年,年迈的父母再也无力供他读书,他只好孤身一人到山东投奔亲戚,后经亲戚托人介绍,进入当地的驻军,并因识字的缘故,幸运地被收留在军营中。

时光荏苒,四年倏忽过去了,由于勤

奋刻苦加上天资聪颖,20岁时段祺瑞以优异的成绩考入李鸿章创办的北洋武备学堂,成为第一期预备生。后来他又被分入炮兵科,成了一名炮兵。在校期间,段祺瑞勤奋苦学,"攻业颇勤敏,以力学不倦见称于当时,治学既专,每届学校试验,辄冠其侪辈,与王士珍等齐名于世"。最终,他以"最优等"的成绩从武备学堂炮兵科毕业,并前往当时世界上陆军最强的德国留学,顺利地进入柏林军校。两年的艰苦学习,使段祺瑞掌握了很多先进的军事理论与技能,回国后,他先被派任为北洋军械局委员,后来又被调到威海随营武备学堂任教官。

在武备学堂做了5年教官后,已经30岁的段祺瑞在工作和生活上都取得了不错的成绩,在外界看来他也俨然成了一位成功人士,但在内心深处他无时无刻不渴望能去成就一番大事业。恰恰在这年,段祺瑞迎来了自己一生中最重要的转折点——结识袁世凯。当时袁世凯奉命在小站主持练兵,极需军事人才。在荫昌的推荐下,段祺瑞得以与日后权倾朝野的袁世凯相识,并被任命为新建陆军左翼炮队第三营统带。段祺瑞的人生开始了翻天覆地的变化。

虽然袁世凯因称帝被后人唾骂,但在用人的谋略上还是有其过人的眼光的。段祺瑞因其卓越的才能和对袁世凯的忠心被委以重用,很快他就成为袁世凯手下的一名得力干将,一路高升。然而,这时的大清王朝却如同一艘已经触礁的泰坦尼克号,虽然不会马上沉没,但是伤痕累累的船身早已灌满了太多苦涩的海水,船再大也终究逃不过沉没的命运。野心勃勃的袁世凯像一头饥饿的野狼,贪婪地窥视着大清的没落,静静地等待着一个合适的时机坐上他日思夜想的宝座。段祺瑞自然也梦想着凭借袁世凯这块跳板跳得更高,所以他一心一意地追随袁世凯这棵大树。可世事难料,袁世凯的如意算盘打错了。1907年9月,清政府调袁世凯任军机大臣兼外务部尚书,削去了袁世凯的兵权并架空了他。次年11月,慈禧和光绪先后病逝,摄政王载沣开始掌握国家大权。

这也许应该是袁世凯人生中最灰暗的一段时光了,他的美梦似乎也已经完全破裂。但袁世凯毕竟是在朝廷混迹了多年的老狐狸,在黑暗中他还是看到了一丝光明,那就是段祺瑞。清政府虽然架空了袁世凯,段祺瑞却仍被重用,并被授予镶黄旗汉军副都统之职,专职督办陆军各学堂。袁世凯知道段祺瑞跟随自己多年,一直忠心耿耿,虽然这位"北洋之虎"的性格暴烈,但是自己对段祺瑞是有过知遇之恩的,以他的性格绝对不会见死不救。于是,他派人向段祺瑞传达了载沣想要杀掉自己的讯息,不出袁世凯所料,段祺瑞在获得这个消息后,当机立断,"纵容"手下的士兵制造了一场假的兵变,这才迫使载沣不敢对袁世凯下手。加上朝廷的诸多重臣都劝载沣三思,无奈之下,载沣只能解除袁世凯的官职,让他称疾退隐。袁世凯回到了河南安阳的洹上村,过起了赋闲垂钓的生活。

尽管袁世凯在自己政治生涯极为落寞的这三年时间里过着悠闲自

袁世凯赋闲垂钓

在的日子,但他依然暗自密切地关注着北京城的一举一动。段祺瑞也凭着自身的实力,对袁世凯严加保护。他自己也不时地去慰问一下袁世凯,和袁世凯密议局势。老谋深算的袁世凯又一次准确地看到了自己翻身的希望,并对段祺瑞"感恩戴德",这也为日后段祺瑞的飞黄腾达埋下了伏笔。

三造共和为国体

在辛亥革命后,皇权专制已经被人民打倒,共和作为一种新的政治体制,被中华民国所采用,但其根基并不牢固,时不时就有人想复兴专制以满足个人的私欲。作为曾经留过洋的人,段祺瑞对历史潮流有着清醒的认识,他一直主张共和,素有"三造共和"的美誉。依照今天人们的眼光去看段祺瑞的"三造共和",不能否认有其自身的目的,或是为争夺权位,或是要平息事端,或是为其他种种,而且"共和"背后的纷乱与争斗都给萌芽中的中华民国几度带来了混乱与不安。但从客观上来讲,段祺瑞"三造共和"的姿态,却有利于共和的思想广泛传播,并为共和思想深入人心起到了重要的作用。

1. 一造共和

1911年10月10日,武昌起义爆发。革命军在湖北成立了湖北军政府,与清政府对峙,惊恐不安的清政府急忙调动北洋军主力前去镇压。虽然身为清政府的朝廷命官,手握北洋军权的段祺瑞出于多种目的却听从了袁世凯的指挥,北洋军没有大举进攻,这就为在武昌起义的新军提供了喘息、壮大的机会,从而有力地推动了辛亥革命的成功。

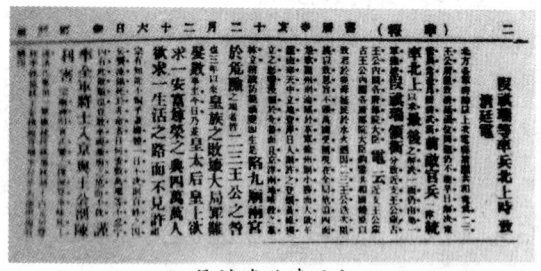

段祺瑞致清廷电

1912年1月,以孙中山为首的革命派在南京成立中华民国临时政府。这时的段祺瑞更加确定了自己支持共和的立场,他从汉口退兵并驻兵孝感,同时派了总参赞官靳云鹏从汉口进入北京,暗自联合各军,要求清政府共和。同年1月26日,段祺瑞亲自向朝廷进言,并联合46名北洋高级将领,发出了致内阁代奏电,要求清廷"宣示中外,立定共和政体",病入膏肓的清政府还在固执地抵抗,拒绝了段祺瑞等人的要求。几天后,段祺瑞又以"清君侧"为名实行了兵谏,联合第一军8名协统以上的高级将领发出代奏电,称"共和国体,原以致君于尧舜,拯民于水火。乃因二三王公迭次阻挠,以至恩旨不颁,万民受困,瑞等不忍宇内有此败类也",若不准予实行,将"率全体将士入京,与王公剖陈利害"。为了逼迫清政府妥协,段祺瑞更是将其司令部由湖北孝感迁到了距北京只有一步之遥的保定,这就给清廷造成了巨大的军事压力。尽管段祺瑞的兵谏是在袁世凯的授权示意之下进行的,但兵谏对清帝退位、推进共和起到了至关重要的作用。

1912年2月15日,袁世凯被南京临时参议院推举为中华民国临时大总统,段祺瑞也被袁世凯任命为陆军总长,成为民国初年最耀眼的政治明星之一。

2. 二造共和

当上了临时大总统的袁世凯并不满足,他对帝位早就抱有野心,常常试探着问他身边的将领对其称帝有何看法,段祺瑞明确表示"称帝不妥"。1915年1月,日本向袁世凯提出"二十一条",段祺瑞、冯国璋领衔十九省将军致电北洋政府表示坚决反对,直指"有图破坏中国之完全者,必以死力拒之,中国虽弱,然国民将群起殉国"。袁世凯为此专门召开对日会议,会上段祺瑞直接表示自己的反对意见,态度强硬,并主张动员军队,对日采取强硬态度。同年5月2日,时任陆军总长的段祺瑞联合参谋总长黎元洪、海军总长刘冠雄带领三部将领到关岳庙宣誓,以示军人忠诚卫国的决心。但当时袁

世凯已经被"帝王"的称号迷了心窍,为了满足自己做皇帝的美梦,他竟然决定屈从于日本的无耻要求,签署"二十一条"。段祺瑞眼见形势无法挽回,气愤之下就向袁世凯提出了辞呈。

后来袁世凯对部下大封爵位,对他极其忠心的段祺瑞却并没有在授爵之列,冯国璋、黎元洪、徐世昌等人也对授予的爵位表示了拒绝。段祺瑞为了共和政体,第一次没有服从袁世凯。他一再致电袁世凯:"恢复国会,退位自全。"北洋核心军阀对帝制的抗拒以及外界的压力最终迫使袁世凯宣布退位,恢复了"中华民国"的年号。

3. 三造共和

黎元洪继任中华民国大总统后,以段祺瑞为首领的皖系势力已经逐渐壮大,并掌控了北京政府的实权。为了积极扩充自己的实力,名为总统却无实权的黎元洪与段祺瑞在国务院秘书长人选问题上产生了矛盾,并发生争执,最后不得不由徐世昌出面协调。

一波未平一波又起,黎段双方很快就在为是否加入一战并对德国宣战的问题上,再次将矛盾激化,双方斗争更趋激烈。为了达到主战的目的,段祺瑞命令他手下的十几个督军赶到北京,对总统施加压力,后又迫使黎元洪在已经拟好的对德宣战书上盖上总统大印,黎元洪迫于无奈,勉强在文件上盖章。但是黎元洪并不甘心,他在等机会报复强势的段祺瑞。不久,黎元洪的机会来了。原本加入一战只需要通过国会的讨论议程就可以生效,但段祺瑞手下的傅良佐帮主心切,反而弄巧成拙,使国会对他们的大肆干涉强烈不满。恰好此时段祺瑞私自向日本借款之事又被《京报》披露,全国哗然。黎元洪趁机下令撤销段祺瑞的总理职务,段祺瑞愤然离京赴津。据说,段祺瑞被黎元洪的这一决定气得鼻子都歪了。各地督军闻段祺瑞被免职,纷纷暴跳如雷,安徽、河南、浙江、山西、山东、陕西、福建、奉天、直隶和黑龙江等省纷纷宣布独立。

无奈之下,黎元洪只好邀请张勋进京调解。1917年6月张勋带兵入京。令所有人出乎意料,他竟然冒天下之大不韪,重新拥立溥仪称帝,这一复辟之举再次激起了各方民众的不满与愤怒。黎元洪赶紧向段祺瑞伸出橄榄枝,段祺瑞以"讨逆军总司令"的名义发出讨伐张勋的通电,并在马厂誓师,与冯国璋联电,共数张勋八罪,同时发表檄文,讨伐张勋。7月5日,段祺瑞回到天津,宣布正式就任国务院总理之职,之后讨逆军开始进攻,很快攻入北京,张勋狼狈逃走。复辟之乱平定之后,黎元洪被迫引咎离职,段祺瑞于17日正式就任国务总理兼陆军总长。

段祺瑞赶走张勋后,张国淦曾经力劝他迎黎元洪复位,张国淦认为:"相对而言,和黎元洪共事其实比较容易,因为他手中无兵,而且刚经受过挫折,会吸取教训;而冯国璋既有兵权,又是新官上任,遇事必然逞强好胜,因此更难对付。"尽管张国淦的分析较为客观,也完全是出于为段祺瑞的考虑,但是段祺瑞对于自己被罢之事始终耿耿于怀,最终因私废公,拒绝采纳张国淦的建议,邀请冯国璋任总统之职,这也为自己后来的失败埋下了伏笔,当然,这是后话。

盲目宠信或性情

北洋时期军阀割据,派系林立,各军阀都有自己的幕僚与军师,这原本也是常理。但谈及段祺瑞与徐树铮的关系,则不得不称为传奇。徐树铮雄才大略,为段祺瑞旗下"四大金刚"之一。此人素以"能干"著称,被视为段祺瑞的灵魂。但他为人锋芒太露,胆大妄为,桀骜不驯,树敌太多。正所谓"成也萧何,败也萧何",徐树铮凭借其胆识与才略为段祺瑞立过汗马之功,但也给段祺瑞制造了很多麻烦,致使他最终失败。

段祺瑞是出了名的"护短",为了徐树铮,他更是不惜得罪任何人。袁世凯对"冷面气傲、盛气凌人"的徐树铮早就耿耿于怀。一次,袁世凯对段祺瑞说:"徐树铮为人冲动鲁莽,不适合任陆军次

长。"段祺瑞却说:"小徐子对大总统很忠心,也很能干,这陆军次长一职很适合。"后来袁世凯再次要求撤换徐树铮时,段祺瑞因护爱将心切,居然蹦起来对袁世凯大发雷霆:"大总统是一国之主,想撤谁都行,我这个陆军总长连着小徐子的那个次长也一齐撤了吧。"说完,转身就走。段祺瑞为了徐树铮敢与袁世凯叫板,足见他对徐树铮的器重。

著名的"府院之争"的导火索也是徐树铮。当时黎元洪不仅要看段祺瑞的眼色行事,就连段下面的徐树铮也不把大总统放在眼里。有一次徐树铮拿着一份人事任免名单要总统批示,黎元洪稍有怠慢,他已经不耐烦了:"这是急办的事,快盖章签字,不要磨蹭。"黎元洪自然受不了这种轻慢,向段祺瑞提出抗议,后者却断然声明:"我当初为了小徐子连袁项城也敢得罪。如果你实在容不下他,总统的位子不当也罢。"黎无洪只好忍气吞声,而他与段祺瑞的矛盾也愈演愈烈。直皖战争中,直系碍于段祺瑞在北洋系的威信及地位,也只是以"清君侧"的名义,要求罢免徐树铮。尽管当时段祺瑞并没有做好战争的准备,但他却拒绝交出徐树铮以求自保,反而是极力应战,落得满盘皆输、被迫下野的下场。

1922年直奉交恶,段祺瑞在张作霖、孙中山、冯玉祥的三角同盟中短暂复出,为了防止冯玉祥为他的舅父报仇(徐树铮曾派人杀害了冯玉祥的舅父陆建章),段祺瑞上任后立即下令徐树铮出国考察,但徐树铮最终未能逃脱,在廊坊被枪杀。徐树铮被杀后,段祺瑞捶胸顿足,连连说:"断吾肱股!断吾肱股!"徐树铮死后,段祺瑞通电表示自己随时可以下野,悲痛异常。虽然此时的段祺瑞已经无力为追随自己大半生的徐树铮复仇了,但是他对徐树铮的深厚感情却始终未变。据段祺瑞的后人讲,1926年4月,下野后的段祺瑞一次乘车经过廊坊时,开窗西望达10分钟之久。"口唇微动,喃喃自语,老泪盈眶,掩面入卧。"段祺瑞临去世前嘱咐孙子段昌义,每年摆供祭祖时,在祖先牌位旁边,必须摆上徐树铮的牌位,并给徐爷爷磕头。

段祺瑞虽然因性格暴躁而被称为"北洋之虎",但他对爱将徐树铮的爱护之情确实也令人看到他重情重义的豪侠之气的真性情一面。

正气晚年保名节

1926年3月18日,北京各界反帝群众五千余人在天安门前举行大会,会后举行示威游行,政府卫队向请愿队伍开枪,造成了轰动中外的"三一八"惨案。当时,段祺瑞是中国政府最高军政长官,对这件惨案有着不可推卸的责任。在得知卫队开枪打死学生之后,段祺瑞很是无奈和气愤,顿足长叹道:"一世清名,毁于一旦!"随即赶到了事发现场,面对死者长跪不起。接下来对各个学校举行的悼念活动,以及民众的"国民追悼大会"和各种报刊的详尽报道,段祺瑞政府也没有阻拦。国会通过屠杀学生的"首犯应听候国民处分"的决议之后,段祺瑞立即下令处罚了凶手,并按照国会要求

示威游行的学生队伍

颁布了对死难者家属的"抚恤令"。为了表示自己的忏悔之意,段祺瑞决定从此终生素食,至死没有改变。4月20日段祺瑞怀揣着内心多种复杂的滋味通电下野,退居天津日本租界,自号"正道居士"。从此慢慢退出了政治舞台。

"九一八"事变后,日军侵占了我国东北三省,关东军特务机关长土肥原数次到天津密晤段祺瑞,希望段祺瑞能够出面组织华北

政府,并表示日本愿意对此全力支持,但这个请求却遭到段祺瑞的严厉拒绝。到了1933年1月,国际国内局势变得更加复杂,为了防止被日本人利用及陷害,段祺瑞应蒋介石的邀请,离开天津,赶到南京,并最后转至上海。在接受记者采访时,段祺瑞明确表示:"日本横暴行为,已到情不能感,理不可喻之地步。我国唯有上下一心一德努力自救。语云:'求人不如求己。'全国积极备战,合力应付,则虽有十个日本,何足畏哉?"

1936年11月2日,段祺瑞在上海病逝,终年71岁。弥留之际,留下亲笔写下的遗嘱,提出"八勿"之说,以作"复兴之道":勿因我见而轻起政争;勿尚空谈而不顾实践;勿兴不急之务而浪用民财;勿信过激言行之说而自摇邦本;讲外交者,勿忘巩固国防;司教育者,勿忘保存国粹;治家者,勿弃国有之礼教;求学者,勿骛时尚之纷华。

六不总理美名扬

今天,人们对于段祺瑞的评价众说纷纭。有不少人认为他一生倾心权术,崇尚武力,为人刚愎自用,在军事上也没有什么出色的战功和理论,最多就是有些组织的才能,依靠政治和军事手腕来维护自己的权力统治。但是通过翻阅其书籍,观其言行,我们更能看到一个活生生的段祺瑞。

尽管为人严肃刻板,不苟言笑,但作为全国的军政首脑,重权在握的段祺瑞从不利用职权为自己牟私利。他一生没有在北京购置房产,一直租房生活,这在民国初年的军阀政客中也是绝无仅有的。后来袁世凯以义女嫁妆的名义送给他一处房产(段祺瑞在原配夫人去世后,娶袁世凯养女为妻),但因为原来的房主是与袁世凯赌博输掉了房产,所以没有房契。后来债主的儿子拿着房契前来理论,段祺瑞一家就搬离了这栋房子,继续租房生活。

段祺瑞从不收礼，即使最亲近的下属或友人来送礼物也照例推却，却之不恭时会挑选一两件不值钱的东西留下，其他的悉数奉还。仅有一次的例外便是冯玉祥送来的一个大南瓜，因为实在无法切开一半令人拿回，被迫收下。1926年6月，段祺瑞因曾欠黎元洪7万元而无力偿还被后者告上法庭，成为当时最大的"新闻热点"。

按理说"一人得道，鸡犬升天"的现象在中国历史上早已成为惯例，但在段祺瑞看来却不尽然。他的儿子因从小寄养在亲戚家，缺乏良好的教育，很多人劝他给儿子在政府部门安排个职位，段祺瑞却不予理会。胞弟来京求大哥给自己找个职位，也被段祺瑞一口回绝，并给钱让他回去做买卖。而段家四姨太太的故事，更为有趣。当时这位姨太太，嫁进门时便愁眉不展，询问后方知她原来已有了意中人，被家人胁迫才嫁到段家的，随即段祺瑞便吩咐妻子要像嫁女儿一样，成全四姨太太和意中人的婚事，这在当时也被传为佳话。

段祺瑞下台之后，家庭收入也相应地减少，为了节省家中的花销，他一改从不管家的习惯，开始亲自过问起家中每日的账目。为了减少日常一些不必要的开销，他主张全家搬到房租便宜的地方居住。随着生活日渐清苦，段祺瑞连平常最喜欢的麻将也不再打了，一日三餐都以米粥、馒头、素菜为主，四季均穿布衣。段公馆的规模也缩小了，仆役不过十来人，后来甚至将继妻张氏外的所有姨太太都遣回了合肥老家，以便能够减少开销。段祺瑞晚年时，家里时常出现揭不开锅的窘困局面，还好他的一些老部下自愿轮流为其站岗放哨，帮助他处理些杂务，才不致于使公馆落破、黄叶遍地。

与北洋军阀的其他巨头相比，段祺瑞一生为官清廉如水，不爱敛财，更不任人唯亲，在当时就有"六不总理"的美名。梁启超先生曾这样评价段祺瑞："其人短处固所不免，然不顾一身利害，为国家勇于负责，举国中恐无人能比。"此可谓一语中的。

他去世后被予以国葬，全国致哀，更被当时的人们视为"对于中华民国的关系之大，为孙中山先生及袁项城以外之第一人"。

"和平总统"冯国璋

民国初期,"总统鱼"曾一度成为市场上的"畅销鱼",但卖鱼似乎和总统很难扯上关系,因为按照常规的思维,总统要么没发家,要么故意放低姿态,收买人心,以实现种种不可告人的目的。一生致力于和平统一的冯国璋为何在当选总统后,出售总统府的鱼呢?或许您会以为他是兴致所致,到腥臭的菜市场走走,趁机体验一下民生疾苦,然后是各报张疯狂的报道,以树立自己亲民的形象,换取些政治资本。然平凡如你我,岂不知这种猜测或许是我们的酸葡萄心理在作怪……

教官生涯崭头角

冯国璋,1859年出生在直隶河间县西诗经村的一个大户人家,幼年生活无忧无虑,也养成了他心宽志远、性情豪放的性格。他自小聪明好学,7岁时进入本村私塾念书,学业优秀。12岁时又进入当地著名的毛公书院念书,考试每次都是名列前茅。几年之后他又从毛公书院转到了保定莲池书院进修,家人对他抱有殷切的厚望。但他的家庭不幸接连发生事故,家道中落,渐渐地,供他读学也变成了一件困难的事情。

冯国璋虽然很爱读书,但看到家境困难,只得选择辍学回家了。年少的冯国璋并不甘心在家种地,他的心里有着自己的鸿鹄之志。25岁那年,他毅然决定去大沽口投靠淮军,从此开始了自己的军旅生涯。

冯国璋之所以选择投奔大沽口淮军直字营,主要是因为这个营里的文书是他的族叔。在他的介绍下,冯国璋成了淮军的一名新兵。由于少年时读过一些书,相对而言算得上一个文化人,因此冯国璋经常帮助其他士兵给家里写信或帮助军队里伙房记账,所以在军营中的人缘非常好。正因如此,当兵的第二年,经该营统领的推荐,冯国璋被送进了天津武备学堂。在这里我们要特别说一下这个学堂。它是由当时的直隶总督兼北洋大臣李鸿章一手创建的,主要目的在于培养优秀的军事人才。学堂的师资也非常强大,聘请的有德国、英国等先进国家的军事教官,课程设置也很全面,像算术、测绘、兵法以及政治、经济学等,应有尽有,这在当时的国内是遥遥领先的。冯国璋是学堂的第一期学员,在学堂里,他学习刻苦,每次考试都是优秀,毕业之后,还被学堂留下当老师。

不知不觉中,冯国璋已到了而立之年,当了一阵子的老师后,他对教师的职业有些厌倦。他渴望把自己所学所得用到真正的战场,于是就去投奔聂士成,成了聂士成的幕僚。当时,中日之间的战争一触即发,为了做好战事准备,聂士成带领着冯国璋等人赶往东北和朝鲜,考察当地的地貌并绘制成地图。这并不是件轻松的事,冯国璋一行人可谓是历尽了千辛万苦、千难万险,走了数不清的路,搜集了无数资料,经过汇编,最终才有了以聂士成的名义出版的《东游记程》一书,冯国璋担任本书的编辑。这本书对后来抗击日军发挥了巨大的作用,也是在这次考察中,冯国璋充分发挥了自己所学到的知识,令聂士成对他刮目相看。

甲午中日战争以中国的战败而结束,战败之后的清政府开始公派官员去日本学习。冯国璋在聂士成的推荐下,以清朝驻日公

使裕庚的随员身份去了日本,他的任务就是考察日本的军事,学习日本的先进技术。冯国璋到达日本后,翻阅了大量的日本军事著作,看到先进的军事训练和军事发展方法,他就逐字逐句地抄下来,整理了厚厚几大本的近代"兵法"书。回国之后,冯国璋立即将他在日本所整理的"兵书"呈给了顶头上司聂士成,后又因机缘巧合转呈给了袁世凯。

当时袁世凯正在准备训练新军之事,看了冯国璋所整理的"兵书",觉得自己所需要的正是这样的军事人才。于是便经荫昌介绍将冯国璋招揽到自己麾下。尽管冯国璋在小站里继续着自己的教师职业,但在这里他发现武备学堂时的同学段祺瑞、王士珍也来此当军事教官,心情自然不同。在这个新式军事学堂里,冯国璋热情地投入工作,对学生呵护有加,深得学生喜爱。为了方便士兵的学习,以及把新式教法传播到其他地方,冯国璋与段祺瑞、王士珍等人合编了《训练操法详晰图说》一书,这部书很快就成了各新式军事学堂的标准教科书。当然,冯国璋的努力也没有白费,他渐渐成为袁世凯军营中的一名得力干将。冯国璋知道自己的出头之日已经不远了。

仕途得意居高位

袁世凯被任命为山东巡抚后,带着冯国璋等人来到山东,当时山东是义和团运动发起的中心,义和团问题自然属于袁世凯要处理的重要问题之一。为帮袁世凯排忧解难,冯国璋主动请缨率领了一万多人去攻打山东德州一带的义和团,一举挫败了义和团的气焰,使山东境内的义和团气势大减。袁世凯也借此发现冯国璋不仅能讲授军事理论,更能在战场上骁勇杀敌。他开始对冯国璋有了全新的认识。

袁世凯任职山东时,胶州湾被德国人霸占着,跟德国人打交道就是免不了的事了。或许为了更好地和德国人搞好关系,袁世凯极力邀请德国驻胶州湾总督来济南观操。为了能在德国人面前出出风头,袁世凯命令部下冯国璋、王士珍、段祺瑞等人加紧操练军队,务必使军队操练达到最大的效果。等到了演习的那一天,德国驻胶州湾总督与袁世凯等人一起登上观操台,只见军旗鲜艳,队伍整齐,士容威严。操练结束后,德国总督当着袁世凯的面称赞冯国璋、王士珍、段祺瑞为"北洋三杰",自此,冯国璋的官职也如"芝麻开花节节高"。

  1908年11月,年幼的溥仪即位,光绪的亲弟弟载沣成了清廷中手握大权的核心人物。由于袁世凯出卖过光绪,载沣对其并不放心,再加上袁世凯位高权重,构成了对自己权势的威胁,于是载沣就打发袁世凯回河南项城老家休养。袁世凯失势之后,冯国璋因与他亲近,怕受牵连,便借以病丧为由,打算和家人一起回老家避避风头,但清廷也怕有才能的人都走了,朝中无人,因此并没有批准冯国璋的请辞,冯国璋仍然负责他的日常军务。不过他并没有忘记袁世凯对自己的提携之恩,私下里仍与袁世凯保持着密切的联系,关注着国家的局势走向。

  辛亥革命爆发后,孙中山在南京就任中华民国临时大总统,与清政府分庭抗衡,谁能获得北洋军的支持就变得至关重要。刚开始,袁世凯是支持清廷的,但对于未明的局势,他不想明确表态,于是便指使冯国璋代他表态。冯国璋联合15位北洋将领发表了"誓死拥护君主立宪,反对共和政体"的通电。这一表态,使清廷的王公贵族们都认为他会对清政府效忠,因此,通电发表不久,冯国璋就被清廷任命为禁卫军首领,负责保护清廷的安危。

  袁世凯为了当上大总统,就指使段祺瑞等人逼迫清帝退位,导演了一场逼宫的好戏。这一行为立即遭到禁卫军官兵的反对,以至于袁世凯对此事也一筹莫展。就在这时候,冯国璋利用他禁卫军首领的身份,亲自来到禁卫军的总部,他召集了禁卫军的全体官

兵,向大家陈述清帝退位的利害关系,并称非退位不能保全皇室。为了使禁卫军信服他,冯国璋就以身家性命作担保,保证清帝退位之后,尊号不变,地位不变,是"让权不让位",而禁卫军全体官兵的待遇也都不变,是走是留,全以个人自愿为准。此话一说,全体官兵沉默无言,默许了清帝退位的要求,这一风波也就此被冯国璋平息下来了。冯国璋为袁世凯立下了功劳,袁世凯当然不会忘了他。袁世凯就任大总统之后,任命冯国璋为直隶省都督兼民政厅长。

任职江苏成军阀

"二次革命"爆发后,袁世凯派冯国璋带领北洋军南下镇压。袁世凯深知南京作为战略要地的重要性,所以他一直都想让冯国璋控制南京,从而威慑南方。当时的江苏都督张勋,常常纵容手下的士兵胡作非为,无视士兵鱼肉百姓、欺压富商的恶行,使得南京城里的人们对其怨声载道,袁世凯一直想找机会让冯国璋代替张勋,恰逢张勋的手下在烧杀中误伤了三名日本人,为了给日本人一个交代,也为了巩固南京地盘,袁世凯借此时机罢黜了张勋的职位,任命冯国璋继任江苏都督。

冯国璋来到江苏之后,为了维护江苏的社会秩序,也为了显示自己与张勋的不同,他没有任用张勋留下的军警,而是从天津直接调来了大批警察。紧接着,他对江苏境内的军队开展整治活动,使军队各就其职,杜绝危害百姓生命财产的行为。他还充分发挥了自己的教师本行,在江苏各地成立了各种军事学堂,为自己的部队培养军事人才。经过这一系列的措施,江苏的风气大为改观,冯国璋在江苏的声誉也日益高涨。冯国璋的这些行为虽然是为了巩固自己的势力,但在一定程度上也有利于江苏经济的发展、政治的开明以及社会秩序的稳定。江苏原本就是富饶之地,冯国璋以此为后盾,在江苏统治的几年时间内,军事实力有了显著的提升,甚至连袁世凯都为此对他有所防范。

随着冯国璋的势力越来越大,袁世凯担心冯国璋日后会成为自己的障碍,他再也不能坐视不理了。不过冯国璋毕竟是他一手提拔的将领,袁世凯也不愿与其针锋相对。他采取了拉拢策略,就像古代的"和亲"政策一样,袁世凯将自己家中的家庭教师周砥介绍给了冯国璋,冯国璋见周砥美丽大方、气质优雅,也很乐意。袁世凯就为他们举办了一场声势浩大的婚礼。袁世凯还送给周砥极其奢侈的嫁妆,据说光金银首饰、珠宝玉器就有120余担,这件事算是给足了冯国璋面子,冯国璋自然对他感恩戴德。此后,袁世凯基本上做什么事,冯国璋都会给予支持。冯国璋与袁世凯的关系几乎达到了水乳交融的地步,但这也是他们关系的顶峰,不久之后,他们之间就因袁世凯称帝而产生了隔阂。

反对帝制赞共和

袁世凯当上民国大总统之后并不满足,他竟然做起了当皇帝的美梦。消息传到冯国璋的耳朵里,他又惊又怕。惊的是袁世凯竟有"复辟"之念,怕的是倘使这是真的,刚刚统一的中国将再一次进入乱世。为此,他决定去北京直接面见袁世凯,好探测一下袁世凯的真实意思。1915年6月,冯国璋来到袁世凯的家中,直接问袁世凯:"外闻有总统要改帝制的传说,不知确否?"袁世凯当场否认,他还语重心长地对冯国璋说:"华甫,你我都是自家人,我的心事不妨向你说明,历史上开创之主,年皆不过50,我已是将近60岁的人了,鬓发尽白,精力也不如昔。大凡想做皇帝的人,必须有个好儿子,我长子克定脚有毛病,是个无用的跛子,次子克文只想做个名士,三四子都是纨绔,更没出息。我如果做了皇帝,哪一个是我的继承人呢?将来只能招祸,不会有好处的。"接着,袁世凯又说他已在国外买好了房子,如果国人真的逼他做皇帝的话,他就去

国外居住,过些悠闲的日子。听袁世凯这么一说,冯国璋当然就信了,于是放下心来,又和袁世凯谈论了一下当下的国内局势,随即就告辞赶回了南京。

可等到冯国璋回到南京没多久,袁世凯就在北京公开倡导恢复帝制,王怀庆等人还通电全国表示赞同。见此事实,冯国璋只感觉头昏脑胀,清醒之后才明白袁世凯一直在欺骗自己。

再说袁世凯对冯国璋也并不放心,毕竟冯国璋手里握着不容忽视的军事力量。于是袁世凯开始防范冯国璋,他不仅派人监视冯国璋的行动,还密电张勋监察冯国璋的军队。不久之后,他更是调动浙江、上海的将领驻兵在江苏边境外,对冯国璋的军队进行威慑。见此行径,冯国璋知道袁世凯开始对付自己了,加上他对袁世凯复辟也强烈不满,于是便做好对抗袁世凯的准备。

此后,袁世凯开始为称帝造势,让各省举行是否赞同改变国体的投票。在江苏省内,冯国璋私下命令军队将领一律不准参加投票活动,并且在举行投票当天,假称身体不适不去现场。袁世凯自然知道冯国璋的消极态度,他下令调任冯国璋为参谋总长,想借机调冯国璋离开江苏。但冯国璋早已看出袁世凯的阴谋,他上表称自己身体不适,拒不上京。袁世凯对此也没有办法,只好让冯国璋继续在南京任职,但他对冯国璋的防范更加严密。

袁世凯称帝后,护国战争爆发,全国讨袁之声日益高涨,北洋军内部也不断分化。见此情形,冯国璋不再装病了,他开始公开反对帝制,成为了"北洋派中反对洪宪皇帝之第一中心人物"。

其实一开始,冯国璋并不想直接反对袁世凯,为了维持国内的和平,也为了能使自己获得渔翁之利,冯国璋决定充当双方的调解人。他一边向袁世凯致电密陈"勿轻开战祸",一边与西南滇桂军阀唐继尧、陆荣廷等人信件往来,但双方仍然在积极备战,战争似乎是无法避免的。为此,梁启超派人去南京,面见冯国璋,请求冯国璋为了百姓考虑能发电反对帝制、拥护共和。冯国璋经过再三考虑,对梁启超的来使说:"我是他(指袁世凯)一手提拔起来而又比较亲信的人,我的电报对他是个重大打击。我们之间,不可讳言是有知遇之感的。论私交我应该拥护他的,论为国家打算,又万不能这样做,做了也未必对他有好处,一旦国人群起而攻之,受祸更烈。所以,我刚才考虑的结果,决计发电劝袁世凯退位。"自此,冯国璋开始明确地反对袁世凯了。他也很快向全国发表了通电,劝告袁世凯能为百姓考虑,避免内战,退位为妙。随即,冯国璋联系了中立省份的将军,联合向各省发出密电,商议收拾时局的对策,这次事件后来被称为"五将军密电"。

当时袁世凯的北洋军与南方的护国军,形成了两股主要的势力,而其他保持"中立"的省份则是第三种势力。他们都在观望北洋军与护国军的对抗,他们选择站的那一边,也会是战争的天平偏向的那一边。所以袁世凯看到"五将军密电"后十分震惊,气得几乎晕倒,那些赞同帝制的将领看了此电,也是目瞪口呆、沉默不语。本来北洋军内部就已经矛盾重重,势力大不如前,"五将军密电"事件一出,袁世凯更感觉自己回天乏术。为了保住最后一点权力,袁世凯宣布取消帝制,自此,称帝闹剧悄然落幕。

袁世凯的称帝行为把自己逼上了众叛亲离的地步,势力也由此大为减弱,冯国璋觉得自己的机会来了,他决定继续对袁世凯施加压力,迫使他将政权转交给自己。冯国璋接连向北京政府发表通电,劝袁世凯能够以退位谢天下。他还邀请各省军阀来南京开会,商议逼袁世凯下台之事,但各省区将领都有自己的利益,意见并不一致,所以南京会议并没有达成共识。这次会议不仅没有使冯国璋的愿望达成,还令他被众人指责是为自己谋利益,可谓是弄巧成拙。

和平愿望终难圆

　　袁世凯死后，黎元洪出任总统，冯国璋当上了副总统，不过他并没有去北京就任，而是在南京设立副总统府，兼任江苏督军。这实际上就是与以段祺瑞为首的北京政府各自为政。这也算是民国乱象的一个有力证明吧。1917年2月，黎元洪与段祺瑞因是否参加对德作战的问题而决裂，冯国璋应黎元洪的要求进京调解，他在北京召开记者见面会，以国家领导人的身份大谈治国方略，还在北京几所大学举办了以"教育救国"为题的演讲，这一系列行为都为他赢得了诸多好评。

　　同年3月，段祺瑞因不满国会和黎元洪的外交政策，愤然离开北京，冯国璋亲自赶到天津劝说段祺瑞，无奈段祺瑞刚愎自用，目中无人，并不把冯国璋看在眼里，说话颇有些出言不逊，这让冯国璋非常气愤。无奈之下，冯国璋只好悻悻地返回南京去了。之后没多久，皖系各军纷纷宣告独立。黎元洪左右为难，陷入困境，对此，冯国璋发电表示支持黎元洪，并建议由王士珍出来组阁，但黎元洪没有听从他的建议，反而将张勋召集进京，于是就有了令人啼笑皆非的"张勋复辟"。然而，历史的潮流怎容倒退，很快，段祺瑞就率兵赶走了张勋，北京政府再次落在了段祺瑞手中。

　　段祺瑞继任总理后，总统人选一直找不到，黎元洪发表罪己通电，表示不愿意再当这个傀儡总统，而段祺瑞也因为之前所受的羞辱不愿用黎来做自己的玩偶，此时，他想起了冯国璋。段祺瑞想借冯国璋来北京当总统的机会，将江苏都督之职让给自己的亲信倪嗣冲。于是他致电冯国璋北上就任大总统之职，还专门派靳云鹏去南京迎接冯国璋北上。在官场混了几十年的冯国璋，岂能不知段祺瑞打的小算盘，他当然不会中计。不过，冯国璋还是愿意当大总统的，他向冯祺瑞提出离开南京的条件："调其部下江西督军李练为江苏督军,陈光远为江西督军,第十五、第十六师为总统卫队。"如此安排,就可以使自己在长江下游的势力得以巩固,段祺瑞也没有任何好处可得。冯、段二人为此进行了激烈的讨价还价,双方最终达成了协议,冯国璋继任大总统一职。

俗话说得好,"一山不容二虎"。冯国璋不像黎元洪一样是个傀儡总统,他手里有钱、有军队、有地盘,哪能容得了段祺瑞的摆布。段祺瑞刚愎自用,独断专行,自然难以与冯国璋和平共处。而他们之间最大的矛盾便是如何统一全国。

冯国璋一直主张避免战乱,争取"和平统一",段祺瑞却是个火爆脾气,他认为只有"武力统一"才能行之有效。他们彼此都不能说服对方,只好发动各自的势力来互相牵制。当时,段祺瑞拉拢煽动曹锟对南方用兵,冯国璋提醒曹锟,说南下要"适可而止",聪明的曹锟就推延南下时间,为冯国璋的南北议和提供时机。吴佩孚率兵攻下长沙后,也就借口军械枪支不够,财力难以为继而按兵不动。这可急坏了段祺瑞,他为了早日完成统一大业,就极

北洋勋章

力拉拢曹锟、吴佩孚。但曹锟、吴佩孚是冯国璋的爱将,拉拢并非易事。段祺瑞的"武力统一"的梦想似乎要破灭了,但他并不甘心失败,他决定去湖南,亲自说服曹、吴二人。

冯国璋得知段祺瑞要亲自去湖南犒师,害怕曹锟被段祺瑞收买,就立马派自己的心腹陆建章去天津面见曹锟,劝说曹锟放弃南下,避免与南方的革命军开战。段祺瑞的心腹徐树铮得知冯国璋的目的之后,就在天津找了个时机将陆建章杀害。至此,冯国璋与段祺瑞的矛盾开始血腥化,两人之间也形同水火。就在这时,冯国璋的总统任期也将结束,为了防止冯国璋连任,段祺瑞指示心腹王揖唐收买议员,让他们在国会选举时选举徐世昌为新总统,这一招是冯国璋始料不及的。选举的结果让冯国璋非常郁闷,但他也无

　　计可施,只好不情愿地把总统的位置让了出来。卸任之后的冯国璋,回到了故乡河间,自此,离开了政治中心。

　　与袁世凯的相识是冯国璋仕途的转机,他凭借自己的努力,一步步地走进了权力的中心。但即使对袁的知遇之恩心存感激,冯国璋也没有失去自己的判断力,对时局,对未来,他一直都有自己的见解与看法。在袁世凯称帝时,他毅然守住了一个成熟政治家的良知。他一生坚守共和与和平的理想,然上天不悯,隐退后的冯国璋早已风鬟霜鬓,疾病缠身,于1919年在家中病逝,享年60岁。

"北洋之龙"王士珍

自古中华多奇人,这些奇人的形象会随着时间的变迁而变得更丰富,究竟哪个才是真实的模样也就渐渐分辨不清。北洋时期也有这么一个奇人,他凭借自身的能力而备受瞩目,却在众人登台之时选择悄然离开。当各路军阀为了自己的利益混战争斗时,他却躲在"寂寞的一隅"怡然地生活。只是每逢北洋危难之际,他都全力以赴,殚精竭虑地奔波劳碌。

刀枪剑戟多英豪

王士珍,1861年出生于直隶正定牛家庄。他出生没多久,父亲就过世,家里只剩下他和母亲、伯母相依为命。农村的孩子只有读书才会有大出息,王士珍的母亲深谙这个道理,尽管家里一贫如洗,她还是送王士珍到私塾里读书识字。王士珍从小就聪明机智、刻苦好学。15岁那年,一次偶然的机会,他被正定镇台叶志超看中,入伍当了勤务兵。两年后他凭借自己的努力考上了正定镇总兵学兵队,学成毕业后,他追随叶志超调去驻守山海关。

1894年,东学党起义爆发,朝鲜政府请求清政府出兵协助镇压,而日本也在图谋对朝鲜的侵略,因此也极力怂恿清政府出兵。同年6月,清政府决定派叶志超与聂士诚赴朝支援,王士珍跟着叶志超驻守在牙山。起义

被镇压后,清政府与日本商议两国退兵,不料,蠢蠢欲动的日军却不断增加援兵,7月25日,日本海军不宣而战,侵袭丰岛海面的清兵运兵船,丰岛海战爆发。

战争爆发后,王士珍护送叶志超撤回平壤,不久,叶志超被朝廷任命为清军总指挥。当时,平壤城下的日军近2万人,形势异常危急,王士珍所率领的牙山军负责防守大西门到七星门的阵地。他详细观察了地形,建议叶志超"宜于城外山上设奇布防,敌至方能应战",但这个建议却未被采纳。日军很快就兵分四路向平壤展开了猛烈的攻击,清军根本无法抵挡敌军的炮轰猛击,损失惨重,左宝贵也在这次战斗中壮烈牺牲。悲痛的王士珍亲手操炮,轰击敌军,誓与日军血战到底。战斗中,他的左手无名指被炸掉,额头左上部被弹片击伤,但他始终坚守阵地,不曾退缩。直到后来,日军四面围攻,他才在手下士兵的"挟持"下杀出敌军的包围。

生命本是凭台跳

《马关条约》的签订深深地刺激了每一个有良知的中国人。清政府也开始将视角从欧美转到了日本,他们认为日本人之所以能取得胜利,就在于其实行明治维新,积极学习西法,并训练出一支精良的军队。为了维护自己的统治,清政府决定督练新军,袁世凯幸运地成为督练新军的人选,奉命到天津小站练兵。

袁世凯立志要好好地训练出一支优秀的新式军队。他知道编练新军,必须有懂新式军事的人才,毕竟只有最好的师傅才能带出好徒弟来。当时真正懂军事的人才是稀缺资源,如何才能招揽到最好的人为己所用呢?愁眉不展的袁世凯突然想到老朋友荫昌。荫昌曾在天津武备学堂就职,手里应该有很多可供人选。为此,袁世凯特地

签订《马关条约》

拜访荫昌,请求他举荐人才。荫昌便将正在聂士成军中任职的王士珍推荐给袁世凯。

王士珍刚到小站时,正值家中变故,心情悲痛,整个人面容消瘦,寡言少语,实在让人看不出有什么特别的地方。孰料众人集合议论军事时,王士珍超群的才华展露无疑,他思路缜密,考虑问题十分周全,连袁世凯也对他刮目相看,暗喜自己得到一个如此能干的人才。由于王士珍做事周到、低调、不张扬,袁世凯对他越来越倚重,很多决定都找他一起商量,而王士珍也感激袁世凯对自己的知遇之恩,他竭力帮助袁世凯训练新军。

1899年2月,袁世凯听闻朝廷将任命其为山东巡抚,为了能在上任之前对山东境内的情况有所了解,袁世凯让王士珍带两名亲信前去山东探测,看看山东的军事、经济等情况。这本是件棘手的事情,可不出一个月,王士珍就带着详尽的资料向袁世凯作汇报。他不仅将山东沿海各要隘、军营情况全部勘察清楚,连驻兵计划也作了周密的安排,袁世凯对此又惊又喜。

袁世凯的赏识与重用,为王士珍的飞黄腾达铺平了道路,王士珍的春天即将到来。

三分天下有其一

1899年冬,袁世凯出任山东巡抚,王士珍被任命为军事参谋。当时山东境内的义和团运动风起云涌,如火如荼,袁世凯深知倘若不妥善处理此事,朝廷就会怪罪于他。正在袁世凯苦思冥想作战策略时,王士珍提出自己的意见:"以劝解为主,以武力相辅。如若不从,再捕杀首犯,解散胁从者。"不仅如此,他还提出了一整套镇压策略,袁世凯深以为然,并让王士珍负责督办此事。

政治总是错综复杂的,这厢清廷要全力镇压义和团,以免造成事端,另一厢则有相关的要员为了自己的利益对此横加阻挠。袁

世凯对义和团的血腥镇压原本就是统治集团指派的任务,他们只是奉命行事,却没想到此举竟惹来端郡王载漪、庄王载勋的不满,因为这破坏了他们利用义和团谋取私利的计划。两个王爷故意想给袁世凯一个下马威,他们派一个义和团头领拿着令箭前去找袁世凯,说是奉王爷之令要袁世凯安抚义和团,允许团员继续操练。袁世凯面对这件棘手的事情,一时不知如何是好。倘若镇压不力朝廷会责怪于他,但得罪两个王爷也要吃不了兜着走。袁世凯会集属下,召开紧急会议,正当大家七嘴八舌讨论之时,王士珍起身说:"把这件事交给我来办吧!"说完便走出去。袁世凯召集的会议还未解散,王士珍就进来复命,说事情已办理妥当。众人都非常好

义和团团员

奇,不知王士珍究竟有何策略,详问之下,才明白过来。原来王士珍以盗窃令箭的大罪将义和团头领斩首,并派人将令箭还给了两位王爷。这下子,王爷即使怪罪下来,也不会直接追究袁世凯的责任。众人力赞王士珍的果敢与智慧。

义和团运动在全国风生水起,许多外国的传教士、商人、侨民都纷纷来山东青岛、威海卫避难,王士珍深谋远虑,对这些人悉心关照、尽力保护。这些外国人对山东,尤其是袁世凯心存无限感激。等到八国联军侵华,各地都被大肆掠夺、烧杀蹂躏时,山东却幸免一难。虽然王士珍做法并不光彩,但在战争中做出明智的选择反而能够拯救更多的黎民百姓。王士珍也借此举使袁世凯给帝国主义列强留下了良好的印象,这为日后袁世凯被选为代理人做了很好的铺垫。当然,这是后话。王士珍的所作所为为袁世凯立

下了汗马功劳,自己也水涨船高,仕途开始平步青云。

袁世凯驻守山东期间,曾邀请德国驻胶州总督到济南观操。德国总督看到袁世凯所训练出的新军,立刻眼前一亮。与传统的旧军相比,新式军队装备精良、技术精湛,让人耳目一新。负责操练的王士珍、段祺瑞、冯国璋三人被视为"北洋三杰",而王士珍更被推举为三杰之首,从此便有了"北洋之龙"的名号。

1901年,袁世凯当上了直隶总督兼北洋大臣,老谋深算的他目睹过曾国藩、李鸿章的遭遇,深知只有训练出属于自己的军队,才能屹立不倒。为确保万无一失,他将此事交由王士珍专门负责。王士珍为了完成这一任务,亲自到直隶南部招兵,集中训练,在此期间,他还编写了《常备、后备、续备军章程》,使练兵事宜有章可循,行之有效。王士珍从来不大声斥责或拳打脚踢士兵,而是以恩德服人,为了帮助军官在士兵面前树立威严,他也从来不当着士兵的面责问或训斥军官。他深知,服从是军人的天职,只有训练出一支绝对服从上级指示、效忠袁世凯的队伍,才能真正地实现袁世凯的目标。为此,他一直积极地向士兵灌输袁世凯才是他们的衣食父母,只有听命于袁世凯,对他绝对忠诚,才能保证大家升官发财。

王士珍处处为袁世凯考虑,积极帮他谋划一切事宜,设身处地地站在他的立场上解决并处理问题,袁世凯对他也充满了无限信任,认为"聘卿乃北洋第一军事人才也",这在北洋军中是无人能及的。每次有重要的军事决定或上奏的折子时,袁世凯都会同王士珍商量,或请王士珍帮忙斟酌。王士珍也因此被称做"龙目",众人视其为袁世凯的眼睛。

1904年11月,清政府决定成立练兵处,以北洋新军为模板,在全国编练三十六镇军队。当时朝廷内部,尤其是清朝贵族对袁世凯的提防之心已愈加强烈,为了摆脱"嫌疑",聪明的袁世凯奏请庆亲王奕劻为总办,而自己则为会办,王士珍为军政司正,负责具体的规划及执行工作。袁世凯拿奕劻来堵悠悠之口,这招实在高

明。奕劻是个贪鄙之人,手里虽掌握大权,但他对军事一窍不通,练兵处的事务全权交由袁世凯来办,而他自己则忙着贪污捞钱。这样,所有的训练计划及具体实施全部由袁世凯的心腹王士珍等人一手操办,奕劻只需点头而已。1905年10月,清廷抽调两万余北洋军在直隶河间府举行秋操,王士珍负责整个操练的指挥工作。看到声势浩大、井井有条的操练时,各国被邀请参观者都对王士珍等人拍手称赞,他们尤其对王士珍的调度才能大加赞赏。此时,王士珍在北洋军的声望远在冯国璋、段祺瑞两人之上。

昙花虽短却娇媚

1907年,王士珍被升为江北提督,加陆军部侍郎衔。次年,朝廷举办太湖秋操,王士珍率领江北新军前去参加。临出发前,王士珍命令士兵们抬上许多标有"无铅箭"、"饼饵"的箱子,并亲加封印,嘱咐下属不得轻易打开。手下的将领不明就里,纳闷怎么一回事。王士珍告诉他们用无铅箭可以不伤人,而饼饵是用来犒劳军士的,将士们一听,倒也开心,高高兴兴地抬着箱子出发了。

当时清政府的统治已经岌岌可危,各地起义不断。举行秋操期间,安徽新军里的革命党人趁机在安庆起义,清廷顿时乱作一团,急忙下令王士珍前去镇压,但事先朝廷并没有要求实弹准备秋操,士兵们手里没有子弹也没有军饷,这仗如何能打呢?就在大家焦虑的时候,王士珍命人打开装有"无铅箭"和"饼饵"的箱子,当场所有的人都惊呆了。原来里面装的全部都是子弹和银元。安庆起义军很快就被王士珍的军队追击、拦截,最后起义失败。这次事件令清政府对王士珍的印象更加深刻,王士珍的威名传播甚广。

就在王士珍的仕途越来越辉煌时,朝廷却发生了突变。1908年,光绪、慈禧相继去世,溥仪继位,生父醇亲王载沣摄政,失宠的袁世凯侥幸保住了性命,仓皇回到洹上村。获知这个消息后,王士珍坐不住了,当初他仰赖袁世凯的举荐被朝廷所重用,如今袁世凯落难,朝廷必然会让他在两者之间做出选择,几番权衡之下,他决定申请辞职。王士珍选择退隐,远离是非论断,或许这就是他在对袁世凯恩德的感激及对朝廷"尽职尽责"的忠心之间所做出的艰难取舍。

平平淡淡本是真

  武昌起义爆发后,清政府请袁世凯出山,挽救时局。袁世凯复出后的第一件事便是让王士珍督办湖北军务。不过,袁世凯并非真心帮助朝廷,他心中自有谋略,出兵镇压革命只是他的权宜之计,他最终的目的是要自己成为这场战争的最大受益者。老谋深算的袁世凯终于如愿以偿,1912年2月,溥仪退位。北洋将领争相邀功,希望为自己谋取最大的利益,王士珍却忙着为清室优待条件竭力争取。他是一个传统的军人,尽管他帮助袁世凯实现了阴谋,但对清廷却充满了愧疚,他尽了自己最大的能力为退位的清廷争取更多的优待。之后,王士珍放弃了袁世凯给自己的高官厚位,辞官回到了家乡正定。

  世事难料,就任大总统后,袁世凯的日子过得并不舒心,南北双方不停地周旋,北洋内部矛盾不断,段祺瑞、冯国璋等人的势力日渐壮大,连袁世凯也不得不对他们进行安抚拉拢。此时的袁世凯如坐针毡,他迫切需要王士珍的帮助,因为他知道王士珍跟随自己以来,从不争权夺利,不结私党,不培植势力,倘若此时由这位"龙"头大哥来压制段、冯二人及其他势力的话,内乱就能得以有效地控制了。于是,他几次三番派人去请王士珍回来,但每次都被拒绝,最后,他不得不派长子袁克定亲自去请,并态度坚决地嘱咐袁克定,若是请不来王士珍,他也不用回家了。袁克定来到正定后,态度诚恳地跟王士珍分析利害,并"动之以情、晓之以理",可王士

珍不入仕途的决定已定,依然不肯改变自己的态度。无奈之下,袁克定只得派人将王士珍架入车内,要他自己亲往北京,向袁世凯交代。精明的袁世凯见到王士珍后,不容他说话,就立即授予其陆军上将的军衔。之后,袁世凯设立陆海军大元帅统帅办事处,任命王士珍为六大办事之一,而这六人当中,袁世凯给他的实权又是最大的。王士珍见无法推却,只好硬着头皮辅佐袁世凯。

然而,王士珍对袁世凯想龙袍加身、过把皇帝瘾的想法却不予支持。他几次三番劝解袁世凯,不得贸然行事,以免毁掉自己的一世英名,可袁世凯执迷不悟地筹划他的复辟大业,王士珍见状也只好默不出声。称帝后的袁世凯很快就将自己陷入了众叛亲离的地步,危难之际,王士珍再次帮他收拾混乱的局面。可惜袁世凯没有逃过此劫,在羞愤交加中,重病身亡。

袁世凯死后,北洋军阀的矛盾逐渐升级,诸多派系之间吵闹不断,你方唱罢我登场,上演一幕幕悲喜剧。王士珍"冷眼旁观"地站在一旁,对于这种混乱,他一向抱着超然的态度置身事外,他只是想尽力去维持着摇摇欲坠的北洋政府。然而,参与张勋复辟却成了他政治生涯中的一大败笔。张勋复辟期间,王士珍怀着对清廷的愧疚参与其中,帮着张勋一起谋划复辟。复辟失败后,王士珍羞愧万分,更觉世事无常,他再次想回乡归隐。但段祺瑞等对他竭力挽留,并请他出任陆军总长一职。

当时的"北洋三杰",一个是总统,一个是总理,而另一个又是陆军总长,北洋人心大振。不过,好景不长,段祺瑞和冯国璋之间因利益冲突,矛盾加剧,两人渐渐到了水火不容的地步。王士珍对此也只能感叹,"兄弟阋于墙,自毁家门"。冯国璋罢免段祺瑞后,竭力请求王士珍出面组织内阁,盛情之下,王士珍不得已出任总理之职,但他宣称:"本总理今天一个人来,将来一个人去,决不更动内阁的一个人。"然而,处在这样一个怪圈中,王士珍始终坐立难安,1918年2月,他引疾告归,彻底地离开了政坛的是是非非。

龙隐京师无风雷

离开政坛之后的王士珍开始专心于黄老之术,他认识了当时的道学大家段正元,在与对方的交流中,王士珍自感受益匪浅。为了宣扬道学,他在北京成立了道德学社,聘请段正元为老师,向社员宣讲道术,教授大家如何修身养性。不过,北洋军阀的纷争并没有因此就远离了他,一些北洋旧人常常找他商议要事,作为北洋的元老,王士珍也不得不出面调停。但他对北洋政府安排的任何职务,都坚定地拒绝了,对于他来说,军阀世界里的纷纷扰扰早已与他无关。

作为北洋元老级的人物,王士珍凭借自己积累多年的声望,赢得了军界一致的好评与信任。袁世凯在世时,他曾多次立下汗马功劳,算得上北洋军阀中的顶尖人物,但他不同于一般的军阀,他没有为一己之私而以兵祸危害国家,原本可以"三分天下"的他只是尽自己的力量去维护社会的稳定。尽管在军阀割据时期,他的所作所为能起到的作用微乎其微,但他一生渴望的和平与统一却显得更加弥足珍贵。在那个年代,这个美好的愿望该是何等的感人,却又何等地渺茫呢!

1930年7月,王士珍因肠癌病逝,享年69岁。他留下遗嘱:"深盼邦人君子,一致祈祷和平,俾统一之局,早日实现,予虽在九泉,亦所心安。"

"文治总统"徐世昌

北洋时期,算得上乱世,当时军阀割据,连年混战,在这样的乱世中,能掌握大权的文人却不多见。那时文人多以幕僚的身份给这些武夫出谋划策,甘当幕后的无名英雄。但是,就有这么一个人,他是前清的举人,中过进士,博学多才,而且还在北洋时期担任大总统,他凭借自己的学识在一堆武夫中鹤立鸡群,并被后人称为"文治总统"。

千年的轮回

徐世昌,1855年生于河南省卫辉府,他自幼丧父,与母亲相依为命,靠母亲给人做工来维持家用。不过徐世昌很幸运地拥有一个家教甚严、知书达理的母亲。虽然家境不好,但徐母还是省吃俭用,省下钱来给儿子读书,并且亲自督查他的学习。徐母不仅在学业上严格要求他,而且在为人处世方面也不许他有任何的懈怠。徐世昌曾回忆说:"孩童之时,若有三份食物,便思得其两份,母即予严斥:'今日如此,长大又当如何?'"长大后,每每徐世昌结交新朋友,徐母都会去观察这个人的人品怎

么样,如果是个有才能的好人,就做些好饭来招待,而人品差的就直接让徐世昌跟对方断绝关系。因为家里没有太多的收入,他们的生活常常陷入困境,邻居劝徐母去投奔一个当县令的亲戚,徐母却断然拒绝。在她看来,"托人余荫,罔知艰苦,无复有刻厉振兴之心矣"。

徐世昌就这样在母亲的精心教育下慢慢地长大了。穷人家的孩子早当家,他很小的时候就能深深地体谅母亲的艰辛,常常给一些小孩子上课,挣钱来贴补家用。这跟今天的大学生给别人做家庭老师一样。不过徐世昌并没有因为帮助别人而落下学业,相反,他勤奋刻苦,即使闲暇的时间也不忘巩固学业。17岁的时候,他跟着叔祖父去县衙写文案,视野逐渐开阔,渐渐以文会友,结交了很多有知识的人,扩展了自己的人脉。

24岁那年,徐世昌认识了以后将在中国政治舞台上举足轻重的人物——袁世凯。当时,袁世凯年纪也不大,也算是位有志青年。袁世凯第一次见到徐世昌时,看到徐世昌青衣敝屣,其貌不扬,但与一般人不同的是,徐在谈吐之间,显露出了自己的勃勃雄心与满腹经纶,袁世凯称赞道:"菊人,真妙才也!"两人一见如故,交谈甚欢。后来袁世凯得知徐世昌没有钱去应天府参加考试,就立马派人给徐世昌送去一百两银子。最终,徐世昌不负所望,中举了,四年之后,徐世昌又中了进士,进入了翰林院。徐世昌的命运由此改变,这不能不感谢袁世凯,而袁的这一恩德后来得到了很大的回报。

忍耐的修炼

尽管徐世昌在翰林院兢兢业业地工作,但翰林院的负责人李鸿藻却并不赏识徐世昌,他认为徐"虚矫过人",太过圆滑。因为领导不赏识自己,所以徐世昌在翰林院一直没有多大的提升机会。

在翰林院任职期间,他几乎从未被重用,差不多被冰冻了。如果是别人,心里说不定早就开始心急火燎,四方打理,给自己找机会去了。但徐世昌不是别人,他知道沉静的力量。九年里,他积极结交好友,同上司和同僚的关系都处得比较好,同时,他自己更加刻苦勤奋、博览群书,而且他并不是一般的书呆子,只知四书五经,他时刻都在关心着外面的动向。

俗话说得好,"十年寒窗无人问,一朝成名天下知"。十年的光阴倏忽而过,就在这时,徐世昌的人生迎来了再一次的转机。朝廷任命他为新建陆军稽查全军参谋军务营务处总办(相当于秘书长兼参谋长),这一官职其实在当时算是不升反降,但徐世昌并没有推辞,他早已立志要跟故友袁世凯好好大干一番。徐世昌在众人的诧异中,毅然离开了翰林院,跟着袁世凯去训练新军。练新军原是由武官出身的人来负责的,徐世昌只是个文人,一直待在翰林院,来到小站总有些不合时宜。但令众人称奇的是,他在新的岗位上游刃有余,不仅总揽了全军的文案并参与机要工作,而且袁世凯不在时也代理其职,将一切事务处理得井井有条。

幕后的啸吟

徐世昌刚到小站没多久,袁世凯就被告发克扣军饷、诛杀无辜,朝廷派人查办此事,徐世昌赶紧托人找关系来帮他处理此事。当他得知前来查办的要员是陈夔龙时,心中暗自高兴。原来他们二人是同榜的进士,私交很好。就这样,徐世昌找到陈夔龙,费尽心思为袁世凯说好话,才使袁世凯躲过了一劫。袁世凯对他自然是感激涕零。徐世昌虽然科举出身,但他并没有自以为是,而是积极地学习各种先进的技术与理论,为了更好地了解西方的军事,他甚至自学英语,先后编写了《新建陆军兵略存录》《操法详晰图说》等作为新军的训练教材。由于他处事老练,心思缜密,足智多谋,因此受到袁世凯在内的诸多将领的信任与尊重。很快,他便成为军中声望仅次于袁世凯的人。

徐世昌既有政治野心,又有爱国的热情,这在当时的官场中算得上难能可贵。但爱国的激情与现实的理性相碰撞时,像徐世昌这样狡猾的人便常常会权衡利弊,思虑甚远。戊戌变法时,徐世昌、袁世凯都参与了维新运动,支持维新派的诸多举措,一时间,他们甚至被维新派视为自己人。然而,当新旧势力交锋时,袁世凯就显得犹豫不定了,而他身边的密友徐世昌则清楚地认识到形势的严峻,极力地鼓励他站在慈禧太后一旁。维新志士的鲜血为他们二人染红了顶戴花翎,从此袁世凯更加受慈禧太后的恩宠,而徐世昌也得以荣登高位。

徐世昌虽然只在小站待了两年,但这也奠定了他在北洋军中的地位,达到了"以文修武、以军功进身"之目的。1900年,八国联军攻入北京,西太后携光绪皇帝仓皇逃出北京,徐世昌就在随行护驾的行列中,并凭借这次护驾的出色表现,得到了慈禧太后的青睐,再加上有朝廷重臣张之洞、袁世凯的保荐,徐世昌得到了朝廷的重用。进而在随后的三年中,他涉足了清廷政务、财务、军务、学务,可谓是极其得势。在他五十岁时,朝廷下旨让他入军机处,任满兵部尚书。以汉人的身份做满人的兵部尚书,在清朝开国以来还是第一次。由此可见徐世昌当时在朝廷中的声望之高。之后,徐世昌又被任命为东三省总督,集东北的军政大权于一身,官职更排在袁世凯前面。

江湖中舞动

东北三省作为清廷皇家的发祥地,在当时的中国有着特殊的地位。不过到了清末,东北三省却也成了动乱之地,北边的俄国,边上的日本,都对东北虎视眈眈,后来更是在这片土地上爆发了

俄、日争夺统治权的日俄战争。等到徐世昌前往此地就任总督时，惨遭战争蹂躏的东北已是一片萧条，疮痍满目。

1906年，徐世昌向清廷提出了《通筹东三省全局疏》，表达了自己对治理东师的独到见解。之后清政府任命他为东北三省总督，徐世昌认为，"在这非常之地、非常之时，不改革就只有灭亡这一条路"。首先，他对官员的贪污腐败行为给予坚决清理，并提拔了一些年轻官员，以整顿吏治。紧接着，他推行了一系列具体的行之有效的新政方针，使东北面貌一新，百姓的生活也改善很多。

徐世昌在政治上的作为，其中不乏可圈可点之处。他在东北期间，实施了一系列新措施、新政策，使东北成为近代中国改革的先河；他还与袁世凯共同推出了中国最早的巡警制度；而他也曾为促进中国铁路、电力、邮政等事业作出很大的贡献。这是今天的我们都要给予肯定的。还在东北任总督时，徐世昌就已经考虑到清政府的政权迟早会被推翻，于是便未雨绸缪，提前为自己做了打算。他为人处事十分谨慎，在别人面前从不自大，也不欺压他人。在众人眼里，他不仅能对历史的潮流有一定的前瞻性，又能在旧体制中游刃有余，因此新旧人士对他的评价都很好，他也因此得了个"水晶狐狸"的称号。徐世昌的左右逢源已经到了炉火纯青的地步，传统的"中庸之道"在他身上有着精湛的表现。

激流中勇退

辛亥革命后，袁世凯当上了中华民国的大总统，跟袁世凯称兄道弟的徐世昌自然少不了高官厚职。然而，人们惊奇地发现徐世昌选择了激流勇退。也许徐世昌的这个举动让一般人都想不通，但细细思量，就会发现这里面有着深刻的学问。徐世昌受过朝廷的大恩，虽然清帝下诏退位，但个中原因，众人皆知。徐世昌与袁世凯有知遇之恩，私交很好，可他还是不愿让别人认为自己与袁世凯一起"同流合污",参与了推翻朝廷的阴谋。因此,徐世昌左右为难,只好表示自己因"国变忧愤",想辞掉一切官职,远离北京的愿望。无奈之下,袁世凯也只能暂时答应他的请求,但也明确表示日后要请他再次出山。

徐世昌离开北京后,隐居在青岛,走前他曾和袁世凯进行了一次长谈,约定两年后再合作。"二次革命"后,袁世凯的地位得以巩固,无人可以撼动,他认为时局已定,决定请徐世昌出山。而此时的徐世昌也开始耐不住寂寞了。其实看似有文人风雅的徐世昌骨子里有着常人难及的雄心壮志,无论如何,他是不愿终老于山林的。1915年5月,徐世昌出任北洋政府国务卿一职,北洋将领称他为"徐相国"。

然而,此时的袁世凯打算恢复帝制,由自己来做皇帝,他正在积极地筹划着这一切。令袁世凯没想到的是,除了他"一手带大"的段祺瑞、冯国璋等人不同意他的决定外,就连一直对他鼎力支持的徐世昌也不明白他的"心意"。其实,像徐世昌这样聪明的人,自然知道称帝的下场,因此他极力劝阻袁世凯,希望他能"回头是岸",但他根本没有办法劝得住一意孤行的袁世凯,只得沉默以对。不过他还是为将来做好了铺垫,迅速辞掉了国务卿一职,以便将来天下大乱时自己可以以局外人的身份来帮助袁世凯收拾残局。

袁世凯称帝后,封徐世昌、张謇等四人为"嵩山四友",这是仿汉高祖时的"商山四皓"。对此,徐世昌并不能欣然领受,因为在他看来,"商山四皓"其实是一些隐居不仕的贤者,而袁世凯可能就是想借此提醒自己不要再参与政治,这对徐世昌来说自然是不可能做到的。据说,徐世昌在自己的日记中大发感慨:"人各有志。志在仙佛之乡者多,则国弱;志为圣贤之人多,则国治;志为帝王之人多,则国乱。"

文治的总统

徐世昌预料得没错,袁世凯称帝遭到了全国人民的一致声讨。很快,袁世凯被迫选择退位,不久就因忧愤交加,病重去世。袁世凯死后,徐世昌想出山收拾残局,但当时各个军阀正在互相争权夺势,都希望各自的利益能够最大化,而徐世昌的手中也没有军队作支持,于是,他只好眼睁睁地看着别人"折腾",而自己只能扮演调解人的角色。或许,此时的徐世昌会更加落寞,毕竟像段祺瑞、冯国璋这些人都曾位于自己之下,而如今的他们个个耀武扬威。话虽如此,徐世昌在北洋军的地位却是无人可以代替的:当段祺瑞与黎元洪闹得不可开交时,他们不得不请徐世昌出面调停;当段祺瑞与冯国璋因利益再起纷争时,又是徐世昌出面协调。徐世昌总是无法被人们完全遗忘的。1918年,北洋政府中准备选举第二届总统,当时段祺瑞和冯国璋争执不下,而两面讨好的徐世昌就被段祺瑞视为"最佳人选"。在他的支持下,徐世昌被选做中华民国的第二任总统。

徐世昌终于当上了总统,心里自然十分高兴,因为他终于有机会实现自己的政治抱负了。为了尽早统一全国,徐世昌提出南北议和的建议,并为此四处奔走,积极协调。但南方的国民党早已对北洋军阀的割据、争夺失去了耐心,并不太积极配合。而此时的北洋军阀内部的关系也是错综复杂、无法调和的。皖系与直系的矛盾、直系与奉系的矛盾、直系内部的矛盾,这些都不是单靠徐世昌的劝解就能够解决的问题。军阀们习惯了凭借武力来解决彼此的争端。直皖战争胜利后,直系势力如日中天,曹锟凭借军队的支持,逼迫徐世昌辞职。徐世昌操劳五年,希冀通过南北议和来实现全国统一的愿望最终破灭,他无奈地离开了总统府,黯然地住进了天津英租界。

耕读在田园

徐世昌带着一身的疲惫告别政坛,也许是无奈的,但作为一个读书人,他已经算是爬到了政治的最高峰,阅尽了世间的种种"奇观",看遍了乱世军阀们的"真性情",也算是人生无憾了。回到天津后,徐世昌正式开始了自己真正的闲居生活。这一次,他也真正回到了一个文人的位置,专心致学。他设立了"徐东海编书处",开始埋头读书、编书,过起了正宗的书斋生活。历经数年,他编著了《清儒学案》208卷,并创作诗词5000余首,楹联一万余对,且为质量上乘之作。先后出版了《水竹村人诗集》12卷、《归云楼题画诗》6卷及1933年刊行《拣珠录》等。由此可见,徐世昌的笔不可谓不勤。

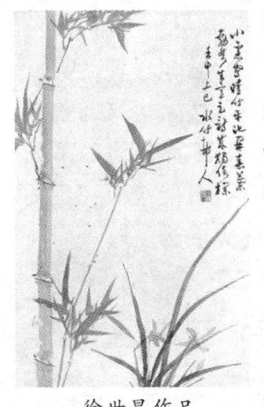

徐世昌作品

1933年,日本人打算请徐世昌出来组织傀儡政权,被他断然拒绝。1939年春,徐世昌得了膀胱炎,当时天津的医疗没有北京好,于是医生就建议他去北京治疗,但因害怕自己被日本人劫持利用,徐世昌坚持不去北京,病情也不断地加重,最终告别人世,终年84岁。

作为传统的读书人,徐世昌有着广博的知识及宽阔的视野,但其对权势过于看重,才使得他在混乱的政局中惹上太多的是是非非。徐世昌的大半生都处在政治中,是幸,还是不幸?也许连他自己都理不清楚。但无论如何,这位文人总统在近代中国史册上留下了精彩的篇章。

"秀才将军"吴佩孚

俗语说:"秀才遇上兵,有理说不清。"秀才当然是饱读诗书的读书人,而兵则多是没念过书的大老粗,如此两个截然不同的身份糅合在一起,会是怎样的一种姿态呢?在军阀中,吴佩孚便是这么一位儒帅,他一生谨守儒家的教条与思想,捍卫着儒家道义与价值观。或许有人觉得他迂腐、僵化、愚忠,但却不得不赞赏他的军人本色与男儿血性。他一度被西方国家认为是最有可能统一中国的人,然而,世事难料,在历史的大浪淘沙中,他终究成为了过去。

离家当兵,显露锋芒

吴佩孚,字子玉,1874年出生在山东蓬莱县北沟乡吴家村的一个普通商贩家庭。他6岁入私塾,天资聪颖、刻苦勤奋,被家人寄予厚望,如果没有家庭的突然变故,或许他会考取功名,光宗耀祖。但在他14岁那年,父亲突然病故,家里顿时陷入穷困,吴佩孚只得辍学在家,帮助母亲干些农活。但他年纪尚小,母亲不忍心他就此度过一生,于是便劝他出去闯一番。恰好此时登州水师营开办水师学堂,要招年轻人入伍,于是吴佩孚谎报了年龄进入军营。

吴佩孚进入水师,对他来讲,这个机

会是难能可贵的。他刻苦训练,从不偷懒,学习非常认真,对老师所授教的知识反复思索、融会贯通,加上他天资聪明,很快就成为军营中的佼佼者。当然,军营比不得学堂,不是靠知识来说话,而是要用胆识来证明自己。不过年纪虽小的吴佩孚却表现出了超凡的勇气与魄力,在一些体能训练的项目上,他常常自告奋勇,第一个尝试。有一次,教官为了锻炼士兵的胆量,就开船到渤海近海区,让士兵跳下船,然后由他们自己游回去,就在其他士兵犹豫不决的时候,吴佩孚毅然跳入水中,出色地完成了任务。

在水师营的几年时间里,吴佩孚不仅学到了许多先进的军事知识,还练就了超强的意志力与忍耐力。在此期间,他还坚持读书,钻研经典。他对《论语》、《孟子》等颇有心得,每次与水师学堂里的老师聊起这些时都头头是道。22岁那年,吴佩孚在身边伙伴的鼓励下,参加了科举考试,考中秀才,这在当时的军营中是非常罕见的。也正因如此,在他声名鹊起后,常被人们称为"秀才将军"。

《天津条约》签订之后,吴佩孚所在的登州(后来的烟台)被迫作为通商口岸开放了。之后,外国的商船经常将大量的鸦片倾销到当地,登州本地的很多人都沾染了鸦片,吴佩孚也深受其害,渐渐有了烟瘾。但是,他只是一个中过秀才的普通士兵,并没有充裕的钱来满足自己的烟瘾,因此常常陷入窘境。一日,吴佩孚有事耽误了去烟馆的时间,当他到烟馆的时候,"普通座"早已没有了位置。恰好此时,吴佩孚烟瘾又犯了,便向从旁经过的当地豪绅求情,希望对方能赏他口烟。对方见他其貌不扬,衣着寒酸,不耐烦地拒绝了他,甚至还叫人把他赶了出去。吴佩孚顿时觉得受了莫大的羞辱,他暗下决心,一定想办法出这口恶气。

吴佩孚很快就找到自己的几个兄弟,跑到豪绅家大闹了一场,官府听闻,迅速派兵来捉拿他们。为了躲避追捕,吴佩孚只好逃往北京,在那里做了一个算命先生。这段不愉快的经历成了吴佩孚

人生的转折点，后来当上军阀的吴佩孚下令自己部队的士兵一律不准吸食鸦片，估计跟他的沉痛往事不无关系吧。

低调处事，沉着应战

吴佩孚在北京混了两年后，驻扎在天津的聂士成部奉命扩充队伍，他再次入伍，希望在部队里闯出一个名堂。由于长期吸食鸦片，吴佩孚的体质变得比较差，刚入伍时，他常因动作不规范而被长官训斥、惩罚，吴佩孚总是沉默以对，不做任何的反抗与辩解，周围的人都叫他"吴傻子"。这些士兵们怎么也料想不到这个连军姿都做不好的"吴傻子"会在日后成为中国军人的楷模。

吴佩孚在军队里的日子并不好过，倘若一直这样下去，他的一生可能就会落魄到底。然而，命运总是会垂青她的宠儿。就在吴佩孚默默地忍受着一切的苦难，寻觅着自己可以出头的机会时，他的上司见他体质太差，无奈地安排他做了一个勤务兵，在军中听差。没想到看似没有出头之日的吴佩孚却趁此机会抓住了一个天赐的良机。一日吴佩孚为巡警营幕僚郭绪栋送一份公文，发现郭绪栋错用了一个典故，就斗胆向郭绪栋指了出来，并且还讲了该用什么词更恰当，这使郭绪栋大为吃惊，仔细一问才知道吴佩孚竟然是个秀才。当时军营中有学问的人极少，秀才身份在士兵中更是极其少见的。郭绪栋看出吴佩孚虽然其貌不扬，但是极有学识和抱负，于是便对吴佩孚愈加重视起来。

1904年2月，日俄战争爆发，腐败无能的清政府为了打破俄国独占东北的局面，天真地以为让日本在战中获胜就能维护东北的主权，因此，清政府表面上保持了中立的态度，暗地里却联日拒俄。战争前夕，朝廷从北洋督练公所中选拔出16个能干得力的青年军官，吴佩孚即在其中。他们与日本的31名情报人员秘密组成了中日混合侦探谍报队，目的是刺探沙俄的军事情报。由于这支谍报队是由日本人和中国军官组成,在文化上和性格上难免会存在一些矛盾,造成摩擦。日本人仗着自己的军事实力颇有些瞧不起中方派来的军官,所以言语总是过激,这使中方军官大为窝火,甚至差点酿成斗殴事件。为了不影响两国的合作关系,面对这些事件,吴佩孚总是沉着冷静,一面说服自己不要动怒,一面平息其他人的怒火,避免不必要的恶斗。一日,吴佩孚奉命去侦察俄军情况,却不料因为距离较近,被俄军意外发现。为了不让俄军发现清政府在暗中帮助日军,影响两国关系,吴佩孚毅然选择了跳船,然后凭借自己良好的水性,成功地脱险并最终完成了任务。在侦察任务中,吴佩孚给日本军官留下了"温和良顺"、"处变不惊"的好印象,日本军官更因为他的灵活机智戏谑地称他为"总有法子先生"。

  日俄双方开战不久,日本海军对盘踞在旅顺口的俄国舰队进行攻击,但遭到俄军的猛烈还击,始终没有成功。无奈之下,日军主帅东乡平八郎下令对俄国舰队实行封锁战,企图将俄军舰队封锁在一定水域然后将其歼灭。但俄军事先也考虑到了这种情况,他们设立了多道防线,日本的船只根本无法在指定海区对俄海军实施封锁。此举反而导致日军舰队遭到了重创。就在日方对于如何战斗简直毫无头绪的时候,已经完成了侦察工作的吴佩孚气定神闲地站了出来,他对急得团团转的东乡平八郎说了自己的计策。东乡平八郎听后不禁大赞:"哟西!哟西!"随后,东乡平八郎便让吴佩孚按照他所说的计策行动。

  原来吴佩孚计划召集旅顺附近的渔民,让他们的渔船没日没夜地对俄军军舰进行骚扰。时机一到,他们就趁俄军舰队处于麻痹大意之时,将日军情报船混入渔船中,以获取俄军情报。等到日军情报船获得情报后,便与渔船混在一起一同返回旅顺,将俄军作战情报送至日军情报处。吴佩孚的计策果然有效,此战日军大获全胜,吴佩孚也因此荣升为上尉。在历时一年有余的日俄战争谍报工作中,吴佩孚屡次立功,他还因此获赠一枚日本六等"单光旭

日勋章"。

深谋远虑,才智高超

日俄战争结束后,吴佩孚被任命为北洋陆军主力第三镇步队十一标第一营的督队官,随即又被派往天津讲武堂进行短期培训。由于他学习刻苦勤奋,表现突出,毕业后便担任了北洋陆军主力第三镇的管带,并在那里结识了调任第三镇统制的曹锟,并与他结下了毕生的情谊,两人亦师亦友。吴佩孚终生效忠曹锟,为曹锟的事业鞍前马后,鞠躬尽瘁。

1911年10月,辛亥革命爆发,中国政局立即陷入了混乱的局面,清政府的统治到了崩溃的边沿。此时的袁世凯正在全力实行自己的计划,他积极部署各方力量,伺机篡夺革命果实。曹锟奉袁世凯之命率兵保护天津、北京以及保定等地,恰好遇上山西新军宣布独立,袁世凯便命他前去镇压,但此时曹锟的部队里有人打算在娘子关闹事。吴佩孚得知这个消息后,赶紧通知了曹锟。在他看来,曹锟即使再不好,也是个颇有风范的大将,而且一旦闹事就会引发兵变,到时候情况会更糟糕。吴佩孚的通风报信使曹锟幸运地躲过了一劫。为了表达自己的谢意,他提拔吴佩孚为第三镇第三标标统。此后,吴佩孚逐渐成为曹锟的得力助手兼心腹。

1912年2月,为了达到在北京就任大总统一职的目的,袁世凯派曹锟到南京迎袁专使处大肆捣乱,最终迫使南京临时参议院通电答应了袁世凯的要求。曹锟因"战功"累累而平步青云,吴佩孚自然也沾了不少光,官职步步高升。然而,吴佩孚对曹锟而言,不仅是个战场上能出谋划策的好兵,更是在关键时刻帮自己"挡枪"的人。

"二次革命"爆发后,曹锟奉命率部镇压,后论功行赏,被任命为长江上游警备司令。吴佩孚也水涨船高被任命为师部副官长,与曹锟一同驻守岳州。当时,袁世凯的爱将汤芗铭被委以海军中将的身份都督湖南。一日,汤芗铭打算举行一个名流会议,邀请曹锟致辞。曹锟是一个不善言辞的人,又没多少文化,致辞的事情让他非常头疼。但汤芗铭是袁世凯的亲信,如果不答应就会得罪对方。正在他为此事发愁之时,吴佩孚站了出来,他自告奋勇地表示愿意替曹锟出席并致辞。曹锟一下子甩掉了心理包袱,连忙答应。会议当天,吴佩孚口若悬河,谈古论今,博得阵阵喝彩声。这次演讲使吴佩孚在湖南名流界一炮走红,就连汤芗铭也觉得他是个极为难得的人才,希望借调吴佩孚到他部下就职。不过,曹锟是个聪明人,原本他只是觉得吴佩孚机智,但没料到别人竟如此器重他,心想他肯定会大有前途,自己可不能随意地将他拱手相送。于是,便回复道:"我将任命吴佩孚为第六旅旅长,他掌管兵权,不能外借。"就这样,吴佩孚因一次演讲再次升了官。

　　袁世凯拉开了复辟帝制的序幕后,一直支持袁世凯称帝的曹锟为了讨得对方的欢心,多次请他推行帝制,早日登基。可吴佩孚却谋虑深远,他一再劝曹锟不要迷恋封号和奖赏,希望曹锟与袁世凯称帝划清界限。目光短浅的曹锟对此不以为然。

　　袁世凯称帝不久,蔡锷就组织护国军讨伐袁世凯。吴佩孚虽然并不支持袁世凯称帝,但是他却不得不听命于曹锟,在取得泸州、纳溪战役胜利的同时再一次救了曹锟。曹锟自然对他感激万分,当下决定听取和采纳吴佩孚的建议。吴佩孚对曹锟说:"袁世凯想当皇帝,是注定当不长久的,我们现在帮他讨伐护国军,以后必定会受到各省的攻击。我们不如采用'虚与委蛇,暗中联络各省'的计策,这样既可以不得罪袁世凯,也不得罪各省,还可以保存我们的军事力量。如何?"曹锟也觉得此法可行。不久后,袁世凯在众叛亲离中忧愤而死。曹锟倒抽一口凉气,心想若不是吴佩孚拼命相劝,自己此时估计早已没有兵力,沦落为他人的"俘虏"了。曹锟不得不庆幸自己遇到吴佩孚这样的能人来辅助。自此以后,

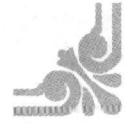

他凡事都与吴佩孚商量,不敢再"擅作主张"。吴佩孚也成了他的左膀右臂,堪称"曹氏代言人"。在吴佩孚的建议下,曹锟不断地加强第三师的训练,以便日后在军阀争斗中能有一番更大的作为。

爱国爱民,壮志难酬

1919年5月,五四爱国运动爆发,数千名学生为反对政府在"巴黎和约"上签字而举行示威游行。在当时的政局下,北洋军阀的三大派系——直、奉、皖都各有自己的想法。皖系的代表主张签约,奉系的代表则完全是一副看戏的旁观者姿态,而以曹锟、吴

五四运动

佩孚为代表的直系代表则坚决反对签字。吴佩孚曾对人说:"如果中方代表在巴黎和会上签字是作茧自缚,必定会影响中国的局势。何况我们军人天生就是保家卫国的,国家危亡,我们定当挺身而出,如果屈辱签字,我中华民族的颜面何存啊!"

当时国家正处在危急关头,大好河山任人宰割,很多学生不顾自己的生命,为国家、民族前仆后继。然而,北洋政府为了自己的利益下令对爱国学生进行大肆逮捕。吴佩孚再次出面,阻止了北洋军滥杀学生,他要求大总统释放学生,理由是"其心可悯,其志可嘉,其情更有可原",否则众怒难犯。吴佩孚在五四运动中保护学生的爱国行为深得国人的赞许和拥护。一直对帝国主义妥协退让,残酷镇压爱国学生,并常做出危害地方百姓举动的皖系在国人心目中声名扫地,而吴佩孚及直系则凭借一系列爱国、救国的举动

在国内声望大增,两系之间的矛盾日渐恶化,战争一触即发。

　　随着直系力量的发展壮大,直皖的利益权衡成为影响当时时局的主要因素。当时,两系之间的争斗"牵一发而动全局",相比而言,奉系的力量还比较薄弱,倘若两军交战,奉系站在哪个阵营便成了大家都比较关注的问题。直皖战争爆发后,张作霖几经反复与思量,将援手伸向了曹锟,而段祺瑞也墙倒众人推,最终落败。其实,直皖战争的胜利一方面是由于张作霖的出兵相助,另一方面则是由于吴佩孚卓越的作战才能和行军部署。此战使得吴佩孚扬名世界,并受到了国际上的普遍关注。战后美国陆军助理曾到保定访问曹锟和吴佩孚二人,但是费禄纳认为吴佩孚才是一个真正意义上的领袖,他在给美国国务院的报告中是这样评价吴佩孚的:"直系首脑中最杰出的是吴佩孚……他的行动是一个真正爱国者的行动,他是为国家利益而不是为个人利益工作的……他显然极为民主,他的士兵对他既非常尊敬,又十分爱戴。"

　　直皖战争的胜利源自奉系的大力支持,但在战后的各种利益分配中,直奉之间却出现了巨大的矛盾。双方都认为对方占了很大的便宜,而自己却没能得到应得的好处。1920年9月,吴佩孚升任鲁豫巡阅副使,为了摆脱不断的吵闹与争夺,吴佩孚率领自己的部队开进军事重镇洛阳,筹饷练兵、招贤纳士、扩充实力。经过一年多的扩军练兵,吴佩孚已拥有十余万兵力。同年,北洋军政府任命吴佩孚为两湖巡阅使,命他率大军南下平息两湖战争。至此吴佩孚的官职已与曹锟相当,势力日渐坐大。而此时直奉两派为了争夺中央政权、势力范围的斗争日趋激烈。1922年4月,第一次直奉战争打响了战役的炮火。曹锟命吴佩孚全权指挥战斗,直系以洛阳之师为主力迎战张作霖。一个多月后,张作霖的奉军损失军费超过3000万元,死伤无数,仅余2万多人逃出山海关。此战,吴佩孚大获全胜,他的军事生涯被推至巅峰。

　　第一次直奉战争失败后的张作霖并不甘心,他仍然集结各方

力量,希望战胜吴佩孚。面对此种情形,吴佩孚深感忧虑,他力劝曹锟赶紧训练自己的军队,增强军事实力为再战做好准备。但是曹锟却像当年的袁世凯一样,一心想当大总统,他认为现在天下局势已定,无须再战,对吴佩孚的建议置之不理。随后,他又以金钱贿赂议员,让他们选举自己为总统,此举让天下人哗然。此后,直系的一系列倒行逆施引发了全国人民的不满。吴佩孚为了防备张作霖,一直思考作战计划及战事布局。然而,江浙战争的爆发却完全打乱了他的计划,原本他想拉拢卢永祥,借他来稳固后方,但却未料到江苏督军齐燮元扰乱了布局。随后不久,张作霖再次宣战,吴佩孚只能忧心忡忡地再赴战场,希望靠天庇佑,躲过一关。然而,命运之神没有再次庇护他,冯玉祥发动的北京政变震惊中外,吴佩孚腹背受敌,只得战败而归。

滴水之恩,涌泉相报

与北洋大多军阀不同,吴佩孚秀才出身,一直谨守儒家教条,恪守礼节,尤其对于他人的恩德更是毕生难忘。当年在天津军营中的郭绪栋成就了吴佩孚飞黄腾达之路。吴佩孚得势之后,多次劝说他与自己共享荣华,二人共举大业。但郭绪栋每次都婉拒,默然不语。几次三番下来,吴佩孚生气了,他觉得自己的一切都源自于郭绪栋,如果当时不是他的举荐,自己如今估计还只是一名普通的勤务兵。无奈之下,郭绪栋只得说出真实的缘由,原来他当时惹上了鸦片,而吴佩孚曾明令自己的将士不得吸食鸦片,否则依法处置,郭绪栋自然不愿让吴佩孚为难。

吴佩孚获知实情后,哈哈大笑,连忙说:"原来是这等小事,只要郭兄愿意出任,兄弟立马下一道命令,以后军中只有郭兄可吸食鸦片,其他人吸食一律重惩。如何?"郭绪栋听后,也没有理由再推辞,便欣然答应出任。于是,吴佩孚便让郭绪栋为秘书长,管理军中要务。出任后的郭绪栋对吴佩孚忠心耿耿,在直奉战争爆发后,郭绪栋一直陪在吴佩孚的身边,为他出谋划策。战争结束之后,郭绪栋因为身体原因,再次向吴佩孚请辞,提出回乡的请求。吴佩孚虽然对他依依不舍,但念及郭绪栋年岁已大,便奏请北京政府让郭绪栋出任山东盐运使这一肥缺。但此时郭绪栋却不想敛财,他想谋得山东省长的职位,风风光光地回家乡。或许在他看来,这件事情对手握大权的吴佩孚来说是件轻而易举的事情,但当时军阀之间的利益错综复杂,山东省长背后牵扯的利益之争不容忽视,这事可不是吴佩孚能决定的。不过,吴佩孚对老友的请求没有一口拒绝,他四处斡旋、奔波,终于帮助郭绪栋实现了这一夙愿。然而,此时的郭绪栋已经病入膏肓,他再也无力担任山东省长一职,这也成为吴佩孚毕生的遗憾。"得人恩果千年记",吴佩孚完全践行了当初的承诺,做到了"苟富贵,无相忘"。

1939年12月4日,吴佩孚牙疾复发、高烧不退,家人请日本牙医为他治疗,却造成了他的猝死。戎马一生的一代名将就这样蹊跷地去世了,他的死因一直是个解不开的疑团。

回顾他的一生,少年时贫困但刻苦上进,青年时潦倒却奋发拼搏,中年时意气风发,晚年时睿智从容,他的一生可以说是无比精彩的。吴佩孚一生坚持读圣人之言,行贤人之道,努力做到"不敛财,不纳妾,失意后不进租界"。为了表彰他的英雄气节,在他死后,国民党政府追赠他为陆军一级上将,媒体更赞誉他为"中国军人的典范"。

"基督将军"冯玉祥

北洋时期,云波诡谲的政治变迁,军阀派系的钩心斗角,变幻莫测的力量制衡至今仍令人荡气回肠。坚守,在那时显得苍白无力,使人唏嘘。然而,人世间从不缺少高人,无论过往。冯玉祥就是这样一个人。他一生坚定自己的信念,任凭他人评说,只遵循内心的原则,未曾改变。

山雨欲来风满楼

冯玉祥,字焕章,生于1882年,祖籍安徽巢县,自幼在直隶保定长大。因为家庭贫困,他14岁时便报名参军,先在保定五营待了六年,之后改投武卫右军,先后任哨长、队官、管带等职。他的官职并不大,却常常忧国忧民,每每看到清政府将大好的河山拱手送人,他都感到痛心疾首。武昌起义爆发后,为了积极响应起义,他与同僚一起,联合革命党人,宣告滦州独立,成立"北方革命军政府",并向全国发出通电,阐明军政府的各项章程及政策。正当他们准备全力进攻天津时,前来镇压的清军却对其发起猛烈的反击,起义最终失败。冯玉祥被革职查办,等待处决。

然而,摇摇欲坠的清廷终于不堪受创,在袁世凯的逼迫下退位自保。革命党人与袁世凯达成了合作的协议,冯玉祥的罪责也便无人追究。不久,他就再次加入北洋军,效命袁世凯。

1914年7月,冯玉祥升任陆军第7师14旅旅长,他率领部下在河南、陕西一带镇压当时的白朗起义军,看着自己手上沾满了起义军的鲜血,冯玉祥心中有说不出的痛苦,他是个渴望和平的军人,不愿看到太多的战场杀戮、你争我夺。而他现在却不得不为成就他人的大业而充当刽子手,每每想到这些,冯玉祥会充满内疚与自责。造化总是弄人,人生的很多选择都是身不由己的。冯玉祥的内心在痛苦地挣扎着,他暗下决心,终有一日,一定要摆脱这种局面,为自己的信念奋斗不息。

1915年,冯玉祥奉袁世凯之命前往四川与护国军作战,这一次,他暗中与蔡锷联系,两人商议议和停战,以便减少双方的损失,并尽可能免伤无辜。如此之举,对于战乱中的普通百姓来说,算是小小的安慰吧。之后,他在多次作战中,都积极与对方通电议和,希望通过和平的方式来解决彼此的争端。不过他的这种"退缩"引起了袁世凯的极大不满,袁世凯下令免去他的一切职位。

与其他军阀不同,冯玉祥带兵常以身作则,与士兵同吃同住,从不搞特权,他的部队上下一心,誓以革命为己任。即使冯玉祥被免职,他的部下们仍然对他忠心耿耿,不离不弃。1917年7月,冯玉祥带着自己的旧部参加了讨伐张勋复辟的战争,支持段祺瑞的"共和"之举。事后,段祺瑞念其战功,下令恢复他的原职。1918年2月,冯玉祥奉命率军南下攻打护法军,他再次通电表示支持共和。当然,这次的下场还是被免职。不过他的旧部仍然誓死追随他,北洋政府也不敢轻易动他,只能尽可能地对其安抚、拉拢。

鲤鱼终要跃龙门

在北洋军阀中冯玉祥算是个另类,倘若他一直"固执己见",估计难成气候。可话又说回来,冯玉祥一直忠于自己的信念,不为他人所动,又拥有一支绝对忠诚的部队,其力量自然不容小觑。

1922年4月,第一次直奉战争爆发,冯玉祥率部支援直系,战争胜利后,他凭借战功当上了河南督军。然而,直系军阀中的领军人物吴佩孚不喜欢冯玉祥,处处排挤、打压他,两个人之间的矛盾迅速激化,冯玉祥在直系的日子并不好过。此时,张作霖正在积极筹备第二次直奉战争。为了使自己摆脱这种尴尬的境地,冯玉祥决定与张作霖联合起来,推翻直系的统治。1924年9月,第二次直奉战争爆发,冯玉祥趁着直奉两军在前线打得不可开交之时,率部回到北京发动政变,囚禁了总统曹锟,并将末代皇帝溥仪赶出紫禁城。

冯玉祥一心想将"革命"进行到底,他不想为了一己之私而纷争不断。可每次与其他军阀联合执政时,他就会发觉军阀之间往往都是为利而生,为利而死。前一分钟的敌人,会因为共同的利益契合而再次成为朋友,同样,前一分钟的盟友,也会在很快的时间里"兄弟阋于墙",再动干戈。北京政变后,冯玉祥发电邀请孙中山来北京共商国是。但张作霖却不愿与孙中山合作,他想请段祺瑞出面组阁。由于形势所迫,冯玉祥不得不向张作霖妥协,组成了以段祺瑞为首的北洋政府。不久后,冯玉祥再次被张作霖、段祺瑞等人排挤,双方的矛盾进一步加深。看着军阀们为了争夺权势,不停地耍心眼、玩计谋,冯玉祥心中愤恨不已。一怒之下,他率部离开了北京,去了偏僻的西北地区。在那里,冯玉祥与中国共产党及苏联建立了初步的联系,经过交流,他对革命有了更为深刻的体会。他接受共产党人和苏联的帮助,建立各种军事学校,培养新的军事人才。

1926年1月,冯玉祥在直奉联合进攻下被迫通电下野,前去苏联考察,试图为中国革命找出一条新出路。半年之后,他回到国内,推行孙中山的三民主义思想,很快就被广州国民政府任命为国民政府委员、军事委员会委员。同年9月,他在绥远五原(今内蒙古)誓师,就任国民军联军总司令,正式宣布全体将士集体加入中国国民党,参加国民革命。

孤独寂寞的呼喊

1927年4月,冯玉祥的部队被武汉国民政府改编为国民革命军第二集团军。他率领部下杀出潼关,在中原与北洋军发生激烈的战斗,并最终获得胜利。此后,蒋介石、汪精卫发动反革命政变,残忍地屠杀共产党员。冯玉祥也曾一度附和蒋介石的"清党"反共政策,这段时间也是他与蒋介石的关系的蜜月期。不久,冯蒋之间就因军队编遣的问题发生激烈的争执,并先后于1929年、1930年爆发了蒋冯战争和蒋冯阎战争。战争失利后,冯玉祥的部队被蒋介石收编,无奈之下,他只好选择通电下野。

"九一八"事变爆发后,东北三省很快就落入了日军之手。冯玉祥主张抗击日本侵略者,他四处奔波,积极呼吁,希望能够获得更多的力量支持。1933年,在中国共产党的帮助和推动下,他与方振武、吉鸿昌等人在张家口组织察哈尔民众抗日同盟军。冯玉祥被推举为总司令,指挥军队将日军驱逐出察哈尔省(今分属河北、内蒙古),给日军以沉重的打击。蒋介石见冯玉祥的势力又起,担心他日后再起事端,就派重兵北上,逼迫他辞职。碍于蒋介石的兵力,以及不愿在外敌入侵之时自相残杀,冯玉祥只好在泰山隐居。1935年12月,蒋介石邀请冯玉祥担任国民政府军事委员会副委员长一职,为了促使蒋介石积极抗日,冯玉祥应邀就职。卢沟

桥事变爆发后,日军发动了全面侵华战争。冯玉祥力劝蒋介石全力抗日,但蒋介石的态度并不积极。无奈之下,冯玉祥愤而离职,奔走各地,积极从事抗日救国活动。

抗日战争胜利后,蒋介石妄图独断专权,冯玉祥有志难伸,被迫以水利考察专使的名义出访美国。虽然身在国外,但他依然非常关心国内的形势走向。抗战胜利后不久,蒋介石就撕毁了他在重庆所签订的和平协议,发起内战,中华大地再一次战火纷飞。此时的冯玉祥再也顾不上兄弟情谊,他在美国公开抨击蒋介石的内战、独裁政策,并积极支持国内民众的爱国民主运动。他以自己20年的亲身经历,写成《我所认识的蒋介石》一书,对蒋介石的专制独裁统治做了深刻的揭露与剖析,令蒋介石对他深恶痛绝。

基督将军留美名

凭借着自己特殊的身份,冯玉祥不停地在美国高校或军事学校做演讲,向美国青年讲述蒋介石的反动本质以及内战给中国人民带来的灾难,也讲述共产党为了中国的独立、自由所做出的努力,这在一定程度上削弱了美国政府对蒋介石政权的支持,使更多的美国人了解到真正的中国共产党。

在美国考察期间,冯玉祥与毛泽东、周恩来等中共领导人保持着密切的联系,也曾共同商议新中国的未来。1948年,三大战役爆发,国民党的统治已经到了崩溃的边缘。中国共产党开始为建立新中国而积极准备,中共中央正式邀请远在美国的冯玉祥回国,参加即将召开的中国人民政治协商会议的筹备工作。冯玉祥对此非常开心,他急忙联系安排回国事宜。在苏联驻美大使潘友新的帮助下,冯玉祥乘坐"胜利"号轮船回国,不幸的是,轮船在由黑海向敖德萨港(今属乌克兰)行进途中,发生了失火事故,冯玉祥与女儿冯晓达一起遇难。

作为一名有进步思想的民国军阀,一个毕生为了中国独立、和平而奋斗不息的将军,冯玉祥却没能看到新中国的成立,不能不说是一种遗憾。但作为中国共产党的好朋友,他却没有被忘记。新中国成立前夕,中共中央在北平为冯玉祥隆重举行了追悼会,毛泽东亲自送来了挽联,周恩来致追悼词:"冯玉祥将军是一位从旧军人转变而成的坚定的民主主义战士;虽然和所有的历史人物一样,由于政治视野的局限,在他身上不可避免地存在这样那样的缺陷,但是,瑕不掩瑜,冯玉祥将军为中国民主事业的贡献,将是永垂不朽的。"在北洋诸多军阀中,也只有冯玉祥一人享受到这样的待遇。由此也证明了中国共产党对他一生的认同,以及对他为实现独立、民主的新中国所做努力的充分肯定。

　　冯玉祥的一生是传奇且独特的一生,他因三次倒戈被人们称为"倒戈将军",但我们在论及这些事件时,常常需要看到背后的本质。滦川起义、北京政变、反蒋战争,这三次倒戈蕴含了冯玉祥为追求民主、和平的中国而坚持不懈的昂扬斗志。在那个年代,这样的坚持又是何等的弥足珍贵啊!

　　或许,后人在谈及冯玉祥时,会对他的所作所为充满好奇,究竟是怎样的一种力量在鞭策着这位军阀呢?这必须要提到冯玉祥的另一个称谓——基督将军。冯玉祥是一名虔诚的基督徒,他一生严格要求自己按照《圣经》的标准行事做人。无论是治理军队,或是作战杀敌,他都努力让自己活出基督徒应有的品格。滦州起义失败后,冯玉祥看到很多起义兵的死亡,心中充满了对生命的敬畏和对劳苦人民的同情,为了追求内心的平静,他正式加入了基督教。此后,他一直对基督教保持着极大的热情,还对宣传基督的活动给予莫大的支持。1936年,南京基督教会举行新教堂破土仪式,冯玉祥应邀参加了布道活动,还给教堂的奠基石题了词——"因为那立好了根基的就是耶稣基督"。冯玉祥的墨宝至今依然存留,常常吸引游人驻足欣赏。或许,这就是信仰的力量。

今天,如果去参观冯玉祥的墓地,您也许会见到这么一首诗:

我　　冯玉祥
平民生　平民活
不讲美　不求阔
只求为民　只求为国
奋斗不已　守诚守拙
此志不移　誓死抗倭
尽心尽力　我写我说
咬紧牙关　我便是我
努力努力　一点不错

岁月滑过指尖,淡淡的如东流之水,无声无息。白发垂暮的吟者依然吟着更迭中不变的诗句,唱出长亭外无奈的离歌。逝者如斯,往事千年,换来的往往是一声凭叹。叶的离去是风的追逐还是树的无情,我们不得而知,只会在午后的窗前静静伫立,看庭前花开花落,品天边风卷云舒……

"贿选总统"曹锟

贿赂会产生腐败,进而危害社会秩序,但纵观古今中外,贿赂一直都存在,大到一国的总统或主席的选举,小到一个乡村村干部的选举,我们都或明或暗地看到贿赂的影子。政客们常一手持仁义道德,一手持金钱美色,所到之处狂轰滥炸,所向披靡,战无不胜。曹锟在这方面就是个权术九段高手,所以才从一介布衣摇身一变,成了总统。

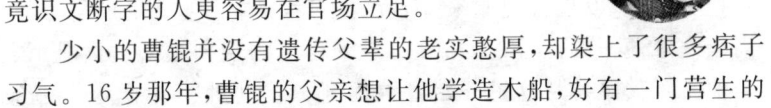

曹锟生于1862年,他的父亲叫曹本生,也没什么大本事,所谓靠山吃山,靠海吃海,他就在大沽的一个船行里做了一名排工,是个靠苦力挣钱吃饭的人。曹锟家孩子多,负担重,日子过得十分贫困。尽管曹家没什么钱,曹本生却是个性子十分憨直的人,为人也十分要强。他宁愿自己勒紧腰带,吃的穿的差些,也要供孩子们读书,多认识几个字,梦想着孩子们不再像自己这样过活。因此,曹锟兄弟几个早年基本上都读过几年私塾,这也为曹锟日后的发家奠定了良好的基础,毕竟识文断字的人更容易在官场立足。

少小的曹锟并没有遗传父辈的老实憨厚,却染上了很多痞子习气。16岁那年,曹锟的父亲想让他学造木船,好有一门营生的

手艺,可曹锟心里不想靠劳力吃饭,他拒绝了父亲的安排。后来曹本生又叫他学做农活,他同样也拒绝了。无奈之下,曹本生逼着曹锟去卖布,曹锟当时也没有更好的选择,只好同意了。但他们家中本来就穷,也没什么本钱,连一辆手推车都买不起,曹锟只能把布匹搭在肩上四处叫卖。

如果曹锟就一直这样下去,顶多也就是一个小商人,依照他的习性,估计可能会沦落为地痞流氓,成为地方一霸,终究也只是个寂寂无名的人物。但造化这种事是谁也说不清的,一生改变的转折点总会来临,不早不晚恰好在那里,曹锟就印证了这句话。有一天,曹锟到保定去贩布,在城门口被两个守城的士兵拦住,不但没让他进城,反而把他漫骂嘲笑一番。曹锟无端端地受了气,肚子里窝着一堆火。回想起自己十几年来的生活,还有贩布的辛苦,他不禁感慨,自己一直都在吃苦受累,而一个看大门的士兵都敢欺负自己。思来想去,他下定决心要去参军,希望借此来改变自己的命运。曹锟报考了天津武备学堂,并被成功录取,毕业后他做了一名哨官。1895年,曹锟去了小站,加入了袁世凯的北洋军。他既无背景,又带点痞子气,常常为人所反感。不过他也有个好处,就是为人豪爽,喜怒不形于色,有什么好处都让给别人,懂得察言观色。慢慢地,他的名声就在军中传播开来,连大名鼎鼎的袁世凯也知道有这么一个人物了。

曹锟凭借他过人的"精明",如同一只训练有素的猎犬一样时刻嗅闻着周围的气息,等待自己的机会。当他听说袁世凯的叔祖父袁甲三有个拜把子兄弟叫曹克忠,在当地很有权势,人称"大帅"时,就暗暗地攒下钱,买了一份厚礼前去拜见。曹克忠正好也是天津人,一看来了个姓曹的小老乡,自然是非常地开心。更巧的是,一查族谱,竟发现曹锟原来是自己的孙辈,曹克忠就更加得意了,高兴之际便正式认曹锟为族孙,并派自己的姨太太去袁世凯那儿为他打点关系。从这里开始曹锟逐渐和袁世凯攀上了关系,扶摇

062

直上,并最终走入了中国的权力中心,开始了他别样的人生。命运之神眷顾了他,昔日一个卖布郎完成了华丽的转身。

不悯弱者遭枪口

北洋政府统治期间,恰逢乱世,民不聊生。在这种情况下,学生开始登上了历史的舞台,举行示威游行,为人民奔走请命,希望国家能够得到改变。但这一片热情碰上腐败无能的政府,往往就会化成了一场悲剧。

曹锟主政期间,很反对学生的示威游行,他甚至下令,禁止学生们阅读进步书籍,反对学生的爱国运动。1919年5月,北京爆发了轰轰烈烈的五四运动,几千名爱国学生走上了游行的道路,为反对帝国主义的卑鄙做法,以及政府的无能而抗议。这个运动影响很大,随即就传到了当时的保定,进而在保定也引起了轩然大波。保定的很多进步爱国学生开始争相传告,更多的人得知消息后受感召走上了街道,加入了谴责北洋政府丧权辱国的卖国行径的阵营。他们一致谴责帝国主义列强瓜分中国的罪行,并强烈要求中国政府拒绝在《巴黎和约》上签字,以呼应北京的学生运动。面对学生们声势浩大的爱国运动,曹锟不仅不予以支持,反而直接下令禁止学生集会游行,强行阻止学生的罢课,并派大批军警监视各校学生的活动,无视爱国学子们的满腔热忱。

对学生运动的残暴并没有阻碍曹锟的"附庸风雅"。1923年5月,康有为准备去拜谒清西陵,途中路过保定。曹锟在保定光园为康有为接风洗尘,场合极其奢华。作为旧派文人,康有为十分反感新文化运动,他在河北大学发表演说,演讲的主题就是反对新文化的宣传,而这一点也深得曹锟的欢心。据说有一天,曹锟在与康有为的谈话中讲到王森然在第二女子师范学校增设白话文课程,宣传新文学,康有为听了之后,十分恼怒,直呼大逆不道。他对曹锟

说:"王森然他就是个小桐城,我知道他是桐城派倒戈的,不能让他在保定待下去。"刚好这次会面不久,恰值保定召开直奉战争直军全体阵亡将士追悼大会,报纸上出现了王森然写的两篇痛斥曹锟的文章,在保定社会文化各界产生了很大的影响,曹锟对王森然自然更加愤恨。他以防"赤化"为名,派手下人去学校抓王森然。幸运的是,王森然事先听到风声,当夜化装逃到了北京,在李大钊、林语堂、胡适等几位开明人士的掩护下,才躲过了通缉,真可谓有惊无险。

只叹息钱能通天

曹锟在历史上最出名的一点,就是他的总统贿选。通过贿赂当上了总统,这一点多少让我们感到好奇,毕竟总统是一个国家的最高职位,但却也能通过贿赂取得,由此也可以证明当时的政府是多么的腐败。我们就带着好奇心去看看曹锟在历史上最丑陋的一笔,看看一个曾经叱咤风云的人物,是如何被最终定格在了耻辱柱上的。当然这次贿选在历史上也只是一出有趣的喜剧或闹剧,把貌似庄严的政治给大大地调侃了一番而已。

1923年,已经60多岁的曹锟算是大有成就的人了,在中国的政治舞台上已有了显赫的声望。如果他就此安心,倒也不失为智者。但这时的曹锟,也许是感觉到自己年纪的紧迫,或是对权力更加的迷恋,他竟然通过以每张选票5000元的价格,收买了许多无耻的议员,并在1923年10月,厚颜无耻地坐上了中华民国大总统的宝座,成为备受国人唾骂的"贿选总统"。

1923年10月5日,议员们从下午2时开始投票,至下午4时结束。接着是当着大伙的面来点票,结果总投票数为590张,竞选人数28人,曹锟得480票,高高在上,而当时最有名望的孙文屈居第二名,仅仅才得了33票,还不到曹锟的十分之一。10月10日,国会议长吴景濂乘坐专列赶到保定迎接曹锟。当时保定全城庆祝，家家悬挂五色旗，欢呼声不绝于耳。吴景濂见到曹锟，依照惯例说了"众望所归，人心所向"的话，而曹锟也冠冕堂皇地说着感谢"国民厚爱、敬谢不敏"之类的客套话。随后，曹锟踏上专列，驶向北京的总统府，驶向了他人生政治生涯的最高峰。

曹锟虽然当选了大总统，但并不是没人反对的。选举后的第二天，国民党就发表宣言，声讨曹锟。紧接着，10月9日，孙中山在广州大本营主持会议，决定讨伐曹锟，通缉贿选议员，并致电各国外交团，请求否认曹锟为中华民国的总统。同时，孙中山等还致电当时的大军阀张作霖、卢永祥等一致行动。不久，在全国的一致反对下，曹锟及直系的势力日益削弱，直系内部也开始四分五裂。第二次直奉战争中，曹锟很无奈地被赶下台，他的政治军事生涯也就此结束，从此一蹶不振。

1924年9月，第二次直奉战争爆发，直奉两军各出动几十余万大军，可谓是大规模的战争，但战场上的战斗打得并不激烈。原来在双方开战之前，张作霖就已经和当时隶属于直系的冯玉祥暗通了底气，计划让当时在北京的冯玉祥拖延军机，坐待发动叛乱的机会。吴佩孚在北京坐镇时，冯玉祥自然不敢轻易动手。他之所以没敢立刻发动叛乱，也是怕万一吴佩孚在前线打了胜仗，那自己贸然行动就会彻底失败。因此，他要静心地等待战况明朗的时候才决定是否叛乱。随着前方军情越来越不利于直军，吴佩孚不得不去了前线。而冯玉祥则不断收到吴佩孚的参谋长来电催促进兵，甚至下最后通牒，此刻他才确信吴佩孚已经到了紧急关头了，此时他若倒戈，直军失败的可能性就很大了。冯玉祥立即下令让后方的军队改变方向，迅速回到北京，发动政变，包围总统府，软禁总统曹锟。随后，冯玉祥迫使北京政府下令停战，解除吴佩孚的军事职位，并让内阁通过《修正清室优待条件》，将清朝的末代皇帝溥仪赶出了紫禁城。

冯玉祥的反戈使直奉战场的形势大为改变。吴佩孚召开紧急军事会议,向部下沉痛地宣布北京政变的消息,并下令全体撤退。第二次直奉战争从酝酿到结束,前后不过两个月,直系的惨痛失败是吴佩孚绝对意料不到的,更是曹锟做梦都想不到的。这不禁使人想起当初直皖战争时段祺瑞的昂扬斗志,以及旋即惨败的经历。世间的事情总是难料的居多,但历史却总是有些惊人地相似,不得不令我们心惊。刚刚圆过总统梦,并且沉醉其中的曹锟转眼间便成了"阶下囚",人生的际遇不能不让我们感叹。

巾帼助其保名节

北京政变后,奉系张作霖和冯玉祥等人共同主宰了北方。冯玉祥发电邀请孙中山北上,商议国家和平统一之事,但张作霖为了自己的利益,却主张由段祺瑞出面组织政府。最终,段祺瑞再次出山。虽然直系力量被削弱很多,但仍不可小觑,加上几方力量的制衡约束,段祺瑞只好对曹锟贿赂之事选择了忽视,也就没有追究他的罪责。

其实早在直皖战争结束后,失败的段祺瑞也并没有选择逃跑,而是照例回到家中,安然无恙。这些战场上厮杀的对手们又似朋友,互相竞争,互相对抗,互相包庇。或许背后的力量使他们不敢将对方斩尽杀绝,但这些政坛落寞的英雄们应该都深谙"敌人的敌人就是朋友"的道理吧。冯玉祥和张作霖之间的蜜月并没有持续多长时间,双方很快就因为立场不同而使矛盾不断升级。情势开始对冯玉祥不利,冯玉祥只好带着自己的军队撤出了北京。

重获自由的曹锟又开始盘算着自己的总统梦,他给各省的政府发电说,冯玉祥已离开北京,北京现在像往常一样地安静,暗示大家尽快拥护他复位。他上次能当选总统除了贿赂起了重大作用外,吴佩孚的军事力量也给了他强有力的后盾,但这次吴佩孚却没有表态。毕竟直系的失败间接是曹锟为了当总统而"闹"出来的,因此吴佩孚希望曹锟"好马不吃回头草"、"先在后台呆着比较好",眼见吴佩孚如此的态度,其他人也都不敢应声,曹锟的总统美梦彻底破灭了。

震惊中外的"九一八"事变爆发后,日本帝国主义强占东北,并意图侵吞中国。鉴于中国的疆土广阔,人口众多,日本人决定在中国采取"华人治华"的策略,他们希望找到一个"代理人",打算邀请曹锟出山。日本方面派人来到天津英租界,看望曹锟,并表达了他们的意愿。曹锟起初怕得罪日本人,未敢直接拒绝,正左右为难之时,他的夫人刘氏出来指桑骂槐,高声叫骂,这让几个日本人感到十分地尴尬,只好灰溜溜地走了。日本人走后,刘夫人开始向曹锟诉说日本人在东北三省犯下的滔天罪行,并对曹锟说:"就是每天喝粥,也不能出去为日本人办事。"看着夫人坚定的态度,军人出身的曹锟也更加坚定了自己绝不做汉奸的决心。

日本方面虽然一次次碰壁,但他们并未死心,不停地派说客到曹锟家做客,妄图打动曹锟。曹锟碍于情面,也不好直接拒客。这下子又要刘夫人"出山"了,毕竟恶人总要有人来做的。后来,已经成为伪"华北治安军"总司令的齐燮元前来拜访时,刘夫人直接下令家人不准开门,齐燮元硬是被关在门外,进都没进来。日本人眼见白天不便,就派人晚上过来,刘夫人就立下一条新规定,晚9点钟锁大门,不许

北洋勋章

家人出去,也不许客人们来访。大门钥匙由刘夫人亲自掌管。时间久了,连曹锟都觉得来客不胜其烦。某日,高凌蔚奉日寇之命到访,这次倒是幸运地进了曹家门,但一向脾气温和的曹锟见到他就脸色大变,大声冲他吼道:"你给我滚出去,以后不许你再登曹家的门!"曹锟一向待人和善,高凌蔚被他的吼声吓得浑身哆嗦,赶紧和几个随从起身告辞了。不久,日本人再也不敢对曹锟抱有任何希

望了,而曹锟也不再受说客们的骚扰,怡然自得地过自己的日子。

晚年无官一身轻

离开了尔虞我诈的官场,曹锟虽然有几丝落寞,但仍然自在地过自己的日子。只是家人的吵闹纷争让他非常无奈,常常暗自叹气。当时他的养子掌握着曹家的财政大权,曹家人整天为金钱闹得不可开交,甚至连曹锟生病也无人过问。吴佩孚听说后前去帮曹锟理论,却被曹家人骂了回去。清官难断家务事,曾经位居总统的曹锟对家人的是是非非也只好举手投降,搬到独居在外的刘夫人那里去住。

曹锟是个没有太大架子的人,早年手握大权的时候,即便家中有高官守候,他也总会跟家里的老仆役打个招呼,聊上几句。退居之后,每到夏日的夜晚,他总是摇着蒲扇和一群邻居们谈年景,讲时局,话家常,这些邻居中大都是卖菜的、卖米的、做丝绸生意的,曹锟从来不摆什么架子,只是偶然有人谈及那场贿选的闹剧,他会脸红地争辩几句。晚年的曹锟也常常静静地回顾自己的一生,并对世事感慨万千。每当见到笼中的鸟时,他就会充满慈爱地端详着它们,然后慢慢打开鸟笼,给鸟儿放生,并长久地注视它们远去的方向。或许他觉得自己这一辈子也像鸟一样,被权势所束缚,被争斗所蒙蔽,几番波折,几番坎坷,只换来好梦一场。想必此时的他早已看淡了一切,开始有了陶渊明"复得返自然"的轻松了。

晚年的曹锟开始信佛,也许是见过了太多的杀戮,他开始对生命特别地珍惜。在军人中,他和吴佩孚关系最好,但由于曹锟住的地方是租借地,而吴佩孚曾经立下自己"不借外债、不进租界、不纳妾"的原则,所以只能时常派自己的子女前来探望曹锟。逢年过节时,曹锟及刘夫人也会派子女去看望吴佩孚。两人一辈子的情谊恐怕是常人难以理解的,从某种意义上来讲,吴佩孚"成也曹锟,败也曹锟",但他仍然对曹锟充满感激与敬重之情,我们也不得不惊叹曹锟的魅力。

　　1938年5月17日,曹锟因感冒转成肺炎,加上当时的医疗条件很差,最终因医治无效而在天津泉山刘夫人的寓所病逝,终年76岁。曹锟死后,吴佩孚的夫人张佩兰前来天津吊丧,而吴佩孚本人则身穿重孝在北京为他举哀致悼。日本方面也派人前来吊丧,并送给刘夫人一大笔抚恤金,但被刘夫人断然拒绝了。出葬那天,曹锟家眷及他曾经的旧部幕僚、亲朋好友均披麻戴孝参加了葬礼,国民党政府有感于曹锟拒绝与日本人合作,保持了中国军人的民族气节,于6月14日发布特别训令,对曹锟予以表彰,并追授他为陆军一级上将。

"土匪大帅"张作霖

按照成王败寇的逻辑推理,英雄和贼寇或许本无间隔。罗斯福曾经调侃中国革命的领袖有几分匪气,笔者深以为然。岁月沉淀的华夏,本就多了些许沧桑与无奈,这沧桑中的过客或许真应有几份真性情,以使我们的历史不致单调得了无生趣。出生于白山黑水的张作霖恰逢乱世,豪爽的性格和绺子文化的濡染使得这位叱咤一时的人物多了很多霸气,也完成了从"张胡子"到"张大帅"的华丽转身。

生活多艰难

张作霖,字雨亭,1875年出生在奉天海城县西的一个小山村里。因为自幼家贫,张作霖到13岁时还没有念过书,若照此下去

他最多也就是一介小民,但有些人总会遇到生命中的贵人或是命运的转折点,使自己的生命轨迹从此得以改变。张作霖就很幸运地成为了这样的人。

有一天,张作霖躲在村里私塾的窗外偷偷听课,正听得兴奋时抽手碰掉了窗台的东西而被老师发现。当时的私塾老师叫杨景镇。杨先生发现后非但没有赶他走,反而让这个小孩免费上学,还赠给他学习用的纸和笔。也就是这次短暂的学习改变

了张作霖的一生,张作霖开始有了自己的理想与抱负,不想一生就此埋没,潦倒过活。就在张作霖在私塾里学习期间,他的父亲因病去世了。失去了家里的经济支柱后,这个贫困之家无疑到了山穷水尽的地步。无奈之下,张作霖的母亲只好带着4个孩子投奔娘家。可是张作霖的外婆家也并不富裕,一下子添加五张吃饭的嘴,自然也是无力承受。眼见家中的这种困境,张作霖意识到自己不能再指望家里了,小小年纪的他提前出来混社会了。

当时的中国正逢乱世,清政府腐败无能,将国土拱手相送,任人宰割。沙俄强夺中国大面积的领土,却仍觊觎着东北;日渐强大的日本也变得愈加贪心,妄图独霸东北,并借此吞并中国。此时大多的清朝官吏及当权者们非但不发奋图强,反而无耻地将这种沉重的负担全部转嫁到普通百姓的身上,以保自己的荣华富贵,继续奢侈的生活。官府横征暴敛,百姓不堪忍受,社会动荡不安,恶霸横行、鱼肉乡里更使得平民百姓的生活痛苦不堪。可想而知,年少的张作霖出来讨生活该是何等的不易。不过尽管生活异常艰难,张作霖每次都能绝处逢生,寻找到自己的一线生机。

刚开始,张作霖靠卖烧饼赚钱,不过钱很快就被勒索光了。后来他去学木匠,没干多久,就干不下去了。实在没有办法,他只好到街头当上了流浪汉。有一次,张作霖到了高坎镇,恰巧有人的马病了,慌乱中张作霖顺手拿了一些草药去喂马,没料到马吃完后病竟奇迹般好了。这下子张作霖就成了别人眼中的兽医,不时有人来找他替牲畜看病,他还开了一家兽医店。甲午战争爆发后,张作霖的生意开始走下坡路,生活也变得更加艰难,他决定背水一战去参军,只为挣口饭吃。

张作霖投到宋庆毅军中,当了一名骑兵。由于他以前当过兽医,所以喜好马匹,并"以精骑击得名擢哨长",在军队里颇得赏识。但不幸的是,甲午战争以清军失败而告终,张作霖不得不趁机逃回辽西。靠着从军队里带来的钱,置了些田地,随后,经媒人的介绍,

张作霖娶了赵家庙地主赵占元的二女儿赵春桂,这个婚姻无疑帮了张作霖的大忙。张作霖成了地主赵占元的女婿后,靠着自己在部队里待过的经验,在赵家庙招募了二十多个青年,他们的主要任务就是负责附近几个村子的治安。张作霖毕竟是当过兵的,在他的带领下,队伍不仅遵纪守法,而且在维护治安方面做得非常好。因此,张作霖在这些村子中逐渐就有了些自己的名气,声名也传到了周边的村寨,愿意受他保护的村寨越来越多,张作霖的势力也就一点点地扩大了。

慢慢地腾挪

张作霖带领民兵团保护村寨的安全,虽然拥有一定的武装力量,也在地方上有一定的威望,但终究只是地方乡绅势力,不属于国家的正规军。随着社会秩序逐渐地稳定,没有了外部环境的威胁,张作霖领导的民兵团的存废就成了难题。毕竟民兵团的一切开销都是各个村寨出钱供应的,在动乱时,作用自然不用多说,可到了稳定时期,养着这么一个民兵团就成了人们的负担。张作霖自然也想到了这个问题,他苦思冥想,希望能找到以后的出路,为此他甚至还贸然去抢进贡给慈禧的贡品,被清军围攻,损失惨重,仓皇逃到了八角台。恰在此时,八角台商会会长张紫云找到了张作霖,他给张作霖出了个主意:将整个民兵团交给政府,这样民兵团不仅不用解散,而且还能成为国家的正规军。张作霖一听自然非常高兴,对张紫云的提醒与帮助大为感激。他请求张紫云代表商会向新民府知府增韫正式推荐自己,张紫云也不负所望,在增韫面前把张作霖狠狠地夸奖了一番。增韫听后很高兴,能够如此轻松地收编一个兵团,大大地增强自己的实力也是件天大的好事。于是,这件皆大欢喜的事情很快就落实了。增韫亲自接见了张作霖,聪明的张作霖以弟子的身份行叩见礼,称增韫为老师,轻而易举地赢得了增韫的欢心。就这样,张作霖由一个民兵团的头目摇身一变,成了政府的军官。

官场上的你争我夺总是时时刻刻存在着,张作霖进入到这个权力的漩涡,压力也是不言自明的。但他是个机灵的人,知道如何去打理各种关系。一方面,他处处讨好增韫,并很快赢得了增韫的信任;另一方面,他又用尽心思,排挤新民府的巡警局长王奉廷。没多久,王奉廷就辞去了巡警局长一职,这一位置当然就落在了张作霖的头上。之后,张作霖对官场里的周旋更加游刃有余,如鱼得水。

1904年2月,日俄战争爆发,战场就在我国的东北,日俄军队在东北进行了惨绝人寰的破坏与杀戮,当时战区百姓的生活连猪狗都不如。作为新民府的军政官,张作霖负责维护管辖内区域的治安问题,为此,他经常要去和日俄的军官商议有关事情,不断地周旋在不同的利益方之间。趁着这次战乱,张作霖把军队一再扩建,等到日俄战争结束时,张作霖的部队已经扩编为3个营。张作霖处理复杂问题的能力在这次战争中得以充分地显现,这也成了他拿来炫耀的政绩。因表现颇佳,张作霖领受嘉奖,部队也由3个营扩编为5个营,张作霖成了管理5个营的统带。

当时东北境内有大量的胡匪作乱,张作霖便奉命领兵剿杀胡匪,在他们的英勇奋战下,胡匪或被剿灭,或被安抚,就连最顽固的杜立三也被他智取处决了。张作霖在东北的声望如日中天,不仅老百姓们对他的英勇壮举拍手称快,就连东北三省的总督徐世昌也对他刮目相看,将他视为难得的人才。1908年,徐世昌将剿匪有功的张作霖调到辽宁西北部的通辽、洮南一带,去剿杀被沙俄收买的蒙古叛匪。张作霖是个性情中人,受徐世昌的青睐与器重,办事更是尽心尽力。当时洮南一带是广阔无垠的大草原,张作霖一方处处受制,根本无法展开良好的攻击,加上兵力有限,条件艰苦,剿匪工作进行得非常不顺利。但张作霖并没有轻易放弃,他本人

率先吃苦耐劳,身先士卒,不断地总结失败的经验教训,结合强攻与智取的办法,摸索出自己的一套可行办法。在他的辛苦努力下,困扰清廷多年的蒙患终于被解除了。

雄踞东三省

1911年10月,武昌起义爆发,时任东三省总督的赵尔巽此时心焚如火,他连夜召开紧急会议,研究对策。当他得知握有兵权的蓝天蔚等人正在酝酿起义的消息后,急得想逃跑,幸好有属下将领的劝解,方才没有乱了方寸,但由谁来解决眼下棘手的问题呢?革命者大多来自于新军,一时间又根本弄不清楚谁是革命党,贸然利用他们只会弄巧成拙,慌乱中,赵尔巽的属下想到了巡防营旧军地方巡防营的将领都是忠于他的守旧军人,与革命党人没有任何联系,正好可以用来镇压革命党人的军事力量。他当即下令密调后路巡防营统领吴俊升率部到达奉天。然而,这个重要的消息却被张作霖的亲信张惠临得知。原来,精明的张作霖早就预测奉天可能会出大事,他人虽在洮南,却一早就命人密切关注奉天城内的一举一动,稍有消息就立即通知他。

事关重大,张惠临以最快的速度,将密报交给了张作霖。聪明绝顶的张作霖立马就看出这是个千载难逢的好机会,他当机立断,命令属下不要将此事声张,并决定先斩后奏,率军火速赶往奉天。途经辽源时,吴俊升等人出城迎接,张作霖与其虚与委蛇,未露实情。就这样,张作霖赶在吴俊升前面到达了奉天城,为争取主动,张作霖未加休息便前去晋见赵尔巽,"因局势紧张,唯恐总督陷于危境,迫不及待,率兵勤王。如总督认为未奉命令,擅自行动,甘愿接受惩处"。一番话说到赵尔巽的心坎里去,非但没有怪罪他,甚至还认为这是张作霖忠心耿耿的表现,张作霖这才稍稍松了一口气。接着,他信誓旦旦地说:"请恩师听我部署,只要我张作霖还喘着一口气,我愿以生命保护恩师,至死不渝。"如此的献媚示好,赵尔巽自然是求之不得,很快,他就命张作霖兼任中路巡防营统领,以巩固加强张作霖的军力。这样,张作霖就统率了15个营的兵马。此后,赵尔巽倚靠张作霖的兵力作后盾,与革命党人展开了谈判,最终革命党人败下阵来,蓝天蔚等人也被他们排挤,离开了东北。东北再次成为了他们的天下。

袁世凯出任中华民国大总统后,张作霖被任命为第27师中将师长。待袁世凯称帝时,张作霖又受封为盛武将军,督理奉天军务兼巡按使。袁世凯死后,北洋政府任命他为奉天督军兼省长。1918年9月,他又被任命为东三省巡阅使,依靠日本的支持控制了奉、吉、黑三省,成为奉系首领。此时的张作霖俨然已成为名副其实的"东北王"。袁世凯死后,北京局势更加动荡,军阀之间分

北洋勋章

裂割据,互成体系,相互争斗,始终未能出现一个可以统管全局的人。嫡系的直皖两派为了权势斗得你死我活,正是在这种情况下,张作霖才能趁机游刃于各个军阀之间,使得东北三省逐渐成了他的囊中之物。此时的张作霖已经成为与段祺瑞、冯国璋、曹锟一样的大军阀了。

但这个东北的土皇帝,日子却过得并不舒服,他需要时刻提防虎视眈眈的日本。尽管张作霖在东北的势力是靠日本人给他的支持才建立起来的,但张作霖并不想对日本人有任何实质性的妥协。而当时,日本内部对于如何处理与张作霖的关系有两种截然不同的意见。日本人一直想策划"满蒙独立",使东北三省和蒙古成为日本人的殖民地,在这一点他们两派倒是达成了共识。只是在培植代理人的问题上,双方产生了矛盾。一方主张依靠满清遗老,而另一方则认为满清贵族早就失去了民心,张作霖在东北威信无人能及,况且张作霖手中握有兵权,煽动他进行"满蒙独立"应该会更

靠谱一些。双方不停地争吵,但始终难以达成一致。

聪明的张作霖也认清楚了这一点,因此在与日本人的交往中,他左右利用,相互牵制,既不轻易地得罪他们,也不肯任由他们摆布。他知道自己对日本人的价值,也尽量想办法与日本人虚与委蛇,但此时的日本人似乎认清楚了他真实的"面目",已经渐渐对他失去了耐心。事实上,在皇姑屯事件之前,日本方面主张杀死张作霖的一方已经下手过一次,他们打算杀死张作霖后,趁机掌握东北的军队,并依靠满清的遗老遗少们成立伪政府,从而方便日本人操纵。但张作霖事先得到了消息,幸运地躲过了这次劫难,从此,他对日本人开始提高了警惕。他深知如果自己的势力一直局限在东北三省,那么迟早会被日本人所掌控,受制于人。于是,他决定南下,加快自己扩张的步伐。

明智的选择

对于一般人来说,从一无所有到权倾地方,心里会有说不出的满足感。但乱世多英雄,对张作霖来说,他的世界还不仅仅只有东北三省。他将视线转移到了北京,密切地关注着那里的动静。

当时,北京政府被皖系段祺瑞所把持,但直系对其威胁日益明显,双方的矛盾不断加深,战争一触即发。1920年7月,段祺瑞召集皖系将领举行高层会议,决定起兵讨伐直系的曹锟等人。之后,段祺瑞向时任总统的徐世昌递交一份呈文,措辞强烈,历数曹、吴的种种罪行,并要求"上大总统迅发明令,褫夺曹锟、吴佩孚、曹锳等三人官职,交祺瑞拿办"。徐世昌原本还想调和双方的矛盾,但见段祺瑞咄咄逼人,不肯退让,只得签字授权,下令取消三人的官职。

段祺瑞原本以为自己会迅速取得胜利,但他未料到远在东北的张作霖会转而支持曹锟,当时张作霖假借为民"清君侧"、"反复焦思，忍无可忍。如有敢于倒行逆施，居心祸国，即视为公敌，誓将亲率帅旅，铲除此祸国之障碍，以解吾民之倒悬。然后请罪于大总统、我督办之前，以谢天下"。所谓的公敌便是徐树铮，而督办自然是北洋的元老段祺瑞。奉系的此举无疑给了皖系一个致命的打击。很快，皖系溃败，直皖战争以段祺瑞失败而告终。直系与奉系联合控制北京政府，张作霖成功地将势力深入了关内。

直皖战争后，奉系张作霖与直系的吴佩孚都认为对方获得的利益多过自己，双方的矛盾逐渐激化。加上以段祺瑞为首的皖系军阀势力在直皖战争中损失惨重，余下的残兵败将已经无法对直系再构成足够大的威胁，盘踞东三省的奉系张作霖就成为直系潜在的对手，而张作霖在增强自己实力的过程中，也强烈地感受到了与直系之间的冲突。1922年4月，直奉之间爆发了第一次大规模的战争，历经两个月，战争以张作霖的失败而结束，在这场力量的制衡中，直系暂时取得了领先。张作霖并不甘心自己的这次失败，他积极地为第二次战争作准备，恰在此时，江苏督军齐燮元和浙江督军卢永祥为争夺上海的控制权而发动了江浙战争，这也成为两次直奉战争之间的小插曲。

北洋时期，上海并未单独作为一个省份，而是属于江苏的地盘，自然归属于江苏督军齐燮元的管辖之内。但是，卢永祥曾在上海担任过重要职位，他在上海经营了多年，实际上他一直控制着上海，即使在他被任命为浙江督军而离开了上海后，上海仍然属于他的控制范围之内。上海自明清以来就是富庶之地，齐燮元自然也是垂涎已久，等他当上了江苏督军之后，对于上海的渴望就更加强烈，江浙之战已是在所难免的了。1924年7月，闽军臧致平和杨化昭的部队在直系军阀的逼迫之下，选择由赣入浙，向浙江督军卢永祥求助，卢永祥为了扩展自己的军事实力，就欣然接纳了他们。但卢永祥的这一举动引起了周边4个省份的极大不安，皖、苏、赣、闽4省联合起来，组成了一支军队，在江苏督军齐燮元率领下，对

浙江发起了全面进攻。自此,江浙战争爆发。

由于浙江督军卢永祥接纳了皖系军阀的剩余部队,也算是跟直系军阀形成了对峙,而江苏督军齐燮元又是直系军阀中的将领,所以江浙之战就变成了地方小军阀抗击直系军阀的战争。距离第一次直奉战争结束没多久,张作霖对直系军阀仍然深恶痛绝,见此时机,他当然不会袖手旁观。战争爆发的第二天,张作霖就向全国发表通电,痛斥直系军阀的贪婪,声援浙江督军卢永祥。战争打的不仅是人,也是钱,为了支持卢永祥,张作霖派人给卢永祥送去了300万元作为资助,还让人传达了他一定会派兵入关的口谕,这使卢永祥及其部队士气大振。恰巧这时,广州的孙中山也已决定亲自率军北伐,还向全国发布了《讨伐曹吴对粤宣言》。如此一来,江浙问题就由一个地方事件演变为全国关注的大事件。最重要的是它已然成了直系军阀与奉系军阀之间的斗争。卢永祥虽然得到了张作霖的大力支持,但他终因军事力量相差悬殊而落败。

江浙之战结束后,张作霖仍不甘心自己再一次的失败,他决定整编军队,发奋图强,发动一场更大规模的战争。为了确保战争的胜利,在正式起兵前,他利用直系军阀之间的矛盾,大肆拉拢贿赂,直系内部的军阀暗自里都听命于他,就连冯玉祥也与他达成协议,伺机发动政变。这样,张作霖的胜券就越来越大了,胜利已经向他频频招手。1924年9月,第二次直奉战争爆发,战争一开始,吴佩孚就陷入了内忧外患的困境之中,之后冯玉祥发动北京政变,彻底置直系于死地。直系倒台,张作霖控制了北京政府,其势力达至顶峰。

然而,造化弄人,张作霖在北京还没有尽情享受几天大权在握的优越感,就接到了他的部下郭松龄率部倒戈的消息。郭松龄的部队作战勇猛,迅速攻克锦州、新民等地,直逼沈阳。情急之下,张作霖不得不牺牲南满、东蒙的权益,换取日本人对他的支持,在日本人的出面干预下,张作霖在这次事变中转危为安。

之后,张作霖与冯玉祥因理念不同而再起干戈,为了稳定局势,巩固自身的实力,张作霖只好与吴佩孚冰释前嫌,联合其他军阀全力对付冯玉祥的国民军。或许,北洋时期的精彩就在于它有力地印证了"战场上没有永远的敌人,也没有永远的朋友"的道理。混战中的军阀之间鲜有固定的联盟,艰难的境况中,他们被迫一次次接受命运的洗礼。

成侯多坦然

1926年7月,国民革命军发动了北伐战争,旨在推翻北洋政府及其所属的大小军阀。这场战争持续了两年多,各地军阀都遭受了严重的损失,其中吴佩孚、张作霖、孙传芳作为当时最重要的三大军阀成为抗击国民革命军的主要力量。然而,面对国民革命军的强势进攻,昔日耀武扬威的北洋军却节节溃败,不堪一击。吴佩孚、孙传芳先后失败,张作霖也被迫退居东北。

就在张作霖打算在东北重整旗鼓,发誓卷土重来时,日本人开始趁机向他索要更多的利益。他们向张作霖提出在东北三省开矿、设厂、移民和筑港等一系列要求,都被张作霖婉言拒绝了。事实上,日本人对张作霖

皇姑屯事件

阳奉阴违的策略早已心生不满,这一次日本方面对他更是彻底地失望了。1928年6月4日,张作霖乘坐的由北京开往奉天的专列驶到皇姑屯时,日本关东军预先埋下的炸弹爆炸,张作霖身受重

伤,不治而亡,年仅53岁。

　　据说,张作霖治家严谨,给家人定了不少的规矩,家风甚严。他的小舅子仗着他的威名在外胡作非为,他得知后亲手把小舅子给处决了。家人埋怨他下手太狠,他厉声说:"你们在家犯错,丢的是我张作霖的脸,但在外面搞破坏,坏的是奉天城的风气。"自此以后,张家人更加谨言慎行,不敢恣意胡闹。奉天城的老百姓知道这件事后更是交口称赞,拍手叫绝。由此可见,张作霖的成功并不仅仅是天赐恩典,更不是偶然得势,与大多北洋军阀不同,他并非因跟随袁世凯或与袁世凯有私交而受重用,而是凭借自己的才干与精明,一步步坚定地向前走。

"反戈鬼子"郭松龄

老沈阳人把郭松龄叫做"郭鬼子",因为他在东北讲武堂任战术教官时,鬼主意多,为人机灵,学员们就给他起了这个绰号。而为什么又叫他"反戈鬼子"呢?这是因为郭松龄是历史上奉系最大规模武装反对张作霖的人。郭松龄曾经受过张家大恩,张作霖算是他的恩人。他为何要发动反奉战争呢?关于这点,历史上有各种说法,甚至连最了解他的张学良在郭松龄被捕之后也想当面问问他。当然,这是一个永远无法知晓答案而只能揣度的历史之谜。

兵戈入梦将才生

郭松龄,字茂宸,1883年出生在沈阳盛京一个普通小村落里。传闻他的祖籍是山西省汾阳县,系唐朝名将郭子仪的后人。郭松龄的父亲郭复兴是个读书人,也曾想通过科举考试振兴家业,但家境的衰落无法支持他考取功名,为了生计他只好在乡间做了一名私塾先生。也有传言郭母是盛京某户名门之女,因父参与"洋务运动",思想过于激进,为家族不容。万般无奈,郭母随同家人辗转到乡间,嫁给了颇有名士遗风的郭复兴。一夜,怀胎中的郭母梦到万马奔腾,战鼓喧天,仿佛千军万马入梦而

来。醒来告知郭复兴，略懂周易的郭复兴感叹道，家门之中必定要出一名将相之才！

郭松龄自幼聪颖过人，胆识超群，是同龄中的"孩子王"，经常带领同村的孩子和其他村落的孩子玩"打仗"游戏，每每必胜。其卓越的军事领导才能初见端倪。由于乡村日益败落，读书的孩子日渐减少，郭父的私塾老师职业无法继续养家。无奈之下，小松龄被迫退学，靠帮别人做工挣钱以补贴家用，这一干就是七年。1903年，20岁的郭松龄进入省城东南常王寨董汉儒先生开设的书院继续学习。董汉儒见到郭松龄大惊，认为他非池中之物，他日一朝遇贵人，必定飞黄腾达，大有作为。而这时的郭松龄已出落得孔武有力，相貌堂堂，真可谓文武双全，人中龙凤。

在这里，郭松龄又开始接触一些新兴的学科知识，西学更是令他大开眼界。然而，两年之后，日俄战争的爆发迫使郭松龄再次辍学（郭松龄的家乡是日俄双方的交战区，炮火摧毁了许多房舍，无辜的民众死伤无数）。日俄战争给郭松龄带来了前所未有的触动与震撼，他立志从军，誓死捍卫家园，保家卫国。

军旅生涯启新知

日俄战争结束后，盛京将军赵康乐感到清政府中军事人才极其匮乏，为了培养陆军初级军事人才，他在奉天大北关设立奉天陆军小学堂。郭松龄抓住时机，参加考试。经过层层选拔，郭松龄最终以优异的成绩得到了主考官的赏识，如愿以偿地进入了陆军小学堂。

也许有些人天生就为成为一名军人而生，初涉军旅生活的郭松龄如鱼得水。在军营中，他是一名亦文亦武的全才，枪法精准，徒手格斗更是无人能够近身。而说起作战计划来，他更是机警敏锐，出其不意。很快，表现突出的郭松龄就被选入到奉天陆军速成学堂学习。这是近代中国一所全新的中等军事学校,在这里,郭松龄和担任教官的同盟会成员方声涛关系密切,并从他那里接触到了民主、自由等观念。从小便有着宏图大志的郭松龄此时似乎找到了苦苦追寻已久的人生目的,他立志改变中国混沌的时局,为国家的安定团结、人民的幸福生活而战斗。

  1907年,郭松龄以优异的成绩毕业。通过学堂老师的介绍,他进入了盛京将军衙门卫队担任哨长。那时,东北人民刚刚从战争的灾难中喘过气来,来自日本和俄国的探子却遍及东三省各地,两国都试图在短暂的喘息后,重新将东三省据为己有。郭松龄对外国企图分裂中国,霸占东三省的恶行痛心疾首。在担任哨长的时候,他严肃兵纪,勤于职守,多次和日俄间谍斗智斗勇,截取情报,使盛京的日俄探子闻风丧胆。一天郭松龄得知消息,日本探子在盛京某金融机关窃取重要材料,如果情报被送出,日本必定会对盛京进行金融轰炸,到时,日军将不费一兵一卒,仅用自己雄厚的经济实力就能操控整个盛京。危急时刻,郭松龄下令全城搜捕,务必活捉探子。可是经过了几日的严密封锁和暗中搜捕,仍旧毫无收获,熟稔敌人心计的郭松龄深知,敌人一定还隐藏在盛京城内。在敌人通讯设备已被破坏的前提下,情报被送出的唯一可能便是乔装出城,和城外隐秘的敌人去联系。于是,郭松龄一边下令只允许东门进出,一边亲率部下在城门附近巡视。夜里,一个伙夫模样的胖子挑着一盏纸灯笼大摇大摆地走到东门,声称家中老母病重,要连夜回乡探亲。守卫例行搜身,发现身上并无可疑之物,于是开城门放行。正当这人要踏出城门的时候,一只手搭在了他的肩膀上,随即一记重拳打了过来,等到他清醒过来,已经被五花大绑束在了城门口。一拳打过去的正是郭松龄,他在此人刚到城门口时就看出了端倪,一眼就看穿了这个伪装成伙夫的人其实就是日军的探子。这家伙将材料糊成了纸灯笼,在守卫眼皮子底下,将重要材料一一送出去。郭松龄让守卫们仔细看了一下灯笼,原来这个

灯笼不但比平时的要大很多,而且由于纸张问题,光线模糊,根本不适合照明,只是在城门口灯火通明地带,很少有人会在意这一点。

郭松龄的机智让人深深叹服,盛京上下无不对他大加赞赏,他也因此得到了统领朱庆澜的赏识。自此,郭松龄与朱庆澜建立亲密的部属关系,长期追随在朱庆澜的左右。1909年,朱庆澜被调往四川驻防,任陆军第三十四协协统。郭松龄跟随他入川,并被任命为第六十八团连长。值得一提的是,郭松龄虽然不是同盟会的正式成员,但是他却十分支持军营中的同盟会活动,在他的庇护下,军营中一大批非常优秀的将士加入了同盟会。

1911年,28岁的郭松龄坐上了营长的位置。不久后,武昌起义爆发,朱庆澜由于受排挤被迫离开四川。失去了靠山的郭松龄心灰意冷,他深知留在四川毫无前途,于是决定重返奉天。当时,奉天表面太平,暗地里却也是风起云涌,蠢蠢欲动。在奉天的张榕正领导"联合促进会"密谋起义,郭松龄与之取得联系,决定返回奉天,大干一场。然而成功非一朝一夕之事,起义还没开始,就被清政府发现并遭到严酷的镇压。当时有大批参与起义的人员被逮捕,张榕也被秘密暗杀。

在那个枪声四起人人自危的夜晚,奉天小东关一条偏僻的小巷中,身负重伤的郭松龄跌跌撞撞地走着。他刚刚从暗杀张榕的现场死里逃生,正要赶到一个名叫韩淑秀的女子家中,告知她起义失败,让她在暴露之前离开奉天,以免惹来杀身之祸。韩淑秀是何许人也?她与起义领袖张榕关系密切,"联合促进会"的接头地点就在她的家中。重伤的郭松龄在小巷中摸索前行,眼见就要与全城搜查的官兵打个照面了,千钧一发时刻,一扇门"吱"的一声打开了,一只纤巧的手抓住了他,将他拉到了一所四合院内。无巧不成书,在紧要关头救了他一命的,正是韩淑秀。为了躲避官兵追捕,重伤的郭松龄在韩淑秀家暂住了一阵,得到了韩淑秀的细心照顾。

风头渐松,郭松龄也慢慢康复。在此期间,郭松龄获知这位看起来端庄贤淑的韩淑秀其实是一名爱国志士,他被这样一位新女性吸引。而风度翩翩、有胆有识的郭松龄也让韩淑秀一见倾心,很快二人就结为了夫妻。婚后两人夫唱妇随,相敬如宾,生活倒也幸福。1917年,孙中山在广州组建护法军政府,郭松龄听闻消息后,急忙去广州投奔孙中山。但好景不长,当时军阀各怀鬼胎,护法运动以失败告终,郭松龄只好再次重返奉天。

贵人相助展翅飞

再次回到奉天的郭松龄已经30多岁,他仍旧是一个默默无闻的无名小辈,空有一腔抱负和满腹才学,却无处施展,苦苦等待"伯乐",又不知在何方。1919年,张作霖重开东三省讲武堂,广纳贤才,招聘教官。这正是上天赐予的绝好机会,郭松龄很快就通过了考核,来到了讲武堂当教官。

否极泰来,人生总是充满着神奇。在担任教官期间,郭松龄结识了他的"贵人"——还在讲武堂学习的少年张学良,这也为他后来的飞黄腾达、名扬东北拉开了序幕。说起郭张两人的结交,真可谓不打不相识。在讲武堂的一次射击比赛中,张学良独占鳌头,平时一向谦虚低调不以家世压人的张学良开始沾沾自喜,在褒奖大会上,当着全校师生的面,他表示出对讲武堂的不屑,认为自己已经一身本领,无需再待在这里。这时一位仪表堂堂的教官走来,平静地说:"你敢跟我比划比划吗?"这个胆敢挑战少主的人便是郭松龄。张学良在郭松龄三发连中十环的射击下自愧不如,他当即向郭松龄拜师学艺。两人相识时,郭松龄已经36岁,张学良却只有19岁,但两人很快就结为忘年交。少年英才张学良终于找到了人生的导师,在讲武堂的短短几年,他们培养出了深厚的师生情与兄弟情。从此,只要有张学良的地方,便有郭松龄的痕迹。

张作霖看到郭松龄对其子的巨大影响,心里自然非常高兴。他任命郭松龄担任卫队旅参谋长,帮助张学良带兵,于是郭松龄就专心致力于士兵训练、整顿军队纪律,对士兵们进行军事教育。不到一年的时间,卫队旅的面貌就大为改观。当时,吉林和黑龙江的边界处多有土匪出没,人们为此叫苦不堪,张作霖出于二重考虑——一是为了安抚人心,二是为了树立张学良的威信,就派张学良率队前去剿匪。张学良此前并未担任过如此重要的任务,显得有些手足无措,还好作为参谋长的郭松龄,沉着冷静,凭借其卓越的军事才干,有条不紊地指挥着军队,最终成功地完成了任务。

张学良第一次带兵便一鸣惊人,奉军营中"老子英雄儿好汉"的赞誉声一时此起彼伏,少帅年轻有为的美名旋即散开。为此,张学良更加佩服且器重郭松龄了。1921年5月,在张学良的一再推荐下,郭松龄被破格提拔为扩编后的陆军混成第八旅旅长,当时张学良是第三旅的旅长,为了方便两人联系,三、八旅就在同一处办公。郭松龄充分发挥他高超的军事才能,为了增强军队的战斗力,他在三、八旅开创了军需独立制度,并大胆提拔军事院校毕业的学员出任官佐,这一系列大刀阔斧的举措使三、八旅的战斗力迅速增强,在很长一段时间里,张学良和郭松龄的部队都是奉军中的模范与先锋。

1922年4月,第一次直奉战争爆发,开战后不久,张作霖所率领的奉系军队就在吴佩孚强势的进攻下全线溃败,各部都遭受了严重挫败。只有郭松龄担任副司令的东路军在他的指挥下完整撤退。即使与敌人兵力悬殊,郭松龄依然在山海关一带顺利阻止了直系的军队突破山海关直取奉天的计划,使得张作霖安然退回奉天。然而,立下赫赫战功的郭松龄却对直奉战役非常不满,面对水深火热中的人民,他更感觉自己的一腔热血有着助纣为虐的嫌疑。郭松龄陷入了深深的自责之中,而他的妻子韩淑秀对此也深感厌恶,两人原本抱着建立民主新生活的美好愿望,如今却成了刽子手们的帮凶,生活和他们开了个大玩笑。

第一次直奉战争后,不甘失败的张作霖重整旗鼓,在奉系老派军阀的怂恿下,开始准备第二次直奉战争。郭松龄多次请求张学良劝说其父为了东北人民放弃战争,但是,生性多疑的张作霖却认为张学良有忤逆之心,吓得张学良缄口不语,只能听从调派,被迫当起了战争的主力。1924年秋,第二次直奉战争爆发。张学良和郭松龄有力地牵制了直军的主力,尤其是郭松龄所率领的部队更是所向披靡,立下赫赫战功。山海关一役使得张学良与郭松龄名声大振,他们在奉军中的地位已不可动摇。无心插柳,却蔚然成荫。郭松龄为了辅助少主,却令自己在战争中充当了最不愿意充当的角色。

反奉未果身先死

"郭松龄反奉"在近代东北是一个重大的事件,也是辛亥革命之后,发生在东北的一次波及面最广、影响最大的战乱。这次战乱几乎推翻了张作霖的统治,社会各界普遍受到震动。而这件事情到底是怎么发生的,也许很多人都很好奇,那么,我们就去了解一下这事发生的前因后果吧。

1925年10月初郭松龄自动请缨,要求前往日本观操,其实他是想以这份闲差为由前往日本休假,避免再次卷入无休止的战争中。一日,日本参谋本部一位重要职员来拜访他,闲聊之际,郭松龄听闻一个天大的消息:张作霖决定以出卖国家利益为条件,请求日军出兵合力剿灭冯玉祥的国民军。得知此事的郭松龄气愤不已。他的夫人韩淑秀和冯玉祥的妻子李德全女士曾同在燕京大学进修,二人结下了深厚的友谊。面对郭松龄的愤慨和感喟,韩淑秀决心说服丈夫放弃助纣为虐,为解救苍生贡献一份力量。

郭松龄从日本归来以后,张学良委托他到河北滦州训练东北

军。当时,奉系的所有精锐兵力几乎全都集聚在那里。就在这时,郭松龄又听说张作霖和杨宇霆等人在酝酿着发动新的战争。忧心如焚的他毅然决定在河北滦州倒戈,以实际行动来反对张作霖等即将发动的战争。他积极联络冯玉祥,决心抗击以张作霖为首的奉系旧派军阀,推举张学良为新的奉系掌权人。

1925年11月22日,郭松龄在滦州通电反奉。他的起义宗旨是反对主战的奉系军阀张作霖等,主张由张学良来主持东北。军队整编之后,郭松龄率领七万大军浩浩荡荡地向奉天进发了,一场血战眼看就要开始。闻知消息的张作霖大怒,他认为是儿子里应外合要推翻自己。百口莫辩的张学良又气又恼,急忙赶赴秦皇岛,企望以他们之间的交情劝说郭松龄罢兵言和。但郭松龄反奉之目的已然明朗,七年友谊一朝化为灰烬,从此兵戈相见,令人叹惋。

虽然郭松龄作战有方,在最初的对决中一路凯歌,但由于盟友的背叛、日本的介入和物质资源的匮乏,形式越来越不利于反奉军。士兵的抱怨也越来越多,在兴隆店跟奉军的作战就因缺乏弹药而惨败。随着战争的持续,郭松龄军队的士兵士气低落,军队中开始流传这样一首歌谣:"吃张家,穿张家,跟着郭鬼子造反真是冤家。"而聪明的张学良经过这么多年的拜师,早已学得了郭松龄的大半本领,他利用心理战术,使原本就军心不稳的郭军很快"后院起火",郭松龄内部将领开始请求"休战言和",郭松龄却誓死反对奉军,决心背水一战。令他没有料到的是,原本就是一家人的军队,在面对"兄弟阋于墙"的局势时,都纷纷顾全了所谓的"大局"。就在郭松龄率兵在前线拼死一搏时,他的后方部队发动叛变,停止了对前线的子弹供应。腹背受敌的郭松龄即使有雄才伟略,也已经无力回天。

眼见大势已去,郭松龄被迫带着夫人韩淑秀及200多名卫队急忙出走。至此,郭松龄反奉之战历经一个多月,最终以失败而告终。

夫妻同死佳话传

讲述郭松龄的故事时,我们不得不提他的夫人韩淑秀。这位堪称奉天奇女子的女人与自己的丈夫演奏了一曲同生共死的乐章。她和郭松龄从相识、相知到共同赴死,无不像是一幕甜蜜而凄绝的爱情表演,直到今天仍为后人所称道。

韩淑秀系辽宁沈阳市人。她自幼天资聪明,求学心切,更有"国家兴亡,匹夫有责"的使命意识。1907年入奉天女子师范学堂学习,1911年以优异的成绩毕业。此时恰逢辛亥革命爆发前期,韩淑秀加入奉天革命党人张榕的"联合促进会",张榕的反清秘密机关就设在韩淑秀的家中。为了完成张榕临终遗愿,郭松龄冒死前往韩淑秀处通风报信,不料反被韩淑秀搭救。血雨腥风中,一场革命爱情拉开了序幕。在韩淑秀的细心照料下,郭松龄的伤势逐渐好转,二人结为伉俪。此后韩淑秀一直给以丈夫无微不至的关怀和支持。作为新时代的女性,她绝非待在家中养尊处优的富家太太。她开办学堂,收容贫苦儿童,宣扬新式教育和民主政治,对郭松龄的影响尤为深刻。在反奉战役中,她宣传革命,鼓舞士气,而且亲力亲为,成为丈夫的得力助手。

反奉战争失败后,郭松龄和妻子在辽中县老达房村的一个地窖里不幸被俘。张作霖获知消息后,心中的大石头立刻落地,他急忙命人将郭松龄押回奉天。闻知消息的张学良却强硬地命人将郭松龄押交给他审理,因为张学良想私自放他们出国。为怕夜长梦多而起变化,张作霖决定将二人在辽中县就地枪决。25日清晨,当冬日的阳光划破晨曦的宁静,辽河滩边却是一片静穆。押解郭松龄的囚车在辽河滩边缓慢停下,五花大绑的郭松龄和爱妻韩淑秀从容地走下囚车,两人深情对望,似有千言万语在嘴边,却都化为脸上浅浅笑意。回首过往岁月,他们在血雨腥风的年代里相识、

相知、相恋,早已生死与共。面对乌黑的枪口,郭松龄毫无惧色,他大义凛然地对行刑的奉军控诉张作霖等老派军阀的恶行,并高声疾呼:"我倡大义不济,死固分也,后有同志,请视此血道而来!"韩淑秀虽为女性,也毫不畏惧,面对即将慷慨就义的丈夫,面对她穷其一生爱护与支持的爱人,她深情地说:"夫为国死,我为夫死。我们夫妇死而无憾,望汝辈各择死所!"在场的人看到如此壮烈的女子,无不为他们的英勇与深情厚谊动容。韩淑秀向行刑官请求先枪毙她,好让夫君看到她安然上路。"砰砰砰"几声枪响,一代女杰倒在了血泊里,也倒在了她深爱的人的心里。随后,郭松龄也饮弹身亡。寒风呜咽,人群唏嘘,一对可歌可泣的夫妻结束了他们短暂却又辉煌的人生。

郭松龄夫妇英勇就义后,张作霖下令将他们的尸体在小河沿曝尸五日,以儆效尤。小河沿被前来凭吊的人围得水泄不通,所有目睹、耳闻二人壮烈事迹的人,无不洒泪祭奠。之后,二人尸体由郭松龄部下收殓,埋葬在城郊。坟前竖起两株英雄树,绿意葱葱,相帮相依。郭松龄夫妇遇难之后,举国上下无不悲愤。冯玉祥将军曾在泰山修筑一座石碑,上题:"郭松龄将军为吾辈军人树立了楷模,为举国抗日播下了火种!"东北留日学生挽联是:"张作霖虽生犹死,郭松龄虽死犹生。"而留日的女学生们在献给韩淑秀女士的挽幛上写道:"夫人啊,我们准备蔷薇酒,献祭在您的灵前,祭奠您这第一个抗日女英雄。"

"北洋财神"梁士诒

战争的背后意味着要有庞大的军事费用作支持。当袁世凯为圆帝梦大动干戈时,当北洋将领在战场上互相厮杀时,政府的财政危机由谁来解决,几经崩溃的经济秩序由谁来挽救呢?答案便是北洋政府的"财神爷"——梁士诒。这位曾被评价为"北京最能干和最有势力的人"像拿破仑一样貌不出众,却凭借自己"化腐朽为神奇"的力量数次奉命在危难之际拯救政府财政,使国家不致全面崩溃。他不是传奇,却胜过传奇。这位见识远大、气度非凡的"财神爷"在政治的旋涡中备受煎熬,遭遇却令人唏嘘,叹其生不逢时!

昔日翰林今财神

梁士诒,字翼夫,1869年出生在广东省三水市一个普通的书香门第。他自幼聪慧过人,在私塾读书时就有"神童"的称号。幼年时跟随父亲读书,具备良好的国学基础。由于当时的社会风潮仍是"学而优则仕",因此梁士诒一直热衷科举,20岁时考中举人,之后两次赴京会试,但都以失败而告终。当时清政府受西方思想的冲击比较严重,"中学为体,西学为用"的思想渐渐传播开来,受此影响的梁士诒也开始关注西文翻译过来的书籍,积极吸收先进的思想与文化。他对财政、河渠、道路

等方面的书籍尤为感兴趣,经常与同伴探讨相关的问题。1894年,梁士诒终于如愿以偿地考中了进士,并授翰林院编修,后又被任命为国史馆编修。

在北京期间,梁士诒看到战乱中外国侵略者的卑劣行径,愤恨不已,但他只是一介书生,对此毫无办法,只能设想通过教育来实现自己的救国梦想,为此,他回到家乡担任凤冈学院的教师之职。梁士诒原本打算一直坚持自己的教育救国之路,但摇摇欲坠的清政府为了挽回自己的败局,尽量在不触及自身利益的前提下提出了一系列的改革政策,其中包括对科举制度的改革,即恢复经济特科。这对梁士诒来说无疑是个好消息。1903年,梁士诒参加了朝廷举办的经济特科考试,由于他对经济极有兴趣,并且阅读过大量的书籍,因此,成绩自然是名列前茅。然而,他却阴差阳错地被误以为跟梁启超有关联而被取消了录取资格。

被闲散搁置的梁士诒感到郁郁不得志,正在此时,他得知袁世凯急需懂外交及经济的人才,便毛遂自荐,向袁世凯展示了自己的经济才能。袁世凯得此良才,顿时感到喜出望外,当即聘请梁士诒为北洋书局总办。此后,梁士诒多次凭借自己过人的才能受到袁世凯的青睐,并因此得到朝廷的重用。1907年,清政府设立邮传部,分设船政、路政、电政、邮政及庶务五司,分别设有郎中、员外郎、主事等官职。梁士诒经举荐被任命为京汉、沪宁、正太、汴洛、道清五条铁路提调处提调。当时国内的铁路很少,梁士诒担任的是个肥差,惹来不少人的眼红。之后,他利用自己手中的财势,大力拉拢、贿赂上司,结交权贵,逐渐成为邮传部的能人,以他为首的交通系逐渐形成,这为他以后的政治仕途奠定了良好的基础。

进入邮传部不久,头脑灵活的梁士诒便意识到建立资金雄厚的银行的重要性。当时,中国的金融业并不发达,传统的钱庄已渐渐退出,新办的银行势力都不雄厚,无力与外国银行相抗争。而中国正值改革之时,很多地方都需要用钱,因此处处受外国银行的牵制。为了摆脱这一困境,解决政府的财政问题,梁士诒奏请设立交通银行,他认为"交通银行之设,外足以收各国银行之利权,内足以厚中央银行之势力"。在他的积极努力下,1907年底,交通银行成立,官股主要由邮传部下设的船运、电力、铁路等组成,其中最主要的便是梁士诒主管的五条铁路。梁士诒也因此被任命为交通银行帮理。不久,五路提调处改为铁路总局,梁士诒出任局长之职。自此以后,梁士诒开始积极培植自己的势力,把控清廷的经济命脉。

1906年,梁士诒的后台袁世凯被勒令回家养病,但幸运的梁士诒却受到徐世昌的庇护,得以留任。梁士诒主管铁路总局期间,进行了一系列的改革措施,大大地提高了办事效率,其管理才能及理财能力博得众人一致的好评。但由于树大招风,他常受人猜忌,1911年盛宣怀出任邮传部尚书之职时,便想借机将其替换。恰逢辛亥革命爆发,盛宣怀被革职,梁士诒才逃过此劫。从昔日的翰林院编修到如今清政府内手握财政大权的"财神",梁士诒的蜕变不得不让人称奇。

官场上浮浮沉沉

梁士诒凭借自己对财政经济的了解与把握,在职场上如鱼得水,他也因此结识了许多经济领域中的重要人士。打仗虽说靠的是武器装备与人力,但买武器需要钱,给士兵发军饷也需要钱。从某种程度来讲,打仗打的也是钱。梁士诒也由此成了北洋将领心中的"钱袋子"。

辛亥革命爆发之后,袁世凯趁机复出并当上了内阁总理大臣,控制了清政府的军政大权,梁士诒看到袁世凯重新掌握大权,极为兴奋,毕竟他又可以大展宏图,施展自己的抱负了。不久,袁世凯授意梁士诒,北京城内的政治走向需要他的帮忙,聪明的梁士诒立即明白袁世凯的意图。当时南方的军事容易凭借武力解决,但如

何迫使清政府乖乖下台倒是件棘手的事情。狡猾的梁士诒先是向清廷大倒苦水,告诉这些平日养尊处优的权贵们财政早已枯竭,根本没有办法维持庞大的军费,局势非常严峻。看到这些权贵们被吓得不知所措时,梁士诒又趁机劝说他们接受退位便可得到特殊优待,从而确保自己的荣华富贵。梁士诒一手拿大棒,一手拿银元,使得清廷的权贵们个个人心惶惶。随后,北洋军阀的将领们又通电逼迫清帝退位,几番折腾下,隆裕太后终于不堪忍受,被迫宣告清帝退位,从而结束了中国长达两千年的封建帝制。

  1912年3月,袁世凯如愿在北京就任临时大总统,北洋政府的统治正式开始。之后,袁世凯论功行赏,梁士诒因力促共和而被任命为总统府秘书长,参与机要,权倾一时。5月,梁士诒又被任命为交通银行经理,当时的交行已濒临破产,梁士诒利用手中的职权将其转危为安,并获得袁世凯的大力支持,老谋深算的袁世凯计划将交通银行变成自己的银行,这样他就可以掌握住"钱袋子"。梁士诒深知袁世凯的心意,在交通银行的问题上两人不谋而合。

刺杀宋教仁

  民初时期社会曾流行过"外唐内梁,皆袁氏左右手"的说法,唐即指后来被逼辞职的内阁总理唐绍仪,而梁自然就是指梁士诒了。袁世凯就任临时大总统后,担任国务院总理的唐绍仪处处与他作对,令他十分苦恼,他不得不设法逼其辞职。随后,担任总统府秘书长的梁士诒便成为袁世凯身边最受器重的人,常常参与袁世凯的事务决定与讨论,他也因此有了"二总统"的戏称。宋教仁案事发后,北洋军与国民党之间的矛盾空前激化,为了防止内战爆发,袁世凯未经国会讨论,便与英、法、德、俄、日五国签订了2500万英镑的"善后大借款",此举遭到全国人民的猛烈抨击,最后财政总长周学熙成为替罪羊,梁士诒代职。为了使北洋政府能尽快恢复良好的运转,同时解决当下的财政问题,梁士诒召开财政会议,提出"厉行节约、实行减政、增加新税、整理旧税"的4项措施,但这些都只是权宜之计。毕竟国内局势并未稳定,北洋政府的军事负担过重,正常的经济秩序也遭到严重的破坏,仅仅依靠借钱度日不是长久之计。但鉴于当时的客观形势,梁士诒也只能尽自己最大的努力去挽救这一切。为了促进国内正常经济秩序的恢复,梁士诒建议由中央收回铁路权,统一管理,从而借推动交通事业的发展来为经济的恢复创造有利的条件。在他的积极倡导下,众多铁路公司纷纷将路权以赎买的方式让给了中央,从而使铁路的管理更加顺畅,梁士诒为恢复经济发展打了漂亮的一仗。

然而,好景不长,民国第一任民选总理熊希龄在梁启超及国民党议员的支持下组阁,由于财政对于内阁极其重要,因此熊希龄宣布自任财政部长,梁士诒也就被排挤出去。但聪明的梁士诒并不着急,他知道成与败的关键在于袁世凯,而此时的袁世凯为了将"临时"两字去掉,正在积极地拉拢梁启超等人,所以梁士诒也便投其所好,四处帮他打理,甚至利用自己的人脉及影响力组织公民党,以便与梁启超组织的进步党相互约束,以协助袁世凯成就大业。终于,在梁士诒等人的鼎力协助下,袁世凯竞选总统成功,他终于可以高枕无忧了。

人心不足蛇吞象,当选为总统的袁世凯并不想就此收手,对他来说,复辟当皇帝才是终极目标。为此,他开始积极筹备,并"强制性"地将《临时约法》改为《中华民国约法》,实质上就是改内阁制为总统制,以便为自己日后的独裁提供律法支持。梁士诒作为袁世凯的亲信,必要对此大力支持的。不仅如此,袁世凯复辟需要金钱

来打理各种关系,自然离不开梁士诒。而此时的梁士诒早已通过各种各样的办法为袁世凯准备了一个"小金库",使他无后顾之忧。看来,身边有个"钱袋子"真可以省去不少心。

不过此时的梁士诒日子并不好过,这倒不是因为袁世凯对钱的"需求"压得他喘不过气来,而是袁世凯身边的其他人早已对他心怀不满,手握大权的他不但招人忌恨,更在无形中得罪了很多人。而最令他担心的则是袁世凯也已经对他产生了怀疑,把徐世昌请来做国务卿,大大地削弱了他手中的权力。为此,梁士诒忧心忡忡,如坐针毡。他被迫辞去了秘书长一职,离开了总统府。但令人意外的是,梁士诒并没有因此记恨袁世凯,反而对他更加忠心,或许在他看来,袁世凯是自己命运的把控者,自己唯一需要努力的则是唤回袁世凯的信任。为此,他绞尽脑汁,想办法博取袁世凯的欢心。

梁士诒深知袁世凯对权力的欲望,因此他向参政院提出修改总统选举法,最终将总统任期由五年改为十年,并且可以连任,甚至总统卸任前可以提出未来的3名总统选举人选,密藏起来,以便日后选举。这样一来,袁世凯与古时的皇帝没有太大的差别。梁士诒也因立了大功而再次受到袁世凯的青睐。但袁世凯的皇帝梦却誓要进行到底,1915年12月,他宣布改变国体,建立君主立宪制,自立为帝。为筹办正式的登基大典,梁士诒等人废寝忘食,日夜忙碌,然而袁世凯此次却错误地估计了形势,称帝不久便遭到全国各地的一致讨伐声,不仅他的死对头国民党公然谴责,连他一手提拔的段祺瑞、冯国璋等人也通电反对,袁世凯称帝的美梦终于破碎。残酷的现实把他推向了死亡。在他死后,梁士诒、杨度等人被列为帝制祸首,遭到通缉,昔日的风光已经不再,如今的梁士诒只能躲在幕后,悄悄地落寞。

假到真时真亦假

　　袁世凯死后,北洋政府陷入了四分五裂的状态,各个派系互相争斗,致使局势一直处于混乱之中。梁士诒在背后静静地看着这一切,他深知争斗需要金钱来支持,北洋政府的财政已极其恶化,自己再次出山的日子也不远了。府院之争后,张勋在北京上演了一场复辟的闹剧,段祺瑞趁势派兵讨伐,其中的资金则由以梁士诒为首的交通系作支持。1918年1月,北洋政府撤销了对梁士诒的通缉,并极力邀请他回到北京,毕竟梁士诒在交通银行的威望及地位无人可及,而梁士诒的"归位"则意味着糟糕的财政状况能有所改善。1918年10月,徐世昌在段祺瑞的支持下经选举出任总统,他意识到财政情况已恶化到了极点,因此将希望寄托在"财神"梁士诒身上,希望能够使财政起死回生。为了实现这一目标,他极力避免内战再起,希望通过南北议和来实现国内的统一。在这点上,梁士诒与他不谋而合,于是两人联合起来,"梁得徐则胆益壮,徐得梁而志益坚"。然而,经过几个月的奔波,议和的事情却没有取得突破性的进展,最终以失败而告终。

　　1920年7月,直皖战争爆发。为了承担战争所带来的费用,银行的印钞机不顾百姓的死活,毫无节制地印发,造成市场上货币流量的大增,通货膨胀严重。战事一起,战区或非战区的百姓都深受其害,银行也被迫停止兑换金银,一时间,社会陷入混乱。为了缓解社会秩序和银行危机,梁士诒再次出山,可谓是临危受命。他先印发了10万份《国民须知》,在大街小巷免费发给百姓,把国内的动乱说成是西方列强各国争夺利益所造成的,这就转移了国民的注意力。然后采取一系列经济政策来挽救国民经济,其中包括发行公债及停止向政府垫款。直到1921年,停兑风潮才彻底结束,梁士诒等人采取的措施起到了一定的作用。

直皖战争以皖系的失败而结束,段祺瑞辞职,直系与奉系开始联合控制北京政府。在双方的互相妥协下,靳云鹏出任内阁总理。当时的财政总长周自齐、交通总长叶恭绰控制着北洋政府的金融与财政,并不服从靳云鹏的指挥。所以靳云鹏处处受到限制,被迫实行了一系列的改革措施,却把直奉两派的军阀都得罪了,最后连总统徐世昌也对他充满抱怨。很快,靳云鹏的内阁便摇摇欲坠,无奈之下,只好辞职。这下子,梁士诒的机会就来了。

梁士诒虽然没能促成南北议和,但却因此与总统徐世昌达成统一战线。张作霖也意识到政府的财政问题亟待解决,而梁士诒无疑是最佳人选。如果自己支持梁士诒,那么也就间接掌控了政府财政,由此便足以与直系军阀相互对抗。于是,在张作霖及徐世昌的支持下,1921年12月,梁士诒出面组织内阁。梁士诒上台之后,为了挽救经济危机,他首先向张作霖控制的银行借钱,解了燃眉之急,民国经济暂时得到了恢复。但由于梁士诒上台之后,多次实行对奉系有利的政策,致使直系军阀吴佩孚大为恼火,想方设法推他下台。

梁士诒的内阁素以外交及财政见长,吴佩孚却以外交问题攻击他,用财政问题压迫他。其实,最根本的原因就在于直奉之间利益的冲突。梁士诒是由张作霖推荐并支持的总理,自然会受到直系军阀的围攻与阻挠。

1921年11月,华盛顿会议举行。中国政府代表团在会议上提出包括领土完整、关税、铁路等10项要求。但就山东胶济铁路的赎回问题,中日两国的分歧很大。中方先后提出"现款赎路"、"以国库券形式分期支付"的两个方案都未能与日方达成一致。日方为了控制路权,坚持要"中日合办",或"向日本借款赎路"。外交总长颜惠庆觉得此事事关重大,不敢擅自做主,将此事交由国会讨论。就在此事未作决断之时,日本方面派代表前来北京拜见梁士诒,很快舆论方面便有消息称日本方面已取得北京政府的同意,双方达成一致。而梁士诒方面几次公然澄清都只能将问题越描越黑,更是被日方拿来大肆利用,而他的对手吴佩孚也借此公然指责他的卖国行为。此时的梁士诒早已百口莫辩,说不清楚了。总统徐世昌也不敢再担保他,无奈之下,组阁仅25天的梁士诒提出辞呈。为了防止张作霖对此事大动干戈,徐世昌表示不能接纳辞职,只批准了梁士诒的请假,个中玄机,不言自明。之后,外长颜惠庆代理总理之职,中国代表团无奈之下,只好接受了日方提出的议案,签署了《山东悬案铁路细目规定》,不过这个方案其实就是采取了梁士诒所提出的内外债一起借的办法。而梁士诒却因"出卖国家"被推下台,不禁令人感慨万千,"北洋财神"沦为了政治的牺牲品。

大厦将倾木难支

梁士诒的倒台令张作霖非常气愤,本来台上有表演者,自己可以安稳地坐在幕后掌控一切,乐得逍遥自在。但梁士诒的下台却使直奉之间的矛盾空前恶化,一山容不下二虎,直奉之间的战争不可避免。1922年4月,第一次直奉战争打响,经过两个月的激战,张作霖失败,北京政权牢牢地掌握在了直系手中。而徐世昌也再无后顾之忧,同意了梁士诒的辞职,至此,梁士诒的总理生涯正式结束。

第一次直奉战争失败后,张作霖并不甘心,他又整编军队,重整旗鼓,发动了第二次直奉战争。恰好直系因曹锟的贿选丑闻失去了众多支持力量,而吴佩孚与冯玉祥的矛盾又促使北京政变,最终直系失败,张作霖掌握了北京政府的实权,段祺瑞被邀出任内阁总理。两次直奉战争的爆发使北洋财政再次陷入危机,梁士诒又一次在危机之际被请出山。梁士诒刚刚结束了对欧美、日本的游历,见识了各个国家发达的金融、财政系统,正苦于学无用武之地,

北京政府的电报让他顿时兴奋起来。虽然仅仅被任命为财政善后委员会委员长、执政府最高顾问等幕后职位,但已渐渐看淡了政治中的尔虞我诈的梁士诒全身心地投入到新的工作中。在他的一番努力下,国内经济秩序再次得到恢复,金融、交通、财政等方面都有很大的改善。

"三一八"惨案后,段祺瑞政府引咎下台,梁士诒也因此辞去了一切职务。此时的北洋政府已如日落西山,面对势如破竹的北伐军,吴佩孚、孙传芳所率领的部队连连溃败,张作霖也被迫退回东北。梁士诒应张作霖的要求前往奉天,帮助他解决东北三省的财政问题。两年后,张作霖被日本人炸死,6个月后,张学良宣布东北易帜,到此,袁世凯一手创立的北洋政府覆灭,梁士诒也彻底远离了政治舞台,离开了人们的视野。1933年4月,梁士诒在上海因病不治去世,享年64岁。

梁士诒没有军权,也没有掌握军队。他只是靠自身控制经济的手段屹立在北洋舞台。他跟随过袁世凯,帮助袁世凯逼退清帝、谋取大总统、复辟称帝,也在军阀张作霖的支持下组织了内阁,并在军阀争斗中很快被赶下台。每次北洋政府的经济陷入危机,北洋人士都会想到他,对他们来说,梁士诒就是钱袋子,是财神爷。

作为政治人物,梁士诒并没有自己显赫的势力;作为经济人物,他却不得不与政坛有着数不清的联系。在那个权钱微妙的时代,游刃于此,也实属难得。

暴死"湖北王"萧耀南

萧耀南出身贫苦家庭,为改变生活而从军,后凭借其才能和机遇,结识直系军阀曹锟,不断高升,最后做到湖北督军、湖北省长等职。经过苦心经营,他成了名副其实的"湖北王",在他统治湖北期间,湖北局势稳定,人们生活安定。但他为了巩固自己的统治,也曾制造骇人听闻的"二七惨案",功过是非,历史对其自有定论。不过关于他的突然暴死,至今仍流传着几种传说,历史真相总是隐藏在迷雾中,不肯轻易示人。

梅花香自苦寒来

萧耀南,字珩珊、衡山,1875年出生在湖北省黄冈县孔埠镇萧家大湾的一个农户家庭。由于家庭贫困,他自小就被送到了叔父家寄养。他的叔父是个酒鬼,整天待在村中卖酒的地方,喝醉了睡,睡醒了接着喝,经常连家都不回。萧耀南的婶母是个善良的传统妇女,吃苦耐劳,勤俭节约,对小耀南很是疼爱。有道是"穷人的孩子早当家",萧耀南自幼就知道体谅婶母,常常用小手给劳累的婶母捶背,母子之间很是亲密。

萧耀南六岁时,婶母把他送进了私塾,虽然家境贫穷,但婶母知道只有读书

才有可能改变儿子的命运,所以咬紧牙关,给他凑足了学费。小耀南深知婶母的辛苦,十分珍惜这来之不易的学习机会。他学习异常刻苦,每次考试都是第一名,只为能让婶母高兴。16岁时,萧耀南考中了秀才,这让婶母备感欣慰。但此时婶母因劳累过度而卧病在床,萧耀南只好放弃自己考举人的梦想,在家乡做了一名私塾老师,以此挣些钱来给婶母买药治病。可是私塾老师的工资并不高,也没什么前途,萧耀南听说当兵管吃管住,月俸还高,就辞了工作,到省城武汉当兵去了。

萧耀南入军不久,就因为读过书能认字而被提拔到湖北常备军中做文案工作。由于他工作认真负责,为人谦和,深受上司的赏识,所以在短短几年间,萧耀南就从没品级的文书升到了督队官的位置上,俸禄也高了,家庭条件也改善了很多。不过说到底,萧耀南还是一介书生,没有军人的粗犷,军队的生活对他来说并不适合。他曾想换个职业,但当时时局已经动荡不安,长官对自己不错,同僚们又熟悉,换了职务也不知道会怎么样。萧耀南并不是一个冲动不计后果的莽夫,认真思量之后,他继续担任原职,不过却将自己的视野拓展到更宽、更广处。

1911年,辛亥革命爆发,武汉作为革命爆发的中心,局势顿时动荡起来。萧耀南做的是文职,不会掺入那么多是是非非,但还是差点被牵扯其中。当时为了镇压辛亥革命,清政府再次起用袁世凯,而袁世凯认为革命思想是从南方几个省份传播过来的,南方人更倾向于造反,所以他下令军队里的南方人都要辞职,有嫌疑的还要逮捕起来。萧耀南家乡是黄冈市,正好位于长江以南,于是就成了要被清退的对象。还好当时镇守武汉的曹锟,与萧耀南的上司私交甚好,在上司的引见下,萧耀南结识了曹锟,这才转危为安。俗话说得好,"大难不死,必有后福",萧耀南结识了曹锟,为他以后的仕途发达埋下了重要的伏笔。

曹锟见过萧耀南之后,对他印象极佳,两人很谈得来。曹锟想调动萧耀南来自己手下做事,但考虑到他的上司是自己好友,很难开这个口,毕竟,好友对萧耀南也很器重。就在他为此事苦恼时,好友亲自上门来了,曹锟赶紧接见。这次好友来不是为别的,恰恰是来向曹锟推荐萧耀南的,他想让萧来曹锟手下工作。曹锟自然很高兴,也就顺理成章地收下了萧耀南,任命他掌管自己部队的文书工作。自此,萧耀南幸运地攀上了曹锟这个高枝。

辛亥革命之后,孙中山在南京成立了中华民国临时政府,就任临时大总统。袁世凯已控制了清廷,但他还想控制南方。为此,他和孙中山商议和谈之事。孙中山表示袁世凯出任大总统必须答应三个条件,其中之一就是袁世凯要到南京任职,这是为了限制袁世凯的权势。袁世凯当然不愿意了,于是他就让手下的将领想办法,萧耀南建议曹锟在北京举行兵变,以此为袁世凯不南下找到借口。曹锟当然不愿意,经过萧耀南的反复劝说,曹锟写了一封密信跟袁世凯解释了一番,然后在其同意下才采取萧耀南的提议。就这样,袁世凯如愿以偿地在北京就任了民国大总统一职。为此,曹锟对萧耀南更是器重,觉得他的确是个人才,萧耀南成了曹锟的心腹。

小荷才露尖尖角

袁世凯死后,北洋军阀群龙无首,一片混乱,黎元洪继任大总统。曹锟利用萧耀南与黎元洪的同乡关系,由萧耀南出面活动,花费60多万元,终于为曹锟谋得直隶督军一职。春风得意的曹锟即刻带领着第三师开赴直隶,驻军保定,而为曹锟鞍前马后立了大功的萧耀南则任第三混成旅旅长。

政坛风云突变,变幻莫测,想要立稳脚跟,除了八面玲珑的处事手腕,还要有强硬的军事才能。1920年直皖战争爆发,萧耀南以一个旅的力兵,击败皖军一个师,表现出他出色的军事指挥天赋。这不得不让人对他刮目相看,书生出身的他,不仅只会舞文弄

墨,舞枪弄棒竟然也是一把好手。之后,萧耀南晋升为陆军中将,为二十五师师长,驻守顺德。

1921年,因湖北督军王占元长期克扣军饷,造成内讧,武汉城中一片混乱,人们开始组织驱王运动,强烈要求鄂人治鄂。而此时趁火打劫的湖南督军赵恒惕也趁机讨伐王占元,图谋湖北。无奈之下,王占元求救于吴佩孚。老谋深算的吴佩孚明里派萧耀南率领二十五师南下增援,暗地上却是援鄂不援王。经过几年磨砺,重返故土的萧耀南已经在权势的漩涡中滚爬得更加老道。当时,赵恒惕的湘军和王占元的鄂军打得不亦乐乎,湖北就像一块刚出锅的肥肉,任谁都想据为己有。眼见鄂军渐渐不支,萧耀南只是气定神闲,按兵不动,"淡定"地隔岸观火。直至王占元节节败退,迫于内外压力,不得不主动请辞,萧耀南才挥军南下。湘军哪里是萧耀南的对手,几番对决,都败下阵来,双方终于达成了停战协议,萧耀南也顺理成章地占据了湖北。所谓"螳螂捕蝉黄雀在后",援鄂之计其实只是吴佩孚和萧耀南的"双簧戏",吴佩孚表面上派萧耀南出兵援助,暗地里也只是希望除去王占元将湖北据为己有。萧耀南坐观湘鄂两军争斗,直至王占元不济,黯然辞职,他才黄雀后起,一举平息战乱,独占湖北,且深得民心,可谓"一箭双雕",城府之深,令人感慨万千。

湖北作为南北交通枢纽,向来是兵家必争之地,王占元的离去让湖北这块无主的肥肉成为众人心中的饕餮盛宴,一时间湖北地区驻军众多,各派虎视眈眈,都想分得"一杯羹"。萧耀南虽然在湘鄂战争中攫取了湖北督军的宝座,但除了自己的二十五师,他并无更多的力量援助。向来谨小慎微的他顿时寝食难安,如何稳固自己在湖北的地位,成为他心头一块隐隐作痛的顽疾。做官贵在心胸开阔,心思太过缜密只能使自己每日如坐针毡,长久以往,身心疲惫,身体状况可想而知。一日,正当他焦头烂额地筹划着自己稳固地位的计划时,一位旧识突然造访,此人名为何锡蕃,曾是萧耀南的同窗,现任湖北水警厅长。二人同窗读书时,就因为志趣相投成为无话不谈的朋友,而且,萧耀南曾在何锡蕃经济窘迫的时候帮助过他。患难之中见真情,友谊这东西说来奇怪,它和亲情比,多了几分义气,和爱情比,又多了几分大度。风云际变,如今的二人也都是略有成就。尽管多年不见,两位故友仍旧毫无生疏之感。何锡蕃利用自己曾是王占元旧部之便,同萧耀南一起制定了一套缜密的计划:由何锡蕃协助,拉拢王占元众多旧部集聚萧耀南旗下,并且收编湖北境内部队,对部队进行混编,任用亲信,排挤其他派系。这样,以萧耀南为核心,如同蜘蛛网一样的体系建立起来,环环相扣,相互牵制,却又势均力敌,恰如其分。此外,萧耀南大摆"鸿门宴",以兄弟义气为噱头,与各部将领换帖拜把,面子工作自然是做得足足的。他的一番心血果然没有白费,很快,湖北境内的其他派别军队都被排挤出鄂,境内军队焕然一新。这不得不让人佩服他卓越的眼光和用人做事的手腕。萧耀南就像一只大蜘蛛,把整个湖北编织进他的网络之中。

　　文人出身的萧耀南自然不同于一般的军人,除了对军权的绝对掌控外,他更是树立良好的形象,积极获取各方面的支持。他曾将湖北起义将领和赋闲军人召集起来,声泪俱下地表达了自己对家乡的热爱和立志保卫家乡、建设家乡的决心,那些军人出身的粗人哪里敌得过文人的巧言令色,三言两语便被煽动得要死心塌地跟随萧耀南建功立业。这群人大都是湖北各地的"地头蛇",人脉广,权势大,掌控了他们,整个湖北安定了不少。而且,萧耀南在自己的公馆里巧设聚所,拉拢各界名流。每日里,萧公馆里歌舞升平,谈笑风生,舞会、酒会交替,牌局终日不断。萧公馆就像一个巨大的信息站,商业、军事、政治、战事各路消息都能从这里听到。热情好客的萧耀南成为湖北境内上流社会的一个中心,觥筹交错,蜜语甜言中,他已经掌控全局,稳操胜算。在人们的心目中,这是一个时刻记挂着湖北人民的督军,他乐善好施,温文尔雅。萧耀南像

一个老道的演员,在不同的人面前扮演着不同的角色,他不动声色地将众人玩弄于股掌之中,只为自己的政权能够得到巩固。不久,黎元洪发文,宣布萧耀南任代理省长。萧耀南终于如愿以偿地控制了湖北的行政大权,成为名副其实的"湖北王"。

奸雄恶少皆封侯

自古圣贤多薄命,奸雄恶少皆封侯。一介文人想要立足武汉,除了凭借自己的诡谲与狡黠玩弄权术外,在风起云涌的年代,还要有铁石心肠的手腕。萧耀南万万没有想到,当他踏足权势之后,这条不归路注定是要用累累白骨铺垫而成。他曾经是个文人,但是,要生存,他也只能蘸着别人的鲜血来抒写弱肉强食的真谛。1923年2月4日,京汉铁路大罢工开始,罢工的中心正是在汉口铁路机务段和江岸车辆厂。一时间,从南到北,绵延千里的京汉铁路瘫痪了,北洋军阀内部重要的交通和经济命脉被切断,这让在北京的吴佩孚大为恼火,他即刻下令萧耀南对工人罢工进行镇压。此时的萧耀南有着自己的考虑,一方面,他不得不顾及军阀和帝国主义的利益,另一方面,他也洞察到一股新的火苗正在潜滋暗长,大有燎原之势。这股火苗正是以共产党员林祥谦、施洋为首的进步人士在工人阶级中传播着的马克思主义和共产主义,仿佛暮鼓晨钟,一声巨响,震耳欲聋。早在他的萧公馆门庭若市的时候,他就已经与这个湖北工团联合会和京汉铁路总工会法律顾问施洋先生打过交道。施洋毕业于湖北私立法政专门学校,被称为"劳工律师",早在1921年施洋本人还专门到湖南向毛泽东学习农民运动,并结拜为兄弟。施洋以汉口第一律师的身份来到萧公馆,目的只是想劝说萧耀南能够更多地支持工人运动。文人出身的萧耀南自然能够明白施洋为国为民的举动,但是,道不同不相为谋,一个是坚定的共产主义者,一个却是炙手可热、独据一方的北洋军阀。纵使两人多么的惺惺相惜,也只能兵戈相见。

　　1923年2月7日,武汉上空一片阴沉,这一天原本是农历的除夕,却丝毫没有除旧迎新的样子。萧公馆里照例灯火通明,湖北名流都被邀请于此,共度佳节。此时的萧耀南独自待在戒备森严的书房里,一场血雨腥风马上就要开始,一个大大的"杀"字在纸上呈现。密报接二连三地送到,工人领袖林祥谦在汉江车站被处死,另一个重要头目施洋也在紧锣密鼓地追捕。萧耀南的笔顿了顿,他能够想象林祥谦大义凌然英勇就义的样子,他也能够想象到那个鲜血淋淋的场景,被捆在车站电线杆上的林祥谦毫无惧色,任凭刺刀在身上一下一下地刺去。血肉模糊的场景令萧耀南心生寒意,主意是他出的,但是,他绝对见不得这么残忍的场景。今天,鲜血注定染红汉江,那些共产主义者都将死于屠刀和枪口下,无数的家庭将在除夕之夜破碎,呜咽之声会让这个春节过得异常寒冷。很快,又一则密报传来,大律师施洋被捕!萧耀南放下手中的笔,轻轻地叹了口气,走出书房,走向了热闹的人群。不久,施洋也被秘密杀害。一介文人萧耀南就这样不动声色地制造了震惊中外的"二七惨案",京汉全线伤亡惨重,被捕和被开除的工人不计其数。据萧公馆的人说,施洋被秘密处决前,曾被带到这里与萧耀南见面。两人最后的会面究竟发生了什么,恐怕只能留给我们无限的遐想与猜测。

　　1924年9月,第二次直奉战争爆发后,吴佩孚兵败南下,取道汉口。哪知就在吴佩孚的军舰仓皇到达汉口的时候,却发现夹道欢迎的不是萧耀南的军队,而是一群群学生,他们高举"打倒吴佩孚"的条幅,高呼"吴佩孚滚出湖北"的口号浩浩荡荡行进在汉江两岸。迟到的萧耀南一再道歉,并下令驱逐学生,哪知学生队伍过于庞大,人群激奋,军警和学生推推嚷嚷,互相叫骂,场面几近失控。"老狐狸"自然看出这只是萧耀南的计谋,实则就是不欢迎他入鄂。但是萧耀南一再道歉,声称自己失职,更是让旁人看不出端倪。气

急败坏的吴佩孚只得愤愤返回洛阳老巢。官场如战场,为了保全自己,萧耀南使出如此计策,虽然有点忘恩负义,但不得不说,这一计谋也保全了湖北,使人民免受战争之苦。

机关算尽太聪明

　　吴佩孚下台之后,皖系首领段祺瑞当政,这对直系的萧耀南来说可不是什么好事。段祺瑞一上台,就下令将萧耀南降职为湖北军务督办,为了牵制萧耀南,还派其同僚张学颜为参谋长,名为协助,实为监视和牵制。这让萧耀南大动肝火,多年苦心经营,怎么能够这么轻易拱手让人。原来处处受制于吴佩孚,现在又要被段祺瑞"牵着鼻子",让他如何能够咽下这口恶气。他暗中调换人员,扩张军备,并且积极与周边军阀联络,制造声势。外人摸不着头脑,自然不敢轻举妄动。段祺瑞派来的参谋长张学颜自然也是他的心头大患,不铲除掉他如何能够安然入睡?段祺瑞千算万算,终究不敌萧耀南棋高一着。张学颜原为萧耀南同僚,萧耀南对张学颜也是了如指掌。虽说张学颜做事认真,尽职尽责,但"金无足赤人无完人",张学颜为人生性眷恋酒色,酒色当头,便不知所为。为此,张学颜来任之前,曾向段祺瑞保证,公办不喝酒,也不再入风月场所。

　　一日张学颜到萧公馆商议事情,萧耀南却因其他公务未能及时回府。坐等无趣,张学颜信步来到后花园。当他走到一处长亭,却突然闻到一股奇异的酒香。这香气淡雅清冽,沁人心脾,令人久久难以忘怀。品酒无数的张学颜大吃一惊,失言道:"此酒只应天上有,人间能得几回尝。"一声娇笑,张学颜顿时回过神来。定睛一看,长亭尽头石凳上坐着一名绝色女子,身旁石桌上放着酒具,显然,酒香便来自这里。张学颜自知失礼,赶忙道歉。谁知女子豪爽,邀请他坐下喝酒。对面而坐,张学颜更是惊为天人,这女子长得七分含笑,三分似嗔。娇弱如花,却有着豪爽的侠义之气。张学颜酒过三巡,顿时滔滔不绝起来。他发觉这个女子非同一般,不但对品酒酿酒了如指掌,而且聪慧过人,谈吐非凡,一种久违的情愫在他心中缓慢滋生了。这时,身后突然一声"学颜兄,原来你在这里",紧接着就是大惊失色的训斥该女子为何让张学颜饮酒。张学颜赶忙替女子说情,说是自己要喝与他人无关。女子嫣然一笑,离开了长亭。面对一晃而过的倩影,张学颜终于按捺不住自己的心情,打听起女子的事情。刚开始萧耀南还有所推托,后经不住张学颜的软磨硬泡,只得"招供"。这女子原是秦淮河名震一时的歌妓,不但艳压群芳,而且技艺超群,精通酿酒,其秘传桂花酒更是一绝。后自赎其身,远离京华,来到汉口开设了一家酒馆,与上流皆有交际。此女子也有一雅致的名号,名叫屠苏,懂酒的人都知道,这是古代一种美酒的名称。

虽然仅仅是见过一面,但张学颜的魂儿早被勾了去了。他知道屠苏是萧公馆的座上宾,定要让萧耀南引荐。萧耀南百般推却,还是不得不将张学颜正式引荐给了屠苏,但前提是不能告诉外人是他引荐的。早已迷了心智的张学颜自然是千恩万谢,感恩戴德。很快,整个汉江都在疯传,参谋长张学颜迷上了风情万种的酒家老板娘,夜夜沉浸在美酒佳人旁,无暇顾及他事。紧接着,又疯传张学颜因玩忽职守主动请辞,纳酒家老板娘屠苏为妾,从此双宿双飞,歌酒唱和,一对神仙眷侣羡煞旁人。这话传到段祺瑞耳朵里,段祺瑞大怒,一纸令下,就把张学颜调回去了。张学颜离去后,萧耀南再一次坐拥湖北。没有人知道,段祺瑞在萧耀南身旁安插了一个张学颜,但萧耀南却在张学颜旁边安插了一个屠苏。

不久,风云际变,吴佩孚东山再起。萧耀南虽然八面玲珑,善于笼络人心,但他和自己的手下毕竟也都是吴佩孚的部下。吴佩孚休养生息,顺势而起,旧部必然群起呼应。萧耀南纵然心中有不愿,但也抵挡不过大潮。很快,吴佩孚来到湖北,决定联合冯玉祥

讨奉，但战争开始之后，他竟然转舵，联奉讨冯。身为部下的萧耀南只能眼睁睁地看着湖北陷入战火之中，百姓服役，死伤无数，怨声载道。多年的苦心孤诣，到头来却是"为他人作嫁衣裳"，萧耀南身心俱疲，身体每况愈下。1926年2月11日，汉口慈善会会长从前线归来，向萧耀南哭诉前线战事不利，死伤无数，萧耀南感到了巨大的触动。但此时的他在气焰嚣张的吴佩孚面前已经毫无地位。又是一年大雪纷飞，萧耀南望着天空中飞舞的雪花，百感交集。半生权势斗争、争名夺利到底是为了什么？机关算尽，到头来却仍旧是两手空空。如果当年自己毅然选择离开官场，做个悠然自得的书生，现在的自己又将怎样呢？一阵剧烈的咳嗽，萧耀南感觉一股血腥涌上心头，当即吐血倒地。殷红的血在洁白的雪地上霎时醒目，"湖北王"在郁郁中倒下了，再也没有站起来。

萧耀南的死太过突然，以至于连吴佩孚都疑心是诈。当然，也有人说，正是吴佩孚怕萧耀南叛变，故加以毒害。真相究竟如何，无人知晓。

"五朝元老"萨镇冰

"一朝天子一朝臣",虽然从现代的管理学角度来看,这种规则并不具有科学性,甚至会造成大量的资源浪费,但若站在国情或是国人的角度来看,"坐江山"的人变了,"享受江山"的人自然也会不同,否则"江山"的稳固性倒是令人极为担忧了。既然如此,历史上偶尔几个数次易主的人就或被称赞为"左右逢源"的交际达人,或被指责为"投敌叛国"的千古罪人。如此,经历了五个政权,名副其实的五朝元老萨镇冰又是怎样的人呢?

早年负笈

萨镇冰,字鼎铭,1859年出生于著名的福州色目人萨氏家族。萨氏祖先曾居住在雁门一带,故又有"雁门萨氏"一称。他们的始祖在忽必烈时代是叱咤风云的人物,元代著名诗人萨都剌也是萨氏的传人。元朝末年,萨氏家族迁居到福州,成为当地八大家族之一。然而,萨镇冰出生时,萨家早已风光不再。他的父亲虽考中秀才,但也只能靠教书勉强维持一家人的生活。

萨镇冰从小就过着清贫的日子,不过这并没有影响他好学上进的品性。常言道:"人穷志不短。"萨镇冰幼时开

始就是一个有志气的孩子,深知"知识改变命运"道理的他每天刻苦读书,梦想有朝一日可以成就一番事业,光宗耀祖。由于家庭贫困,父亲无力承担求学的费用,萨镇冰无奈放弃了科举之路。不过幸运之神还是眷顾了他,1869年,他在族叔朋友的推荐下考取了船政学堂第二届驾驶班,从而开始了他的海军生涯。

对于萨镇冰来说,这个机会弥足珍贵,他学习异常刻苦。虽然年龄较小,身材又瘦弱,但他还是经受住了各种考核、考验,并最终以全班第一的成绩毕业。然而,由于体格弱小的缘故,他在毕业后的实际操作中并未得到上级的重视,相比他的同学邓世昌,萨镇冰只能做一些细小琐事。然而,这并没有打击他的积极性,萨镇冰默默地等待着属于自己的机会,经常在甲板上对自己进行残酷的训练。或许这也是他日后极为苛刻地要求自己的开始。

功夫不负有心人,1876年冬,萨镇冰与严复、方伯谦等人作为优秀人才被派往英国格林威治皇帝海军学院学习驾驶。这个机会实在是他靠自己的辛劳与努力换取的,萨镇冰的命运即将被改变。临行时,他的父亲为他题诗壮行,"家有健儿驰海上,国御顽夷赖栋梁",借此激励他能够有一番大作为。在英国的学习并不轻松,由于缺乏英语的功底,加上海军学院要求极高,萨镇冰经常衣不解带,夜以继日地学习。在他的刻苦努力下,终于在1880年顺利完成学业,回国报效国家。

回国后的萨镇冰在严复的邀请下,担任天津水师学堂管轮学堂教习一职。据说,在当教师的四年内,萨镇冰的居所里一直摆放着一张特制的窄小的木床,在他看来,"军人是不能贪图安逸的,在岸上也应和在船上一样"。

长天一啸

中法战争,清政府不败而败,法国不胜而胜,这无疑刺激了无数有志之士的报国之心。1884年的马江海战再次将清政府的腐败无能暴露无遗,战争中清军海将弃舰逃亡,各水师士兵群龙无首,仓皇应战,最终导致中国大败。见此情景,萨镇冰再也按捺不住心中的怒火,他极力要求到前线作战。1886年,萨镇冰如愿以偿地被调到"威远"舰任管带之职,1887年,他又被调任"康济"号练船管带。之后,萨镇冰凭借自己出色的表现被提拔为参将,到1894年,他已是副将衔北洋水师精练左营游击。

　　1894年7月,当北京还在为举办慈禧太后的60大寿忙得不亦乐乎之时,觊觎中国已久的日本在鸭绿江口丰岛突袭北洋水师舰队,中日甲午战争爆发。战火很快就蔓延到黄海、渤海、辽东半岛以及山东半岛。事实上,早在战争爆发之前,日本发动战争的阴谋就已明显,国内舆论和清政府驻朝将领纷纷呈请加派人力防守,朝廷内以光绪帝为首的主战派也积极响应,然而,慈禧太后却以自己60岁大寿为由不愿开战,更离谱的是当权者竟然把用做海军建设的军费挪用到修建颐和园上,这与日本明治天皇宁可一日只食一餐,也要建立强大的海军相比,该是何等的讽刺呢?北洋水师的创建者李鸿章深知北洋舰队如纸糊一般不堪一击,极力希望借外国列强的调解来避免此战。

甲午战争

　　然而,日本的狼子野心早已昭然若揭,战争已不可避免。战争开始后,萨镇冰临危受命,被派往旅顺守卫渤海湾口的日岛。1895年1月,日本将战火延及渤海湾边的旅顺、大连等地。由于敌我力

量悬殊,清军被迫退回城中。日本乘胜追击,发动突击战。装备先进而且准备充足的日军,在战争中投入了24艘舰艇,六艘一批,共分成四批,轮番进攻。在日军猛烈的火力进攻下威海卫失守。日军占领了威海卫南北炮台后,凭借着炮台的有利地势,对旅顺进行了猛烈的炮火轰击。在此紧急情况下,萨镇冰并没有临阵脱逃,而是与众多官兵冒着严寒英勇抵抗日军的炮火攻击。直到最后回天乏术,用尽了所有炮弹也抵不住日军的猛烈进攻时,萨镇冰才在提督丁汝昌的命令下,带领残余部队撤回了刘公岛。

甲午战争以清政府的惨败而告终,中国的失败震惊了世界,警醒了国人,却重创了北洋水师的诸多将士。北洋水师的将士奋起抗敌,却死的死,伤的伤,余下的残余官兵也遭到革职被遣返回乡。清朝的权贵们需要李鸿章来收拾残局,需要奋勇战斗的将士们来做替罪羊,他们却忘记了建设北洋水师的费用早已被用来给老太后贺寿,李鸿章等人费尽心血建立的水师不过是座纸糊的屋子,根本经不住风吹雨打,更不用说这场狂风暴雨了。

化时而动

战败归乡的萨镇冰回到福州老家,父母早已去世,而妻子也因久病未愈,不久就离开了人世。此时的萨镇冰一贫如洗,为了抚养两个孩子,他只好去官绅家里做家庭教师,靠此养家糊口。自小便立志改变命运的萨镇冰似乎又回到了父亲生活的轨道上,命运难道真的如此残酷吗?也许上苍一直眷顾着不甘认输的萨镇冰,在家待了半年后,两江总督张之洞聘请他当吴淞总炮台官,萨镇冰欣然前往。

1898年,满清政府为了加强海防,决定重建海军,分别向英国和德国订购了"海天"、"海圻"等军舰,增强海军硬件装备,并重新启用了被革职赋闲在家的前北洋海军副将叶祖珪。但叶祖珪却向朝廷极力推荐萨镇冰来担任此职。在他看来,萨镇冰无论在学识、经验等方面都比自己强,他愿意从旁协助萨镇冰,萨镇冰却对此坚辞不就。最后清廷命他担任帮统兼"海圻"号管带,萨镇冰再一次回到他的"沙场"。

几年后,萨镇冰接任叶祖珪的职位,统领北洋海军舰艇。"新官上任三把火",萨镇冰上任的第一把火便是对北洋海军进行全面整顿。他不尚空谈,凡事亲力亲为,常常乘坐舰只在海上视察官兵的训练情况,并对练习航海驾驶技术的海军官兵亲自加以指导。他的第二把火便是成立海军训练营,专门负责培训士兵,而且在他的不懈努力下,1903年冬,清政府在烟台建立了一所水师学堂,附设在海军练营内,就地取材,旨在培养出一支优秀的海军军事队伍。而萨镇冰为了能在最短的时间内培养出急需的优秀人才,更是对学制进行了大胆的改革,将学制从5年缩短为3年,保留了轮船驾驶专业,专门培养海军指挥军官。水师学堂很快就有了骄人的成绩,由它培养出来的学生多次通过选拔,前往日本、美国等地留学。不久,清政府就在萨镇冰的建议下,扩大水师学堂的办校规模,重新选址,正式建立了规模较大的烟台海军学堂,以便可以培养出更多的海军军事人才。萨镇冰上任的第三把火,便是在他被提拔为筹备海军大臣和海军提督后,致力于南北水师的统一,建立统一的指挥系统,并对军服、官制、旗制等进行统一调整,这也算得上近代海军史上第一次实施的科学化管理的探索。萨镇冰用行动展示了自己治军的才能,并凭借出色的表现受到清政府的青睐,此时的他已成为晚清政治舞台的重要人物之一。

出将入相

1911年10月,武昌起义爆发,萨镇冰接到清廷指令,奉命率领海军前去镇压。经过萨镇冰改造的海军,早已今非昔比,在猛烈

炮火的配合下,海军攻克了革命军占领的武昌刘家庙车站。当时革命军政府都督是黎元洪,他早年毕业于天津水师学堂,与萨镇冰有较深的师生情谊,关系比较亲近。为了劝说萨镇冰"弃暗投明",他写信给萨镇冰,态度诚恳,情真意切,希望萨镇冰能对革命军网开一面。与此同时,他还写信给海军各舰管带,劝说他们参加革命,不要与同胞互相残杀。

黎元洪的信件似乎并没有打动萨镇冰,他依然下令镇压革命叛逆,在他看来,清政府是"君",自古以来,君可以杀臣,但臣却不能反君,否则就是大逆不道。看来萨镇冰虽为近代先进军事技术的领头人,骨子里依然是保守的旧思想。尽管清朝早已到了病入膏肓的地步,他还是忠心耿耿地效忠朝廷,希望清朝能重现曾经的辉煌,说起来他也算是晚清难得的恪尽职守的忠臣吧。然而,海军各舰管带却被黎元洪的信件动摇了。当时革命军的热情很高,他们不惧怕清军的炮轰猛击,依然顽强地抵抗。为了逼迫他们投降,清军总指挥冯国璋竟然下令放火烧房,此举引起民众的强烈愤慨。广大海军士兵大都出身平民,他们也不愿意伤及无辜,况且清政府的腐败无能早已令他们心生不满,所以当冯国璋下令舰队炮击武昌时,官兵们故意将炮弹打到江堤边和稻田里。而他们与陆军联合作战时,也只是做做样子,并没有充分发挥海军的威力。海军的这种消极应战的情绪,给陆军作战带来很大的不便,这对武汉的革命军来说则是非常有利的。不过"冥顽不灵"的萨镇冰却对此置之不理,对其听之任之。

紧接着,各省纷纷独立,响应革命。眼看着清政府的气数已尽,萨镇冰陷入了两难的境地。深受传统文化熏陶的他毕竟是由朝廷培养出来的,他既不想做清廷的叛徒,也不愿成为被后人唾骂的历史罪人,因此,内心拼命挣扎,不知如何是好。随着革命的战火已由星星之火开始燎原,萨镇冰知道任凭自己再怎么奋力抵抗,也挡不住清朝灭亡的脚步,于是他选择了一条中间的道路。萨镇冰在给黎元洪的回信中说:"安心应战,切勿挂念,各尽其职而已。"借此表达了他对于发动革命的学生的理解与支持。11月11日晚,萨镇冰以生病为由乘坐"江贞"号军舰离开。他以这种出走的方式表达了自己对革命的默许。次日,汤芗铭等人以萨镇冰的名义下令军舰退向九江,参加革命。

1912年2月,清帝宣统下诏退位,萨镇冰辞去官职,就任吴淞商船学校校长。黎元洪继任大总统后,萨镇冰被邀请出任海军临时总司令、海军总长等职。此后,北洋政府的各派系互相争斗,北京城内乌烟瘴气,被搅得天翻地覆。萨镇冰独善其身,多次出任海军总长,靳云鹏内阁辞职后,萨镇冰也曾临危受命,暂代国务总理。1921年5月,萨镇冰卸任海军总长职务,回到福建任清乡督办。次年,北京政府任命他为福建省长,但他不久后就离职。1923年2月,由于对福建都督林建安的不满,王永泉等几个军阀联合掀起了"倒林拥萨"的运动,拥立萨镇冰为福建省长。后来在众人的推举之下,萨镇冰成了"自治省长",直到1926年,他才因故辞去了"自治省长"一职,全力投入到社会慈善事业中去。

悲悯人生

离开政治舞台后的萨镇冰将精力全部都用于慈善,卸任"自治省长"之职后,他驻守在南港赈灾,帮助灾民重建家园,修屋搭桥。三年后,他前往福建西部、东部,在龙岩、南平等地铺设公路,修筑堤坝。此后,他开始利用自己的影响力号召当地绅商加入慈善事业,倡议建设孤儿院、收容所、工艺传习所等,并到处集资开办医院,以救人为根本,帮助贫苦的民众治病就医,被人们称赞为"活菩萨"。

抗日战争期间,萨镇冰辗转四川、贵州、湖南、广西、陕西、甘肃等地,后被国民党接到重庆休养。日本投降后,萨镇冰从四川飞到

上海小住。1946年,他回到故里,居住在当地民众捐建的仁寿堂。国民党退居台湾前夕,李宗仁来到福州邀请萨镇冰去台湾,希望他继续发挥余热。然而,萨镇冰却以自己年老病重为由坚决推辞。新中国成立后,萨镇冰被聘为第一届全国政协委员、中央人民政府革命军事委员会委员、中央人民政府华侨事务委员会委员、福建省人民政府委员会委员等。1952年4月,萨镇冰在福州因病辞世,享年93岁。临终前他曾写道:"国疆昔小而今大,民治虽分终必联,人类求安原有道,俗情狃旧尚无边,忘怀富贵心常乐,从事勤劳志益坚,所望群公齐努力,相扶世运顺乎天。"

萨镇冰幼年凄苦,但他通过刻苦的学习改变了自己的命运。他作战时勇猛杀敌,在浴火中奋战到底;为了提高国家的海军势力,创办学校,呕心沥血;亲历革命军英勇奋斗视死如归的拼搏,旋即改变立场,默许革命;退居福建时,又投身慈善事业,为救济受苦受难的同胞而殚精竭虑。

或许与袁世凯相较,萨镇冰在近代史上并没有太多轰天动地的大作为,但他始终恪守自己的职责,尽心尽力地扮演着自己的每一个角色。对于国家,他有功绩;对于社会,他有贡献;对于自己,他有良心。作为"五朝元老"的他,尽管没有太多的轰轰烈烈,却有着太多"润物细无声"的坚守与执著。正因如此,后人才能从他身上获得更多,受益更多。

历史有时就是这么荒诞,桀犬吠尧会是一种常态,祸国殃民也成为一种追求,只是这种追求往往多了一层慈善的外衣。然历史从不许人对其亵渎,虎狼豺豹终会被钉上岁月的耻辱柱,人心的天平也不会因为一时的强暴而永远倾斜,天理昭彰,报应不爽。看风云之后,岁月一片静好……

"贪鄙将军"王占元

王占元出身于贫寒之家,早年经历颇为坎坷,这或许也是他为人贪鄙的根源。毕竟穷怕的人对金钱会多一份天生的膜拜,而疯狂正是因为太害怕失去。自称"白虎精投胎"的他才干平庸,却善于搜刮,在那个风云变幻的年代,他没有太多引以为傲的功绩,却在战火连天中大发国难财,连北洋军阀中的其他同仁也以他为耻,甚至对他的失败坐视不理。

无心插柳柳成荫

1861年2月,山东省馆陶县的一户贫寒之家诞生了一名男婴,全家人的喜悦之情溢于言表,或许想让孩子长大后能够孝顺、谦恭、贤良,所以家人给他起名为王德贤,也就是后来的王占元。

贫寒之家的日子总是难熬,为了生计,王占元的父亲起早贪黑地劳作,但他们依然过着贫苦不堪的生活。由于长年的辛苦操劳,王占元的父亲在他很小的时候就去世了,剩下母子两人相依为命。不过,王占元没有体恤母亲的辛苦不易,反而在当地胡作非为、横行霸道,常常惹祸上身,即使老母亲气得病重也不理不睬。有一次,他在外面晃了好些日子才回

家,等他进了家门,母亲已经去世了。依照常理,王占元应该会对母亲的死懊悔不已,然后想法子好好地将母亲下葬。但令人气愤的是,他非但没有丝毫的内疚感,更因为担心舅舅找他算账,竟然匆匆地用草席卷起母亲的尸体随意找了个地方埋掉了。等到舅舅闻讯赶来时,王占元早已溜之大吉。对待亲生的母亲尚且如此,更不用说那些日后受其管辖的士兵和被他统治的无辜百姓了。

据说,王占元的舅舅略懂一些风水,得知可怜的姐姐被草率埋葬后便气冲冲地赶去,想帮她移到好的风水地,无论如何,乡下人对这个还是比较迷信的。等他赶去一看,立马惊呆了。原来无心插柳柳成荫,王占元匆忙中选择的墓地恰恰是一块宝地。舅舅暗喜,想着日后外甥肯定能飞黄腾达。当然,这种说法不过是王占元风光返乡时,乡人们所造的一些谣言。但事实上,王占元的确有缘结识了袁世凯,并在他的庇护下步步高升,仕途一帆风顺。

王占元最初投靠淮军的刘铭传部,掌管大旗。1885年8月,他被送往北洋武备学堂第一期学习,并在毕业后加入了宋庆的毅军。甲午战争爆发后,他与张怀芝、曹锟等人参加鸭绿江战役,并在战争失败之后,辗转投靠了袁世凯。1895年12月,王占元随袁世凯在天津小站训练新兵,被任命为新建陆军工程营队官、第二营后队领官。此后,王占元积极协助袁世凯练兵,对他忠心耿耿,官职不断高升。

一将成名万骨枯

辛亥革命爆发后,王占元奉命率军随荫昌南下,镇压革命军。当时清王朝已大失人心,兴起的革命军打着推翻清政府统治的旗号得到很多开明志士和普通百姓的支持,王占元率领的军队起先在战场上屡遭重创,革命军在枪林弹雨中节节猛进。然而,革命军的力量毕竟微小,难以与孤注一掷的清政府抗衡,很快,王占元就率兵反攻,在冯国璋的指挥下抢夺失地,并在城内大肆抢夺烧杀,残忍对待革命军。

袁世凯意识到清政府早已失去了天下民心,因此极力在谋取自己的后路,暗自与革命党人谈判。为了推翻清政府的腐朽统治,实现共和、民主的理想,革命党人也想借用袁世凯的力量来促使革命成功。因此,双方通过谈判达成一致。为了促使这一计划能够尽快实现,袁世凯授命段祺瑞等人假意兵变,以便逼迫清帝退位,而王占元也站在这一队伍之中。1912年2月,段祺瑞、王占元、李纯等北洋将领发出电报,以斥责王公的名义,逼清帝退位。眼看大势已去,为了维护清朝贵族们的最后一点利益,隆裕太后不得不于2月12日代宣退位诏,王占元在这场政变中发挥了重要作用,自然得到了袁世凯的器重。之后,袁世凯将王占元率领的北洋军第二镇改为中央陆军第二师,由他担任师长兼任保定留守军司令,部队驻扎在保定。至此,王占元已完全成为袁世凯的帮凶,他在保定期间多次镇压学生学潮等反袁运动,为袁世凯的逆转乾坤行为保驾护航。特别是在反袁声势最为浩大的"二次革命"中,王占元奉命率部南下,残忍地杀害了许多仁人志士,却为自己积累了赫赫战功。这年年底,袁世凯委任王占元代理湖北军务。

背靠大树好乘凉

王占元一直视袁世凯为自己的最大靠山,因此事事唯其马首是瞻。当他获知袁世凯称帝的心思后,就极力地拥护他,并信誓旦旦地表示自己将会全力以赴地帮助袁世凯实现称帝梦想。其实王占元这样做也只是希望通过关键时刻的鼎力相助使袁世凯意识到自己的巨大价值,并趁机攫取更多的利益。

护国军开始讨伐袁世凯,王占元立即向袁世凯表达自己忠诚的决心,并趁机要求袁世凯答应他主持湖北军务。湖北是出兵西

南的主要战略要地,地理位置极其重要,王占元的算盘打得很精,自然不愿轻易放过此地。这时候的袁世凯又迫切需要他人的支持,因此,不得不答应了王占元的要求。为了报答袁世凯,王占元联合靳云鹏等北洋将领致电讨伐唐继尧。之后,他们又致电袁世凯早日登基。王占元还借湖北黄石附近地下挖出化石的时机编造可笑的神话,向袁世凯献媚称这是"天眷民佑,感应昭然",哄得袁世凯心中大悦。为了帮助袁世凯登上帝位,除了表演这次神灵戏码外,王占元还以血腥的手段镇压了武昌陆军部队里的反袁士兵。王占元等人的助纣为虐终于使得袁世凯成功登上帝位,然而,复辟行为并不得人心,袁世凯的皇帝位子并没有坐稳。袁世凯死后,王占元立即陷入恐慌,不过这棵墙头草很快就得到了黎元洪的支持,继而被任命为湖北督军,随后,又兼湖北省长。王占元终于如愿以偿地正式掌管了湖北的军政大权。

黎元洪当选大总统之后,与国务总理段祺瑞的矛盾不断,两人更因是否参加对德作战而争执不休,为此还发生了历史上有名的"府院之争"。当时,王占元因与黎元洪关系较好,曾发电各省明确表示支持黎元洪的意见,反对向德国宣战。但段祺瑞在北京召开督军团会议时,王占元却出尔反尔,在会议上改为支持对德宣战。会议之后,王占元与段祺瑞的心腹徐树铮等人一起发表通电,说平息"府院之争"的唯一方法是解散国会,以此向大总统黎元洪施加压力。黎元洪被迫辞职,大总统一职由冯国璋代理,而王占元又很快成为了冯国璋的左膀右臂。

1917年9月,由于段祺瑞拒绝恢复国会一事,孙中山在广州发起了"护法运动",为了国内的安定,冯国璋依靠王占元等"长江三督"的势力主张南北"和平统一"。这与国务总理段祺瑞的"武力统一"政策产生冲突,两人的关系骤然紧张。为了促进南北和谈,在冯国璋的指示下,王占元、李纯等人联合提出解决南北问题意见,要求政府停止战争,撤回南下的军队,并与南方代表商谈国家和平统一之事。随后,在冯国璋的授意下,曹锟在天津以军饷不足为由按兵不动,吴佩孚在湖南长沙也传电北洋政府因"枪支缺乏"而坐等政府的支援。如此一来,段祺瑞"武力统一"的梦想受挫,一气之下辞去国务总理一职,直系势力暂时占了上风。

1919年12月,冯国璋因病去世,曹锟成为直系军阀的新首领。王占元转而投靠了曹锟、吴佩孚。第一次世界大战结束后,被德国侵占多年的山东胶州湾的归属问题成为中日矛盾的聚集点。当时,日本已是亚洲强国,侵占了中国的大连、旅顺,这一次它又想霸占胶州湾。作为山东出身的军阀,王占元对此非常反感,他联合吴佩孚等48名将领共同发表通电,明确表态反对与日本直接交涉山东问题,主张收回胶州湾的主权,这件事倒是令人对他刮目相看。

直皖本是同窝狼

1920年7月,直皖战争爆发。皖系军阀率兵从湖南北上,打算进攻长江中游的直系军阀李纯,企图夺取湖北。王占元当然不是吃素的,他凭借自己平日聚敛的雄厚资金和军备实力,打退了对方的进攻,并收编皖系的军队,使自己的军事力量又得到了进一步的增强。

段祺瑞失败之后,皖系的势力遭到了清洗,湖北省长何佩瑢因为跟皖系关系密切而被免职,省长的位置就再次被空了出来。为了便于自己的统治,王占元推荐自己的亲家孙振家去接任湖北省长一职,湖北各界人士都反对王占元的提议,觉得他是在广置党羽安插亲信,就联合起来掀起了"拒孙运动"。北洋政府出于自身利益的考虑,不想地方的势力过大,所以就没同意王占元的提议,而是任命夏寿康为湖北省长。孙振家没能当上湖北省长,王占元对此很是恼火,但也想不出更好的办法,只好作罢。但怒气未消的王

占元为了表达自己的不满,就向北京政府发电说自己患疾需要休养一段时间。在假借养病期间,他暗中发动倒夏运动,致使夏寿康很长时间都没敢进入武昌。数月之后,王占元看结果无法再更改,而夏寿康也已经见识到了自己的厉害,就勉强决定放夏一马,此时,夏寿康才从汉口来到武昌就任湖北省长一职。

　　1921年3月,为了巩固自己的统治,时任湖北督军的王占元召开川滇黔桂湘赣等省代表会议,并签订了"联防条约",当时被称为"七省联盟"。此时的王占元已为官数十年,他在任时贪污受贿、克扣军饷、欺压百姓,湖北连续发生兵变和示威游行,致使"倒王运动"不断高涨。1921年9月,有人听闻王占元从天津开完会议回到湖北,带着政府拨发的300万元军饷,却私自扣下,没有发放给部队官兵,这个消息立马在军队里传开。随即,湖北宜昌第8混成旅王魁冲部的一个营发生兵变,士兵公开大肆抢掠烧杀,造成千余群众死亡,事情还波及洋人的住宅,影响极其恶劣。几天后,王占元直辖部队武昌第4师第11团因薪金未发也开始倒戈兵变,贪生怕死的王占元不顾百姓死活,携带巨款自己一人逃到长江上的军舰里面躲避,致使兵变造成300多名无辜百姓伤亡。第11团兵变的士兵回到营地的时候,王占元派心腹去说服士兵缴枪投降,诱降成功后,兵变的士兵竟全部被下令机关枪扫射而死,手段极其毒辣。这两次兵变震惊了外国驻汉口的领事,他们联合向王占元抗议,质问王占元有无保卫湖北的能力,不然的话,各国将调动本国军舰来汉口自卫。与此同时,在北京的湖北籍人士也向北洋政府请愿要求撤免王占元的职务。对此,王占元十分愤怒,觉得自己在湖北的势力受到了威胁。而恰巧这时又发生了武汉学联领袖蔡俊杰、李慎等领导的学生反帝爱国运动,为了显示自己的威严,王占元下令出动大批军警,残酷镇压了学生运动,制造了骇人听闻的"六一"惨案。

　　王占元的残酷镇压使"驱王运动"持续高涨。在国立武汉大学学生刘瑞杰等人的倡导下,湖北的大中专院校学生举行了轰轰烈烈的罢课运动。王占元派兵镇压、驱散学生,但学生的爱国运动赢得了全国人民的支持,湖北的工商界为了支持学生,举行罢市运动。而其他军阀借此时机,也开始进攻湖北,打算赶走王占元。湖南督军赵岩波、河南督军张高瞻等人也率兵进犯湖北,一时间,湖北成了全国的战争中心。战争爆发以后,王占元的兵力抵挡不住几省重兵的进犯,一直退守在襄阳、黄石等地。眼看大事不妙,王占元赶紧向直系军阀吴佩孚求救,请他派兵火速支援。吴佩孚命令手下将领萧耀南率领第14师部队前去支援,萧耀南领兵进入湖北之后,驻扎在孝感,并没有直接与附近的河南都督张高瞻的部队开战,而是选择了按兵不动,静观其变。王占元不仅没有引来救兵,反而多了另一个虎视眈眈的大军,心情可想而知。很快,王占元的部队就因抵抗不力,仓皇出逃,各个战场迅速溃败。落魄的王占元发表通电宣布下野,战争结束。而萧耀南也率领他的大军浩浩荡荡地开进了武昌,没费一兵一枪,霸占了湖北,做起了新的"湖北王"。王占元气归气,但大势已去,也无可奈何,就带着搜刮来的钱财去了天津。

  1922年,第一次直奉大战爆发,王占元的机会又来了。战争打的不仅是兵力,也是财力,王占元手里没有了军队,但还有钱,他给直系军阀曹锟送去了300万元充当军饷,曹锟自然对他感激不尽。不久,战争以直系的胜利告终,掌控北京政权的曹锟当然忘不了王占元当初的支援,王占元再次被重用。可人算不如天算,第二次直奉战争爆发后,王占元奉命率军与奉系作战,却由于冯玉祥的倒戈而导致直系全线崩溃,直系军阀失败,张作霖进驻北京,王占元再一次被迫隐居天津。

  1926年7月,蒋介石在广州宣誓开始北伐,王占元作为北洋军阀中的一员,开始四处活动,他劝说北洋军阀们联合起来,共同对抗国民革命军。为此,他还特地南下加入了孙传芳的军队。不

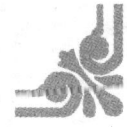

过,国民革命军作战勇猛,一路所向披靡,孙传芳的部队被打得支离破碎、落荒而逃,王占元见大势已去,就逃回了天津。北伐军继续北进,接连攻克南京、北京,王占元见北洋政府灭亡,就死了从政之心,从此转身投入商界。

为财之极多命丧

王占元为人贪鄙,在湖北期间,他除了克扣士兵军饷、搜刮百姓外,还垄断军装生产、贩卖黄金等,聚敛了大量财富。退居天津后,他又利用这些钱做投资生意,大发国难财。当时直隶南部各县遭受旱灾,王占元非但不愿意好好赈灾,帮助灾民,反而落井下石,逼迫灾民将地以低价卖给他,等到旱情好转之后,他再拿高价卖给商人或需要土地的农民,从中攫取暴利,其恶行已到了令人发指的地步。

当时,王占元在天津的繁华地区修建了很多"楼盘",其中最大的一处是在南门外的万德庄。为了修建这处房产,王占元颇费了一番功夫。由于这块地地基下陷,需要填平后才能建设,王占元就索性在这里直接建了一个大的生活区,修建了一千多间房屋,完工之时引起旁人的一片啧啧声。直到今天,在天津的大理道还有王占元留下的三幢西式楼房,每幢楼的装潢设计都非常奢华,在和平区相当引人注目。王占元去世后,还留有200多亩的房基空地没有来得及开发。不难想象他在任期间到底搜刮了多少民脂民膏,有多少饥民灾民因为他的剥削而食不果腹、家破人亡。

虽然王占元晚年时也做过一些慈善,但这些并不足以洗清他贪婪的罪孽,毕竟他的财富是用数不清的凄惨人生和鲜血堆砌起来的肮脏城堡。

"严酷炮将"倪嗣冲

与大多数北洋将领的穷苦出身不同,倪嗣冲出身于官宦之家,祖辈自曾祖父开始便在朝为官,父亲是清末的举人,曾受聘做过袁世凯的家庭教师,还做过四川知府,官至四品。如此的出身,自然在北洋诸多军阀中显得"光彩夺目",然而倪嗣冲却因"粗鲁野蛮、残忍奢侈"为人所诟病,以"严酷"之名被戏称为"倪大炮"。

镇压义民得赏识

倪嗣冲,字丹忱,1868年出生在安徽省阜阳县倪新寨三塔村的一个官宦之家。他从小天资聪慧、机智过人,少年时曾随父亲在四川读书,12岁时就已经熟读四书五经,令身边的人称奇叫绝。25岁那年,他随父亲返乡,参加当年的省试,中了秀才。之后,他继续参加科举考试,希望能考中举人,不过却屡次落榜,最后不得不放弃科举之路。倪家原本就是官宦之家,有钱有权,家里人想捐资帮他买个官位,就此安稳度日,却不曾料想倪嗣冲后来竟成了行军打仗的带兵将领。当然,这与袁世凯的赏识与眷顾不无关联。

1895年,赋闲在家的倪嗣冲听说

袁世凯在天津小站练兵,就前去小站投奔他,立志闯出一番事业。虽然他没有出色的军事才能,但由于对袁世凯忠心耿耿,因此颇得袁世凯的信任,在军中的日子也算是风生水起。1900年春,倪嗣冲因家人亡故,特地向袁世凯请假回乡奔丧,途中他听说县里有义和团聚众设坛,便火速带人前去查办,并将领头人逮捕入狱。之后倪嗣冲上书袁世凯,请求严查此事。袁世凯看到倪嗣冲的上书后,对他的意见非常赞同,甚至称赞他是个经世奇才。有了领导的肯定,倪嗣冲升官发财自然是迟早的事了。1901年11月,清政府任命袁世凯为直隶总督,倪嗣冲跟随袁世凯去了保定,统领京师执法营务处。后来,他又被调往天津参与练兵,先后任职于北洋营务行营、发审和执法等处。1902年5月,直隶广宗县爆发起义,袁世凯派倪嗣冲与段祺瑞等人镇压,倪嗣冲亲自带兵冒雨追赶200多里,最终将起义首领景廷宾抓获,又立了一个大功。当时,倪嗣冲在北洋军中的地位及袁世凯对他的重视令同僚们十分羡慕。1906年10月,北洋军在彰德举办练兵演习,袁世凯、铁良为阅兵大臣,倪嗣冲则与冯国璋、王英楷一起出任审判官,其地位由此可见一斑。然而,倪嗣冲在北洋诸多将领中显得格外暴虐、粗鲁,又以"武健严酷"出名,众人就给他起了个"倪大炮"的外号。

偏居东北倒逍遥

1907年4月,徐世昌被朝廷任命为东三省总督,他请袁世凯给自己推荐几个精明能干的人,以辅助自己在东三省大展宏图,袁世凯就将倪嗣冲等人推荐给他。由于倪嗣冲能力确实不错,加上他很会溜须拍马,所以很受徐世昌的重视。不久,徐世昌就向朝廷保举他为过班道员,接着又升任东三省民政司长。倪嗣冲在东北的官场倒也得意,顺风顺水。当时,东三省的"胡子"揭竿而起,倪嗣冲奉命前去镇压,逮捕了很多人。这本来是件建功立业的好事,不过他趁机搜刮财物,鱼肉百姓,使得当地人对他恨之入骨。然而,碍于徐世昌与他的关系,主营的官员不敢追究倪嗣冲的罪责,只好睁一只眼闭一只眼。倪嗣冲也就更加有恃无恐,在东北继续过着逍遥的日子。然而,袁世凯的归隐却给他带来了灾难。

袁世凯被朝廷革职后,徐世昌奉命回北京任职,倪嗣冲顿时失去了大靠山。新任的东三省总督锡良对他的所作所为素有耳闻,一直对他很不满,上任不久就下令对其严查。倪嗣冲一看形势不妙,就赶紧找人打点,最后花巨资才摆平此事,免遭了牢狱之灾,不过他的职务却没能保得住。

在东北的这几年,倪嗣冲虽然没有取得大的功绩,却趁机搜刮了不少民脂民膏,其贪婪的本性一发不可收拾。即使最后虚惊一场,也恐怕无法抑制住他欲望的成长吧!

见风使舵谋权势

1911年10月,武昌起义爆发,袁世凯再一次"千呼万唤始出来"。事先,袁世凯就预备组织一支别动队,开入安徽北部,进而控制安徽全省。他秘密召集安徽籍的段祺瑞、倪嗣冲等人,一起商议此事,最后决定从姜桂题的部队抽调几个营,由倪嗣冲率领驻守豫东,以备他用。11月13日,袁世凯复出组阁,很快倪嗣冲就官复原职,并在短短的时间内屡次升迁,成为河南布政使,并兼武卫右军左翼统领参赞军备,后在袁世凯的大力支持下,倪嗣冲又将势力伸入安徽。

1912年1月,倪嗣冲奉命占领安徽颖上,集结2万余的地方武装攻占阜阳城。进城后,倪嗣冲的部队在当地进行了骇人听闻的大屠杀,但朝廷却没有降罪于他,反而加封他"额尔德穆巴图鲁"勇号。之后,他在安徽招兵买马,肆意扩张,所率部队竟达40营之多,成为北洋军阀中的一支重要的武装力量。清廷下诏退位以后,

袁世凯接替孙中山出任中华民国临时大总统,倪嗣冲就被委任为豫鄂皖边区剿匪督办,这样一来,他的部队占据皖北就变得合法化。之后,倪嗣冲"认清"形势,紧随袁世凯的脚步,于是便有了他对"二次革命"的镇压以及对袁世凯复辟的倾囊相助。

1913年初,国民党以绝对优势在国会选举中胜出,按照当时的规定,国民党将以多数党的地位组织内阁。然而,同年2月,准备参加内阁总理竞选的宋教仁在上海火车站被人暗杀,众多势力纷纷将矛头指向袁世凯,袁世凯再次成为众矢之的。很快,革命党人就发动了"二次革命",安徽都督柏文蔚集合省内军队,组成了讨伐袁世凯的大军。倪嗣冲奉袁世凯之命南下镇压,率兵抄袭讨袁军的后路,打败了津浦线卢慈甫的讨袁军,占领正阳关、寿县、六安等地,继而进攻安庆、芜湖。柏文蔚的部队发生叛乱,无法抵挡倪嗣冲的猛烈进攻,部队迅速溃败,被迫离开了安徽。倪嗣冲率众迅速攻克了安庆、芜湖等地,最终武力统一了安徽。"二次革命"被镇压后,为了打击革命势力,倪嗣冲残酷地处置了反对袁世凯的团体和人士,这些举措虽为他人所不耻,却深得袁世凯的欢心。自此,倪嗣冲开始掌握安徽的军政大权,他的势力进一步得到了巩固。

袁世凯的统治得以稳固之后,他恢复帝制的计划开始提上日程。当时,北洋军阀内部对这一问题的看法不一,倪嗣冲再一次揣测总统之意,摸准了袁世凯的心思,对其大肆赞美,积极拥护复辟。他所率领的安武军成为袁世凯复辟的强有力的后盾。为了促使袁世凯称帝的愿望能够尽快实现,倪嗣冲联合他人,伪造民意,组织"全国请愿联合会",要求将共和制改为帝制。1915年12月,袁世凯宣布恢复帝制,倪嗣冲被封为一等公爵,主动请缨镇压讨袁军。然而,袁世凯称帝后内忧外患,段祺瑞、冯国璋等北洋系头领都通电反对,冯国璋更是率众公开声讨,袁世凯迫于各种压力,不得不于次年3月通电取消帝制。倪嗣冲对此却极力反对,扬言要"为圣主效命疆场",并派安武军赶赴湖南力拒南军。世事难料,袁世凯退位后不久就因病去世，倪嗣冲再一次失去了他的后盾，冯国璋等人更是要追究他的责任，倪嗣冲幸得段祺瑞的保护才安然无恙。

黎元洪继任总统后，"府院之争"日益剧烈，双方闹得不可开交。1917年5月，黎元洪下令罢免段祺瑞的总理职位，段祺瑞愤而离京，倪嗣冲等督军立即通电表示免职为非法，公然反对，并威胁要与中央脱离关系。就在黎元洪束手无策之时，张勋伺机借"调解"之名，下令部队进入北京，并迅速拥立溥仪复辟。张勋为了得到倪嗣冲的支持，允诺他安徽巡抚之职，倪嗣冲高兴地令属下悬挂龙旗、接旨谢恩，改称"大清帝国"。然而，张勋的复辟闹剧不得人心，很快就受到来自各方面的声讨与谴责。倪嗣冲眼看着张勋大势已去，急忙调转立场，加入讨逆军，并通电表示当日的复辟之举与己无关，并抵赖说："事前既毫未商明，事后岂甘心承认。"讨逆成功之后，倪嗣冲因有"大功"，除继续担任安徽督军之外，更被授命兼任长江巡阅使。

北洋政府统治时期，各种势力此消彼长，争斗不断，然而，倪嗣冲却见风使舵，左右摇摆，趁势壮大自己的力量。如此"变色龙"的嘴脸，不得不令人称绝。

多行不义必自毙

倪嗣冲在安徽期间，贪污受贿，无恶不作，安徽各界对他怨声载道。1918年3月初，陆建章、柏文蔚、孙毓筠等34名安徽人联合发出驱赶倪嗣冲离开安徽的通电，并推举陆建章为总司令，起兵讨伐倪嗣冲，然而，这次驱赶运动很快就遭到惨败。倪嗣冲下令对起义的士兵大肆屠杀，犯下了滔天的罪行。

五四运动爆发后，安徽的学生也积极响应。为了防止学生动乱，倪嗣冲下令安武军镇压学生的爱国行动，并强制解散了省内罢课的学校。期间，安武军士兵趁乱强奸了蚕桑女校的校长及教员、

学生,为此,十多名女学生羞愤自杀,这件事在当时造成了极为恶劣的影响。丑闻通过各种报刊传至各地,曹锟、张作霖等16名督军、省长发电北京政府,要求裁减倪嗣冲的军队。直皖战争爆发时,倪嗣冲托病没有直接参战,而且宣布安徽戒严,暗中与直皖双方虚与委蛇,作壁上观。然而,皖系的迅速失败最终使倪嗣冲丧失了对安徽的控制权,他被免去了安徽督军等职。至此,这位以严酷出名的"炮将"退出了政治舞台。

被解职后的倪嗣冲定居天津,开始步入商界,做起了商业投资。由于他之前搜刮了不少民脂民膏,晚年的他投资银行、纱厂、面粉厂、油漆公司等领域,还在英租界、日租界及河东、河西等区广置房产,当时的资产价值约银洋八千万元之多,成为当时官、商、军三界举足轻重的人物之一。不过,这种悠然自得的生活没有持续太久。1924年7月,倪嗣冲在天津租界的寓所病逝,时年56岁。

后人评价倪嗣冲时,多将他定格为顽固的保皇派和政治变色龙。他虽出身于官宦之家,自小在圣言教导中耳濡目染,但一生并没有受太多儒家思想及价值观的影响。得势以来,他肆意掠夺百姓,残忍迫害无辜。他在安徽统治达十年之久,任人唯亲,纲纪败坏,更纵容手下的安武军胡作非为,危害一方,安徽民众受扰至深。即使他晚年为自己铸造大量纪念币,大力渲染自己的功德,也依然不能掩饰他过往深重的罪孽。

"三不知将军"张宗昌

提起"混世魔王"程咬金,人们立即会想到那个演义小说中个性鲜明、手持"三板斧"的威猛将军,他虽然武艺不精,但运气很好,更重要的是,他有情有义的一面令后人倍加赞许。在北洋军阀中,也有一位"混世魔王",可他的恶名却是名副其实的。他因为女人多、钱多、枪多而被人们笑称"三不知将军"——不知有多少枪、不知有多少财富,更不知自己有多少女人。

狼子自古多野心

张宗昌,字效坤,1881年出生在山东省掖县路旺乡祝家村。和大多北洋军阀一样,他出身于贫寒之家,父亲是个吹鼓手,经常是吃了上顿没下顿,生活非常贫苦。少年时代的张宗昌经常衣食无着,挨冻受饿,也算是尝尽人间疾苦,过早体会了世态炎凉、人情冷暖。

1897年,张宗昌的家乡遇到灾荒,颗粒不收,很多人被迫到外面乞讨,希望能有一线生机。张宗昌流浪逃到东北,在那里做小工、当劳力,挣一点菲薄的工资养活自己。但由于他人高马大,力气又大,常常帮人分担一些重活,因此颇有人缘,日子久了,他竟然跟周边的俄国人也混得很熟,还

学会了一口纯正流利的俄语。后来,他又跟同伴一起去西伯利亚淘金,金子虽然没有淘到太多,却在那里练成了一手精准的好枪法。几番波折之下,张宗昌练就一身好本领,他自然不甘心只做一个平凡人。

时事造人多发达

机遇总是留给那些有准备的人。武昌起义爆发后,张宗昌与革命党人建立了联系,并组织了自己的队伍投身参加革命,投靠了山东民军都督胡瑛。"二次革命"期间,张宗昌眼见革命党人与袁世凯相比力量悬殊,就倒戈投奔了直系的冯国璋,成为北洋军的将领。

张宗昌起初很受冯国璋的重用,但他几次与南军交战,都以失败而告终,冯国璋逐渐对他失去了信心。后来,他又被江西督军陈光远的部队打败,彻底激怒了冯国璋。无奈之下,张宗昌只好投奔曹锟。然而,屋漏偏逢连阴雨,曹锟手下的红人吴佩孚对这个土匪出身的张宗昌非常反感,张宗昌在直系根本没有立足之地。痛下决心后,张宗昌决定率领部队去东北投靠张作霖。

张宗昌投奔张作霖之后,刚开始还是坐了一阵子冷板凳,毕竟他不是张作霖的嫡系部队。但机缘巧合之下,他遇到一位受伤的白俄兵,这位白俄兵因在苏联内战中战败受伤,逃命到了中国。张宗昌懂俄语,就救了他一命,而后者为了报恩,就带着手中先进的武器及几百名白俄军全部投奔了张宗昌,这下子张宗昌所领部队的战斗力就大大地增强了,几次战斗中,他都帮张作霖打了胜仗。白俄军的加入使张宗昌在奉军中彻底翻了身,开始扬眉吐气,成为大帅眼前的红人。当时,张作霖刚刚在第一次直奉战争中落败,极需张宗昌的帮助。即使他听说了张宗昌为人贪鄙,胡作非为,也依然对此视而不见。不过,奉军内部却对张宗昌在辖内种植鸦片的事情颇有微词,他们强烈要求张作霖遣散这支队伍。无奈之下,张作霖只好派郭松龄以校阅演习之名到张宗昌的部队视察,实际上也是想借机解散张宗昌的部队。

郭松龄一直对张宗昌颇为反感,觉得他为人粗俗,不愿与他有过多的交往。有一次,他刚一推开门就听到张宗昌嚷嚷着"他妈的",就误以为张宗昌针对自己,于是便怒气冲冲地找张宗昌算账。张宗昌解释说那只是自己的口头禅,请郭松龄别生气。可愤怒的郭松龄依然骂娘声不断,现场的气氛顿时尴尬起来,身边的人都暗捏了一把汗。没想到张宗昌起身道:"你操俺娘,那你就是俺爹了。"说完就给比自己年轻好多的郭松龄下跪。郭松龄被他弄得十分下不了台,不过却被他的"壮举"一下子给逗乐了。两人不打不相识,开始称兄道弟。

郭松龄回去后更是不断为张宗昌向张作霖求情,张作霖也以此搪塞那些对张宗昌有意见的奉系将领。1924年9月,第二次直奉战争爆发,张宗昌被提升为第一军副军长(军长李景林),率领部队从热河到朝阳,然后向关内发动进攻。10月,直军第三路总司令冯玉祥回师北京,发动了北京政变,囚禁了曹锟。战争形势迅速扭转,奉系取得了战争的胜利。战后,张宗昌获任山东省第一军军长一职。

野心膨胀战事起

张宗昌虽然当上了军长,但他对此并不满意。他积极训练部队,扩大军事实力,等到实力增强之后,就开始南下攻城略地。

张宗昌首先拿下了江苏,部队进驻苏南要地,接着,他亲自率领一部分军队进入上海,还摆出大举进攻浙江的姿态。当时浙江是孙传芳的地盘,孙传芳知道自己的实力难以抵挡得住张宗昌,又知道他流氓成性,就派心腹赶往上海,将上海所有的妓院、赌场包

137

了下来,供张宗昌天天花天酒地,寻花问柳。随后他亲自跑到上海,积极拉拢张宗昌,两人还结拜成了兄弟。最终,张宗昌放弃了攻取浙江的打算。

1925年4月,张宗昌从徐州率大队人马回到山东,出任山东省军务督办。紧接着,他用武力逼走了龚伯衡,自兼省主席。这样,山东的军政大权就落在他一个人手中。他利用山东的富庶,大力武装自己的力量,很快就有了10万人马。1925年4月底,青岛发生工人大罢工,纱厂工人强烈要求厂主改善工人生活条件,提高待遇等,双方于5月初达成协议。然而,日本厂主却不履行复工条件,反而勾结军警封闭工会,打压工人。无奈之下,纱厂工人再次联合罢工。日本政府出手干预,强烈强求北洋政府出面镇压。张宗昌下令对赤手空拳的工人进行血腥镇压。当场死伤工人20多人,逮捕75人,数百人被通缉,3000多名工人被遣送回原籍,全国舆论哗然。

此后不久,奉浙战争爆发,浙江督军孙传芳为了扩张地盘,联合陈调元突然起兵反奉。对于这次突袭,奉军措手不及,浙军迅速攻克了南京,并从蚌埠向北进发,为了抗击浙军,张作霖任命张宗昌为防御司令,由他统管这四个省份。张宗昌为此非常高兴,很快就指挥自己的山东军反攻孙传芳。但由于过于大意,出师不利,张宗昌的一部分部队在蚌埠受到了孙传芳部的抵抗,损失严重,而张宗昌亲自率领的白俄军也在进攻中遭到了重创,自己的得力部将还被孙传芳俘虏后斩首。张宗昌无力反击,只能率部逃回山东。

生命重创滑铁卢

1926年夏,国民党开始誓师北伐。北伐军来势很猛,吴佩孚和孙传芳均遭受了沉重的打击。为了联合各方势力,孙传芳派人拜见在北京的张作霖,希望孙作霖能不计前嫌,与自己合作,团结起来对抗北伐军。不久,张作霖、张宗昌、孙传芳等人在天津召开会议,达成了攻守同盟,张作霖任安国军总司令,孙、张两人任副司令。1927年初,张宗昌率十余万部队进驻南京、上海等地,大举镇压工人的武装起义,屠杀工人和进步学生,企图扼杀一切革命力量。

　　北伐军一路奋勇杀敌,节节胜利,很快就占领了浙皖地区,直逼南京、上海。孙传芳将守卫上海的任务甩给了张宗昌和他的直鲁联军,自己带着残兵败将逃往扬州。面对孙传芳留下来的烂摊子,张宗昌也是无可奈何,最后北伐军跨过长江继续向北挺进。眼看着自己无法与势不可挡的北伐军相抗衡,张宗昌只好灰溜溜地夹着尾巴回到了山东济南。

　　当时,吴佩孚、孙传芳两支军阀的势力基本上已经被瓦解,只剩下奉系军阀还在做最后的挣扎。不过,北伐军内部却开始矛盾四起,蒋汪二人背叛革命,先后发动"四一二"事变及"七一五"事变,并分别成立了南京国民政府与武汉国民政府,分庭抗衡。张作霖趁国民党内部出现分歧的时候,趁势发起进攻,命令张宗昌进攻冯玉祥在陇海一带的军队,双方军队在徐州展开了厮杀。刚开始,张宗昌的部队不敌冯玉祥的国民军,连连挫败,张作霖得知后暴怒,发急电斥责张昌宗的无能。张昌宗看完电报后也十分恼怒,他决心要整合自己的全部武装力量,对冯玉祥的部队展开强烈的进攻。不过,双方势均力敌,经过数天的激战,谁也无法取得决定性的胜利。后来张宗昌的师长潘鸿钧设计诱降了冯玉祥部的旅长姜明玉,张宗昌渐渐占据了上风。他趁热打铁一举捕获了冯军第八方面军副总指挥、军长郑金声,为了炫耀自己的战功,他决定把郑金声押回济南,后来还不顾众部将的反对将郑金声杀害。

　　1928年春,国民党增加了北伐军的力量。北伐军勇猛作战,奉军节节溃败,张宗昌再也无法做出有力的回击。祸不单行,早就对他的作为充满怨恨的地方势力看到他受到重创,就趁机联合起来,企图推翻他在山东的统治。腹背受敌的张宗昌不得已只能率

领直鲁联军离开了山东。

雪上加霜的是,张宗昌的老上司张作霖在意外中死去,继位的张学良与他的政见一直不合,张宗昌顿时失去了依靠。不久,北伐军攻占了北京和天津,直逼张宗昌所在的滦州。9月,白崇禧率兵攻打到了冀东地区,张宗昌眼看反抗无望,自己又无意投降,只好乔装打扮成农夫从滦州逃往大连,几经辗转流亡到日本。

像张宗昌这样心高气傲的人,怎么甘心就这样失败了呢?逃亡日本期间,张宗昌一直在积极寻找机会,以图东山再起。为此,他四处奔走,并于1929年,在日本的支持下纠集了自己在鲁东地区的残余势力,对驻扎在济南的国民军发起进攻,但还是以失败而告终。"九一八"事变后,张学良担心张宗昌被日本人利用,充当汉奸,就立即发电邀请他回国,之后安排他暂住在北京的铁狮子胡同。

卷土再来终招祸

张宗昌回国后,仍想返回山东招集旧部,东山再起。然而,当时的山东省主席韩复榘是个心思缜密、心狠手辣的人。他一方面与张宗昌结拜为兄弟,另一方面,竭力准备,防止张宗昌捣乱。在一次酒席当中,张宗昌对韩复榘说:"俺的许多老部下现在都散驻在山东各处,俺只要去招呼一下,立即可以汇合成一支队伍!"韩复榘听了心里自然明白,他知道张宗昌的存在对自己构成了威胁,张宗昌一天不死,自己在山东的统治就一天不得安稳。他假装对此没有任何反应,只是一个劲地劝酒赔笑,然而,内心早已动了杀机。

韩复榘

不久,韩复榘写信给张宗昌,邀请张宗昌速到济南"共谋大事",张宗昌收到韩复榘的来信后,心中窃喜,天真地以为这是自己东山再起的绝好机会,就决定奔赴山东。这么明显的圈套,明眼人一看就知道是韩复榘的阴谋,可张宗昌却坚信韩复榘不敢"造次"。他不顾家人、旧部的强烈反对,毅然地踏上了自己的"复兴之路",而这也是他的"死亡之途"。

见面后的韩复榘对"共谋大事"只字未提,张宗昌感情上有点受挫,心中也不免有些忧伤和焦虑。而张学良在得知张宗昌赴鲁和韩复榘会面后,非常为他担心,思来想去,张学良以张宗昌姨太太的口吻给他发了一份电报,谎称其母病危,要他立即返回北平,见上最后一面。张宗昌是个孝子,接到电报后立即决定回京探母,向韩复榘辞别。韩复榘见此状知道情况有变,就火速派人安排暗杀事宜。

韩复榘连夜通知山东省军政各要员在济南火车站为张宗昌举行隆重的送行仪式,殊不知这是一场精心安排的阴谋。当张宗昌高傲地与前来送行的人挥帽致礼时,突然冒出来一个持枪的刺客,朝他连开几枪,张宗昌当场死亡。而此时,另一个方向则有持枪人举枪高呼:"我是郑金声的儿子郑继成,为父报仇!现在投案自首!"

张宗昌草草地丢了性命,杀人凶手郑继成却没有因此锒铛入狱,反而成为人们敬仰的对象。事发不久,郑继成被国民政府特赦,无罪释放。

"汉奸军阀"齐燮元

在一个人的事业路上,外貌究竟有多重要呢?这个问题的答案想必会仁者见仁,智者见智。据说曹操小时候就被人预言会成为"治国能臣,乱世奸雄";诸葛亮初次见魏延时便依据他后脑的反骨,对他处处提防、提高警惕。当然,这些演绎之说不可真信,毕竟"人不可貌相,海水不可斗量"。被称为"汉奸军阀"的齐燮元是个其貌不扬的人,差点因为相貌不端而不能参军。然而,他却凭借着自己的机警和能言善道,得到了一次又一次的晋升机会。可也正是这么一位聪明绝顶的军阀在抗战期间,选择做汉奸,协助日军"扫荡"并残杀中国人民,使国人对其恨之入骨。

语出惊人入行伍

齐燮元,字抚万,1879年出生在河北宁河。他个头不高,一只眼斜,看起来很不起眼。不过外貌的不足却不能掩盖住他的野心。齐燮元自小就立定决心,此生绝不能一辈子蜗居在家,过普通人的生活。光绪年间,他考中了秀才,家人都为他高兴。不过齐燮元是个聪明人,他清楚地看到在当时的中国,科举并不能为自己带来财富与名利,他一心想从军做个武将,将来可以凭借自己的实力来光宗耀祖。

正在他思索着如何寻找机会出人头地

的时候,偶然得知保定陆军速成学堂正在招收学员,千旱欣喜不已,急忙打点行囊奔赴保定报考。齐燮元对自己在学识上的造诣一向是信心十足,但速成学堂要求学生文武双全,而其中重要的一项便是对学生体型的考核,也就是对学员外形有一定的要求,这一点让他很发愁。按照当时的标准,军官必须身材魁梧、五官端正,而齐燮元身材瘦小、一只眼斜,若想被录取谈何容易。

体检这天,学员从高到低排列,在这支队伍里,齐燮元因为个头不高排到了最后一个,如果从前面看过去,根本就看不到有这个人的存在。当时负责检查身体的教官从队伍的前面往后看,一个一个地审视队员的身体,当他看到齐燮元时,禁不住摇起了头,觉得此等身材、体质的人不宜当兵。齐燮元顿时一阵忧心,但他很快灵机一动,连忙给长官敬礼,语气铿锵地说道:"学生身虽小而志如鸿鹄。"这让在场的人员,无论是教官还是其他的受检学生都感到震惊,一个毫不起眼的小伙子出语竟如此不凡,教官立马有了萧何遇韩信的感觉。当时另一个教官也走了过来,发现了姜燮元的斜眼,表情立刻显得有些不自然,齐燮元又是一惊,继而斩钉截铁地说:"学生眼虽斜而能识远。"两位教官对他留下了深刻的印象。他们特意翻看了齐燮元的考卷,发现他的文采远远超过同期的其他报考学员,就这样,凭借着自己敏捷的反应能力和能言善辩的本领,体检这关侥幸通过了,齐燮元成为该学堂炮兵科二期学员,开始了他的戎马生涯。

戎马战场成猛将

齐燮元在国内接受完正规的陆军学堂教育之后,又到日本留学,学习日本先进的军事理论,他也趁此机会结交了一些日本朋友,而这恐怕也为他之后的亲日行径埋下了伏笔。留学归国后的齐燮元出任新编陆军第六镇参谋,民国成立后又升任陆军第六师

143

第12旅旅长。后来,湘西的师长周文炳因精神分裂,无力督军,齐燮元趁势取而代之,升任第六师师长。1917年,李纯被任命为江苏都督,齐燮元带领部队随其前往江苏,兼任江宁镇守使。1920年,李纯莫名其妙地死去,齐燮元接任江苏都督一职,其飞黄腾达的速度令人大跌眼镜,也出乎他自己的意料,此时的齐燮元不禁有几分自得与窃喜。但正当他自我陶醉之时,一场于他而言非常关键的战争爆发了。这便是后人所说的"江浙战争",也就是"齐卢战争"。

军阀的生存之道在于你争我夺,若想强大,就必须懂得以攻为守的策略。只有不断地壮大自己的势力,才能让自己处于不败之地。反之,如果只想着保住自己已有的地盘,不思进取,那么最终会被人所灭。齐燮元深谙这个道理。1924年,他与卢永祥之间展开了对上海的争夺战。

这一年8月,齐燮元纠集皖、鄂、豫各路军阀组成联军,在昆山集结,准备发起对上海的进攻。时任浙江督军的卢永祥则当即派遣陈乐山率第四、十师驻守在南翔、黄渡、安亭一线;杨化昭、臧致平率部严守在县城至浏河一线,以阻止齐燮元的军队逼近。9月3日,天色阴沉,齐燮元对嘉定城和浏河镇发起了猛烈的进攻。战火顺势蔓延,遍及周边各个村镇。战火一旦发生,非人力所能停止,各个村镇顿时陷入枪声炮火之中。经过两天的激战,齐燮元略占上风,攻占了陆渡桥。之后,联军又计划从安亭左翼偷袭黄渡,但没能成功。接下来的几天,大雨滂沱,道路泥泞,行人无法行走,更别提打仗用兵,双方只好以

卢永祥

守为攻。但天一晴,战事就重新拉开了。没过几天,齐燮元率领的联军便把卢永祥的军队包围在了一个县城之内,不过卢永祥下令拼死抵抗,齐燮元所部一时也无法破城。九月中旬,福建军阀孙传

芳见时机成熟,就顺势率军进入浙江,给卢永祥带来了致命的一击。

卢永祥眼看自己大势已去,便在18日发表通电"移沪督师",撤离杭州。10月初,孙传芳的部队就占领杭州,进而长驱直入,进逼上海。卢永祥的警备处长是一个见风使舵的人,他眼看卢永祥的大势已去,而且也无力挽回,为了给自己留下后路,他反戈一击,背叛了卢永祥。齐燮元抓住这一时机,对卢永祥发动了全面进攻。10月13日,无力回天的卢永祥被迫宣布下野,不久他的军队就竖起了白旗。

"江浙之战"最终以卢永祥的彻底失败而告终。这场战争之后,齐燮元的实力得到大力扩充。但他对治下的百姓是如何的呢?他究竟是个怎样的军阀呢?历史拨开云雾,显露出了真实面目。

百姓惨况难书写

据当时的资料记载,"江浙战争"打了40余天,给嘉定人民带来了巨大的灾难。全县死难约4000人,流离失所者10万余人,毁房2082间,大牲畜死亡1335头(只),经济损失达66.60万余元。黄渡地区在江浙一带是兵家必争之地,凡是想要有所作为的当地军阀都希望把这块地区置于自己的控制范围之内,齐卢二人也是如此。因此,这个地区成为他们战斗打响的地方,同时也是他们拉锯战的集中地,可以说,齐卢战争打了多久,战火就在这块地区燃烧了多久。

战火爆发的时候,嘉定城中的商业活动十有八九都已经停止了,百姓生活也处在物资短缺的紧张状态。卢永祥的军队不顾百姓死活,对这一片地区展开了抢夺。后来卢军败退,百姓原以为情况会有好转,但没想到齐燮元的军队进来之后,他们的抢掠较之卢军有过之而无不及。联军故意在城中某处放起一把火,然后唤人

救火,军士趁机入室抢劫。齐燮元的军队在城中驻扎的时间不过两三天的时间,却犯下了滔天罪行。经过了齐卢之战,整片地区一眼望去,室无完室,人面全非,百姓面露饥馑,饿殍满地。县议会议员侯兆熙看到此等景象,致电督省,希望能为灾民争取到必要的赈灾物款。在这个电文里,侯兆熙真实地反映了那里的情况:"居民逃避,猝不及防,有遗弃婴孩而临河涉水者,有单衣外逃伏田沟二三夜者,有误中流弹毙命不及收殓者。三乡农民栽植之棉,听其零落。衣服首饰,箱柜财物卧具,抢劫无遗。尤甚者,地板搁板,方砖屋瓦,尽被捣毁,搜掘一空,疮痍满目,闾里为墟。统计三乡损失,何止百余万元。现在兵匪绝迹,难民回里,无衣无食。号寒啼饥者,遍地皆是……"

　　齐燮元的联军攻占安亭镇之后,就开始对这块早已遭受兵火摧残的土地进行肆无忌惮的抢掠,其严重程度令人不忍听闻。齐燮元纵容手下的兵士抢劫百姓,迫使他们将家中的财物倾其所有地献出。他们甚至到普通民户家抢掠,一拨刚来拿走值钱的金银珠宝,另一拨就来抢走稍稍贵重的东西,紧接的一拨就连家中普通的器物都不放过,甚至挖地三尺,企图找到值钱的东西,完全不顾老百姓的死活。兵士抢夺的东西多得拿不了,就干脆脱下军服,扔掉枪支,用衣服包起来带走。更惨的是,如果军服被一般的市井流氓捡到,又借机到百姓的家里作恶一番。可以说,这些都是齐燮元治军不严,甚至放纵手下欺压百姓的结果。当时的一户人家后来回忆说,他们一家准备逃往他处,但眼看家里种下的棉花准备丰收,多年寡居在家的嫂嫂不忍离去,便在家中等待棉花成熟。未料到她竟被这些丧心病狂的匪兵轮奸致死,惨不忍睹。

　　附近的南翔镇也没能幸免于难,尽管没有成为战场,但因是行军必经之路,联军经过南翔镇的时候,到处烧杀劫掠,无恶不作。"10月14日,苏、皖、鄂、豫各路军队蜂拥而至,先抢劫富户大店,连镇上商团、保卫团及警察第一分所之图记、文件也一并抢去。夜问放火,南街轿子湾 带首当其冲。继后寺前街、上岸、下岸、走马塘、慈善街连烧四昼夜。劫掠焚毁大小商店63家,累计毁房500余幢。联军拘集大小船只数百,将抢来之物满载西去。10月22日,镇上红十字会收容乡间难民6000余人,24日达8000人。大批难民逃沪,露宿街头。"

齐燮元取得战争的胜利,成为江浙新的霸主,但这场残酷的战争却给普通百姓带来了沉重的灾难,许多家庭家破人亡,远走他乡。战争的杀戮、抢劫、奸淫使人性的恶被淋漓尽致地表现出来,也使人们认识到作为战争领袖的齐燮元的凶残本性。他不仅仅是贪婪的军阀,更是置百姓的生死安危于不顾的残暴之徒。自古"得民心者得天下",这样一个凶残的人,即使取得了一次的胜利,又能有何大作为呢?

甘做走狗成汉奸

1924年10月,冯玉祥发动北京政变,直系军阀受到了沉重的打击。段祺瑞下令免去齐燮元的都督职务。齐燮元拒不交权,遭到奉系张宗昌的进攻。1925年初,齐燮元战败逃往日本,在日本期间,他和日本军保持着联系的紧密,伺机寻找复出的机会。

抗日战争全面爆发后,日本侵略者在华北地区积极培植亲日势力,并通过汉奸建立伪政权。他们多方联结策动,最终于1937年12月在北京建立了以王克敏为首的伪中华民国临时政府。当时,王克敏深知伪政权不得人心,必须建立强大的治安系统才能稳固统治,不过他一直苦于没有合适的人选,直至发现与日军多田中将关系密切的齐燮元。很快,齐燮元就完全投向了日本帝国主义的怀抱,先后担任伪华北临时政府治安部总长、伪华北政务委员会总署督办和伪华北绥靖军总司令等职位,与日本侵略者狼狈为奸,残害中国同胞。

　　军阀争斗的失败经历使齐燮元深刻地体会到军队对政权巩固的重要性,效命日本人的齐燮元一心想建立一支完全听命于他的军队。而编练军队又必须先培养自己的心腹力量,因此齐燮元决定办一所军事学校。在他看来,只有从青年训练开始,同时进行思想监控和引导,才能建立一支完全为自己服务的爪牙队伍。

　　齐燮元随后便向日本正式提出了"先设学,后建军"的预想,这一预想当即得到了日本方面的支持,并获得大量的资金支持。其实,日本方面也有自己的考虑。侵华战争全面爆发后,全民抗战的热情越来越高涨,形势也愈发紧张。日军战线过长,兵力方面开始显得不足。日本惯常的做法是在华培植亲日势力,采取以华治华的策略。因此,他们也想要一支傀儡军队,从青年抓起,向那些本来就思想单纯的学生灌输奴化思想,让他们从此为日本人效忠,这对于日军实力的扩充来说也是大有益处的。齐燮元的这一计划正好符合了日本人的心意。

　　1938年8月,齐燮元在北京的清河、通县建立了军事学校。学校主要包括军官训练队、军事教导团、译务训练班等。军官训练队主要以早期国民党不得势的旧军官为主,培养连级以上的作战指挥人员;军士教导团则招收一般青年,只要具备一定的文化素养和健康的体魄,就能够加入其中,优秀者则被培养成中士或班长;译务训练班主要负责对日接洽和日语翻译。这些机构学制都是一年。经过三年的培训,齐燮元建立了所谓的"华北治安军",开始对华北地区实行严格的监控。正是这10万人组成的治安军在建军完毕之后,将主要的攻击对象确定为坚决抗日的中国共产党八路军及其他各行各业的爱国人士,并最终确定了"今后华北治安的对象是共军"的方针,竭力推行"治安强化运动",经常摧残爱国人士,甚至普通老百姓也深受其害。

　　为了打击治安军的嚣张气焰,中国共产党冀东党委决定集结部队,集中主要力量,对治安军实行歼灭战。这场歼灭战连连告捷，其中最大的一场战役是由包森指挥的八路军13团发起并取得巨大胜利的。在这场战役中，治安军受到了沉重的打击，全战击毙日本教导官10人，缴获山炮2门、迫击炮6门、重机枪6挺、轻击枪62挺、长短枪2500多支、子弹24.7万发。此后，治安军每况愈下，不断受到八路军的进攻，成团成营地被消灭，到1945年8月15日日本宣布无条件投降时，一大半的华北治安军已被消灭殆尽。截至9月，华北治安军仅剩下13个集团，大约有5.5万兵力，他们向国民党投诚，最终被改编为国民革命军第九路军。

历史的潮流是无法抗拒的，叛国的人终将得不到好下场。1945年日本投降，中国取得了抗战的最终胜利，齐燮元以汉奸罪被逮捕。在接受军事法庭审判的时候，这个昔日的军阀竟毫无愧疚之意，他振振有词地说："汪精卫是汉奸，因为他听日本人的；蒋介石是汉奸，因为他听美国人的；我齐燮元不是汉奸，因为我只听我自己的。"这位看似真性情的军阀却忽略了人性的真与善，忘却了传统的道与义，即使狡辩，也丝毫不能抹杀他自私自利、残暴凶残的本性。血债要用血来偿还，1946年齐燮元在南京雨花台被处决，此举大快人心。

被赶下台的"湖南王"张敬尧

豫剧《七品芝麻官》中有句戏词是这样的:"当官不为民做主,不如回家卖红薯。"说的是官员要公正无私,为民做主。然而身处乱世,真正能够做到这点的官员却少之又少,更多的是一些贪官污吏,他们丧尽天良,鱼肉百姓,比强盗土匪更加凶残。北洋时期,"湖南王"张敬尧不仅贪污受贿、中饱私囊,还欺压百姓、残害学生。在他的管辖区内,人民怨声载道,从而发动了一次次的运动,最终将他赶下了台。

运气这东西

张敬尧,字勋臣,1880年出生在安徽霍丘临水桑郯子一个贫苦家庭。他的父亲是个教书匠,靠着微薄的薪水养活着整个家。

张敬尧是家中的老大,下面还有三个弟弟,由于家里孩子多,生活十分困难,无奈之下,家人只得把他送给了伯父张德行。

张德行的家里也并不富裕,能做的只是给张敬尧一口饭吃,使他免受饥饿。由于没钱进私塾,张敬尧整天在外面游荡,沾惹上不少恶习,小小年纪就沉迷于赌博。张德行见他经常与一些痞子流氓来往,就把他送到粮坊做学徒。没做多久,张敬尧就嫌工作辛苦、赚钱少撒手不干了。他跟着一帮在赌场认识的赌友们跑到山东,雄心勃勃地想干出一番大事业,不过他很快就因为失手打死了人,不得不逃到天津去。

张敬尧到了天津以后,先是在社会上折腾了一番,不过始终没有什么出头的机会,最后不得不投了军,想在部队上闯出一番名堂来。从小就自由散漫惯了的张敬尧进入军队之后很不习惯,受不了部队里严格的纪律。为了解闷,每逢休假,他就和其他士兵到城里的赌场玩。张敬尧的赌技出了名地好,每次都能赢钱。正因如此,他的人缘也变得好了起来,甚至连部队里的长官都会拉他一起去赌场。和上司称兄道弟的张敬尧在部队里越来越骄傲,脾气也愈发张狂。一次训练课上,张敬尧的动作很不规范,教官就一直在旁予以指导,没想到这让自负的张敬尧非常恼怒,觉得自己受了极大的侮辱,竟然出手殴打教官。营长勃然大怒,下令将张敬尧处斩。张敬尧没想到结果如此严重,他跑到平时关系较好的长官面前,痛哭流涕,请求他们帮自己向营长说情。这些人都收过张敬尧的好处,自然答应帮忙。在众人的求情下,张敬尧侥幸逃过一死,不过还是被营长赶出了军营。

经过这次死里逃生,张敬尧决定痛改前非,好好地在部队里做出一番成绩来,他辗转加入到北洋新军,后来又参加了北洋新军随营学堂的培训,之后由普通士兵升为排长。这一次,他在部队的表现非常出色,最后被送到保定军官学校受训,前途一片光明。1911年,辛亥革命爆发,张敬尧奉命率领一支先遣部队前往武昌镇压革命军。为立战功,张敬尧大肆残害、屠杀革命者,并因此获得朝廷嘉奖,被提升为团长。1913年,孙中山发动讨伐袁世凯的"二次革命",张敬尧奉命抵挡"革命军",他在这次作战中再次立功,被擢升为旅长。

升为旅长后的张敬尧被调驻北平,这时的他已经可以在袁世凯面前说上话了。为了升官发财,他挖空心思地溜须拍马,甘当袁

世凯的忠实拥护者。有一次,袁世凯为了炫耀军威,在北平举行了一次阅兵典礼,并邀请各国公使前来观礼。张敬尧为讨好袁世凯,对军队严加训练,果然在阅兵式上大出风头。袁世凯对他十分满意,随口允诺要将张敬尧这一旅扩编为师。从那以后,张敬尧就抓紧时机招兵买马。1914年,袁世凯命陆军总长段祺瑞到北京复职,并令其兼领河南总督,张敬尧也随段祺瑞驻防河南。

张敬尧一方面通过武力血腥镇压白朗起义军,立下军功;另一方面,他又召开军警大会拥护袁世凯复辟。当一切准备就绪之后,他电告袁世凯:"现已成立第七师,请赐予任命,并发给装备和饷项。"张敬尧的意思很明显,他支持袁世凯当皇帝是希望袁世凯能履行之前的诺言。袁世凯自从窃取了辛亥革命的成果后就一直妄想复辟,张敬尧的这些举动无疑称了他的心。于是,他下令任命张敬尧为陆军第七师的师长,张敬尧达成了自己的心愿。

1915年12月12日,袁世凯宣布建立"洪宪帝国",改国体为君主立宪制。很快,蔡锷便在云南兴师讨伐袁世凯,发起护国运动。次年1月,袁世凯令张敬尧为第二路司令,率第七师入川镇压。张敬尧自恃兵强马壮,不把护国军放在眼里。护国军依仗山险,对其发动猛烈进攻,张敬尧狼狈逃回四川泸州。

在全国一片讨伐声下,袁世凯被迫宣布取消帝制。袁世凯死后,北洋军阀内部为了权力纷争而各成派系,张敬尧与段祺瑞都是安徽人,在段祺瑞这个同乡的扶植下,张敬尧很快就成为皖系主要大将。1917年,时任国务总理的段祺瑞掌握了政府大权,任命张敬尧为苏鲁豫皖边境剿匪督办。然而张敬尧并不满足,他还想拥有自己的地盘。

北洋军阀集团内部互相倾轧,争战不休,其重要原因之一就是为了争夺地盘。要想在这个军阀混战的国土上立足,就必须有兵有钱。只要割据一方就可以在自己的辖区内征募士兵,强迫民众服役,还可以向百姓勒索财物以充军饷,这样兵源、财源两大问题都解决了。为了实现自己的这　愿望,张敬尧极力向段祺瑞主张用武力统一南方军阀,希望在混战中攫取一块地盘,达到一方称王的目的。

残暴治湘民

1918年初,段祺瑞对西南军阀下达了讨伐令,联合直系军阀进攻荆襄等地,张敬尧也参与了战事,率领第七师攻占湖南平江。张敬尧的军队进驻平江后,"三天不封刀",堂而皇之地纵容部下抢劫财物、奸淫妇女。当时,当地的军队早已撤走,张敬尧的部队却借口当地农民是便衣,大肆抢夺沿途民众,只要是能带走的物件就决不会被留下,沿途民居,十室九空。不久,张敬尧趁直系军阀吴佩孚和冯玉祥打败湘桂联军之际,占领了长沙。此时战事僵持,湖南战场暂时平静下来。虽然这场战事功劳最大的是直系军阀吴佩孚,但段祺瑞手握大权,他从自身的利益出发,任命张敬尧为湖南督军兼省长。吴佩孚气得大骂段祺瑞"瞎了狗眼",从此吴与张敬尧结下了梁子。

张敬尧入主湖南后,把湖南当做自己的私人地盘,称王称霸,湖南人民陷入万劫不复之境。张敬尧手下的鹰犬以追查乱党为借口,擅闯民居,对百姓敲诈勒索,稍有不从就会被当做间谍押进大牢严刑拷打。更有甚者,在光天化日之下侮辱妇女,乱杀无辜,其行为令人发指。在张敬尧的纵容下,湖南土匪横行,每天都有劫案发生,杀人放火更是司空见惯。长沙城内,百姓人人自危,惶恐度日。张敬尧及其第七师犯下的罪行简直罄竹难书,却厚颜无耻地宣称自己乃"仁义之师"。若有百姓控诉其恶行,便会被乱棍打死。百姓对他恨之入骨,不叫他"张督",叫"张毒",把"张督军"叫做"张毒菌",他所驻防的长岳区被称为"九幽十八狱"。在当地流传着这样一副对联:"堂堂手张,尧舜禹汤,一二三四,虎豹豺狼。""尧"指

的就是张敬尧,而"舜禹汤"指的则是张敬尧的三个弟弟:张敬舜、张敬禹、张敬汤。还有一种说法是:从前夏朝百姓要"与桀偕亡",今天湖南人民要与"尧舜禹汤"偕亡。湖南人民对张敬尧的痛恨已到了"食其肉、饮其血、寝其皮"的地步。

张敬尧这人贪婪成性,只要可以赚钱,不管是什么违法的事他都敢做。主持湖南事务后他立即命人关闭了湖南银行,新建裕湘银行,以便更好地掌控湖南的财政。湖南全省的矿产也被他抵押给英国人,获利3000万元。为了发财,他甚至还种鸦片、贩毒,惹得湖南境内民怨沸腾。当时,湖南省内的教育经费被充作军饷,中饱私囊,各校校长不得不举债度日。不仅如此,张敬尧还在长沙各学校驻兵,教职工和学生一出一进都要受到检查。大部分校舍被占,学生只好退缩在校内的一块小地方上课,既是课堂又是饭堂、宿舍。湖南境内的正常秩序遭到了严重的破坏。

张敬尧任湖南督军之时,正是春秋鼎盛之年。为了给自己做寿,并趁机搜括民财,他设置了一个"大庆筹备处",任命张敬汤为筹备处主任。张敬汤趁着这个机会,想方设法地敛财。他仗着兄长的权势,要求各大饭店派遣最好的厨师献上各自的拿手绝活。然后把这次的寿筵规模定成400席,按其规格分为四个等级:福、禄、寿、喜。"福"的标准是1000元、"禄"的标准是500元、"寿"的标准是300元、"喜"的标准是200元。他将宴席指名分配给各大饭店和旅馆去办理,这些选中的饭店旅馆老板不敢有任何意见,只能乖乖出钱。寿辰前三天,督署卫队设立警戒区,无正当职业的旅客全部驱逐出境。此外,在寿辰前的一个月,张敬尧就命人发出了3000多份请柬,收到请柬的人都明白其用意,那就是"送礼"。最为讽刺的是,连与张敬尧有过节的吴佩孚,也收到了一份要求送礼的大红请柬。

张敬尧在长沙的暴行,引起了湘人的愤恨,整个长沙笼罩在一片恐怖氛围之下,矛盾一触即发。

终被赶下台

　　1919年5月4日,北京学生发起"五四"爱国运动,张敬尧为了遏止学生运动扩展到湖南,宣布实行武装戒严,严密封锁新闻。5月9日,湖南报界爱国人士冲破封锁,报道了这次运动,同时也公开揭露了张敬尧控制新闻的丑恶行径。湖南学生积极响应了这次运动,其他各界的爱国运动也随之活跃起来。大规模的学生示威游行,受到各界人士的广泛关注和支持。

　　张敬尧对学生们又恨又怕,他大骂学生干涉商人营业,破坏邦交,扬言若有再犯,将以土匪论罪,实施枪毙。他还污蔑学生的行为是"过激党"捣乱,以此为借口大肆搜捕爱国学生,导致流血事件。后来,张敬尧更是变本加厉地指使士兵当街殴打学生,令学生不敢再上街。面对张敬尧的暴行,长沙的学生运动由爱国转向了驱逐张敬尧出湘。省学联发动全省学校罢课,并发出通告:"张毒一日不出湘,学生一日不返校。"社会其他阶层也纷纷支援学生,发动全省工人罢工、商人罢市,这样一场轰轰烈烈的"驱张"运动展开了。

　　为了揭露张敬尧残害湖南百姓的罪行,湖南方面首先派"湘人请愿团"赶往北京,向政府痛斥张敬尧的罪恶行径。北京政府迫于社会压力,接见了湖南代表,但同时也向他们表示政府对此束手无策,无能为力。这样,"驱张"能否成功只能依靠湘人自己的力量了。"驱张"运动被迫演变成张敬尧率领的北军与湖南人自组的湘军之间的斗争。

　　不过,仅有3000弱旅的湘军却凭借顽强抗击、破釜沉舟、血战到底的决心变成了一支猛师,张敬尧的几万大军在其猛烈进攻下溃不成军,四处逃散。无奈之下,张敬尧只好任命张敬汤为援衡总司令,允诺胜利后会禅让第七师师长之职。面对势如破竹的湘军,

张敬汤也非常害怕,整个湖南都与他为敌,就连平日忍气吞声的普通民众也俨然成了"游击战士",到处截击张敬汤的军队。即使一般的军事物资运送工作,张敬汤也找不到百姓愿意帮他。这场仗根本就没法打。很快,湘军逼近长沙。身陷绝境的张敬尧表面做出一副与长沙共存亡的架势,暗地里却派人焚烧军火库,趁乱逃之夭夭。至此,湖南的"驱张"运动胜利结束,笼罩在湖南人民头上长达两年多的乌云终于被驱散。

卖出的死契

张敬尧被赶出湖南后,走投无路,只得投靠自己的死对头吴佩孚。面对别人的嘲笑,他辩解说:"大丈夫就该能屈能伸。"不过张敬尧可不是什么大丈夫。

第二次直奉战争溃败后,吴佩孚狼狈地率领残部自塘沽出海南逃,被他任命为后援总司令的张敬尧却没来得及跑掉,被国民军副司令胡景翼抓住。该怎么处置张敬尧,国民军内部有两种意见:一种认为张敬尧这人罪大恶极,死不足惜;另一种则觉得张敬尧罪不至死。张敬尧走运,国民军总司令冯玉祥就是第二种看法。冯玉祥虽然不想杀张敬尧,但也不想就这么白白放过他,无论如何也要给他一个教训。于是冯玉祥下令将张敬尧同曹锟的公府收支处长李彦青关押在一起,再让手下漏出风声说要将这二人一块处死。李彦青这个人卑鄙无耻,在北京作恶多端,与张敬尧可谓是一丘之貉。处决李彦青时,冯玉祥故意将张敬尧一同绑赴刑场。张敬尧很了解冯玉祥的为人,当即做出一副大义凛然的样子,高声怒骂冯玉祥,说自己死没关系,但决不能和李彦青这样的无耻之徒死在一起。冯玉祥很满意张敬尧的反应,立即让人给他松绑,张敬尧捡回了一条小命。但他不思悔改,很快就投靠了素有"混世魔王"之称的张宗昌,张宗昌是山东军务督办,两人狼狈为奸,在山东搜刮民脂民膏,劣迹斑斑,恶贯满盈。

1928年6月4日,日本关东军制造了震惊中外的"皇姑屯事件"。张作霖死后,张学良继任东北保安总司令。为报杀父之仇,也为了彰显民族大义,张学良不顾日本人的威胁,毅然宣告服从国民政府,改易旗帜,史称"东北易帜",这也意味着北洋政府统治彻底结束。北洋军阀体系彻底瓦解之后,张敬尧逃到大连日租界避难,并在那里与日本人接触。伪满洲国政府成立后,他与日本人勾结,并于1933年

东北易帜

秘密潜入北京,企图招集旧部,勾结土匪,策动驻军叛乱,以配合日本人对华北地区的侵略。蒋介石得知消息后,密令戴笠派人策划除去他。

戴笠接到命令后,派蓝衣社锄奸。他与特务处副处长郑介民经过几天的策划,决定先由郑介民住进六国饭店,熟悉张敬尧的行踪规律,再派特务暗杀。但郑介民与其他特务侦查了几天也没有发现张敬尧的踪影,他们开始怀疑情报有误。天网恢恢,疏而不漏,正当众人一筹莫展之际,曙光乍现。参与此次行动的王天木在饭店里遇到了一个熟人,此人正是北京城内鼎鼎有名的高级裁缝。王天木忙上前打招呼,问他怎么在这里出现。裁缝说来这儿是为一个客人做西服,王天木又问是哪位客人,裁缝说:"他叫常石谷,留着两撮小胡子,下巴底下还有一撮长毛。"王天木一听便知是张敬尧,真是得来全不费工夫。

张敬尧一生做尽坏事,想杀他的人自然不少,因此他出入格外

小心。平日深居简出,有事都是让别人到他的房间来,而且睡觉时经常与两个部下交换房间。加上日本方面给他的严密保护,使得刺杀行动变得异常困难,郑介民等人一直无法下手。后来,他们终于发现张敬尧每天早上都起得很早,在洗漱上花费很多时间,这个时辰又是他防范最松懈的时候,容易得手,于是郑介民等人便下令军统杀手白世维趁这个时机下手。

1933年5月7日清晨,张敬尧跟平日一样起床很早,在他洗脸的时候,白世维突然出现在洗脸间的门口。确认目标后,白世维连开两枪,枪枪致命。张敬尧还来不及反应,就倒地身亡。第二天北京的各大报纸上刊登出"巨商常石谷,在六国饭店中遭刺殒命"的消息。之后,外界得以证实此人正是曾被驱逐出湖南的"湖南王"张敬尧。

正所谓"平日不做亏心事,半夜敲门心不惊",即使聪明狡猾如张敬尧,处处提防、谨慎小心,却也依然摆脱不了命运的惩罚。

"五省联帅"孙传芳

北洋军阀之中,孙传芳的命运颇具传奇色彩。他因女人而发迹,又命丧于女人之手。他幼年随母亲四处逃难,寄人篱下,却幸运地进了军校,出国当了"洋学生"。回国后,他凭借自己的聪明才智,左右逢源,四处拉拢,在很短的时间内就当上了声名显赫的"五省联帅"。他与许多人"义结金兰",转眼又翻脸,遭殃的往往是这些先前把酒言欢的"把兄弟"。靠出卖人、拉拢人成功的他,之后又为人所背叛,在极短的时间内沦为孤家寡人,再次寄人篱下。

少小时孤儿寡母

孙传芳,字馨远,生于1885年,山东省历城县人。他幼年孤苦,从小丧父,由母亲一手带大,日子原本过得就很艰辛。祸不单行,母子二人又遭族人虐待,被迫出走他乡,小小的年纪就已经尝尽了人间苦楚与凄凉。在封建时代,女人的命运往往要依附男人,孙传芳的母亲因为丧夫而遭人排挤,他的姐姐却嫁个好男人,改变了自己和家人的命运。

无家可归的孙传芳母子无依无靠,只好投奔他的姐姐家。孙传芳的姐夫是武卫右军执法营务处总办王英楷,孙传芳也正是在他的帮助下才得以投身军

营。当年随着母亲在瑟瑟的冷风中逃难的他,怎么也不会想到,若干年后,自己会成为占据浙、闽、苏、皖、赣五省,声名威震中外的大元帅。

或许,只有那些积极把握形势、充分利用机遇的人才能取得最后的成功。一个人只有尝过千般苦楚,才能享受万般荣华。幼年漂泊流亡的经历,虽然给孙传芳带来了非常痛苦的经历,但也使他养成了坚韧不拔的毅力,为他以后的事业提前铺好了路基。童年时代的苦难经历,尤其是数次寄人篱下、看人脸色生存的悲惨生活,也使他养成了善于周旋、左右逢源的本领。这两点为他日后的军旅生涯增加了不少砝码,让他受益终生。或许他就是凭这一点,才得到了姐夫王英楷的赏识,1902年8月王英楷推荐他进入了袁世凯的陆军练兵营,成为了一名学兵。

游学时命运发迹

在中国近代史上,有两所军校曾经起到举足轻重的作用,一所是黄埔军校,一所是保定军校。曾经有一个说法:保定军校培养的学生撑起了整个北洋军阀,而黄埔军校的学生则撑起了整个南京政府。

孙传芳通过在陆军练兵营的刻苦学习之后,以优异的成绩,被冯国璋批准,免试进入了北洋陆军速成武备学堂。这个学堂便是保定军校(保定军校是袁世凯为了训练初级军官而专门设立的,学制及办校章程都是参照日本陆军士官学校。它的第二任校长是民国时期最著名的军事家蒋百里,后来黄埔军校的很多教官便是来自于这所军校)的前身。两年后,孙传芳成功地完成了自己的学业,从保定军校步兵科毕业,并顺利取得了前去日本深造的资格。孙传芳倍加珍惜这个来之不易的机会,他知道自己的人生正处于最关键的时期,回想起童年时的凄惨,他暗暗告诉自己一定要争气加油。在日本,孙传芳仍然是最刻苦勤奋的学生之一,1907 年他顺利进入东京陆军士官学校,这所学校以教学严谨、制度严格出名,当时,陆军士官学校规定所有学生都必须在部队服役半年,并且只有其中最优秀者才能顺利毕业。这所学校也几乎是所有想学习军事的中国人的梦想,近代的蔡锷、蒋百里、阎锡山、何应钦等人都曾是这里的学生。

就读陆军士官学校期间,孙传芳结识了后来的日本侵华首犯冈村宁次。当时,冈村宁次担任中国留学生的区队长,在以后的政治及军事生涯中,这位日本人与孙传芳曾有过不少的交往。1908 年,孙传芳顺利地从陆军士官学校毕业,又重新回到他原来的步兵联队见习了 3 个月,终于在 1909 年 3 月学成归国,完成了他的游学历程。1909 年 8 月,孙传芳顺利地通过陆军部的考试而被授予步兵科举人,之后他担任了北洋陆军第二镇第三协第五标教官。与他一同参加考试的留日士官生,也就是旧时所称的"同年",有阎锡山、李烈钧、唐继尧、张凤翔、刘存厚、赵恒惕、尹昌衡等人,这些人大都是近代中国历史上赫赫有名的人物。

军旅时小露锋芒

正所谓"乱世出英雄",虽然这一时期军阀混战、民不聊生,但是对于一个军人来说,却是建功立业、一展胸中所学的大好时机。孙传芳刚刚回国就遇到了施展才华的大好机遇,他凭着自己所学的军事技能、理论以及善于察言观色、从善如流的性格屡建功绩,步步高升。他靠着自己出色的表现得到了湖北督军王占元的赏识,并成为王的智囊之一,时常代表湖北接洽公务,在湖北政界如鱼得水。1921 年,王占元的贪鄙行径引起湖北各阶层的不满,最终被驱逐出湖北,但这对深受王占元器重的孙传芳来说似乎没有什么影响,因为吴佩孚对他十分欣赏,不但没有打压他,还任命他

为第二师师长。

　　1923年,孙传芳奉曹锟、吴佩孚之命出任福建督理,当时福建仍属皖系势力范围,曹锟等人的意图是希望由孙传芳夺取福建的军政大权,从而将福建划为直系的掌控领域。赴闽之前,孙传芳在曹、吴二人的授意下做了各种充分的准备。当时,福建的军政实权掌握在王永泉的手中,孙传芳为独揽福建的实权,处处想方设法排挤王永泉。同年10月,他指使周荫人攻打王永泉的军队。王永泉在福州的驻军原本就不多,两军刚一交锋,就被迫逃往厦门,通电下野。然而,王部的杨化昭、臧致平及王永彝等人在闽南拥有重兵,他们联合起来兴兵反抗,孙传芳不得不调兵镇压。双方进行了激烈的战斗,最后,臧致平等战败逃入浙江,并被卢永祥收编。孙传芳遂与齐燮元等军阀联合起来,一举进攻卢永祥,卢永祥虽有张作霖的支持,但双方力量过于悬殊,最终也宣布下野。孙传芳则趁机收编了卢永祥的残余兵力,极大地扩充了自己的势力。1924年9月,曹锟任命孙传芳为闽浙巡阅使兼浙江军务督理,至此,孙传芳称霸闽浙。

　　然而,孙传芳在闽浙的逍遥日子还没过几天,就接到了曹锟、吴佩孚下台的消息。孙传芳失去了靠山,眼看着张宗昌来势汹汹地南下抢夺地盘,一时竟不知如何是好。恰在此时,他得知手下王金钰是杨宇霆的同期同学,就用他超强的见风使舵的本领通过杨宇霆向张作霖示好。刚好张作霖也有意拉拢他这个"潜力股",两人一拍即合,于是互相派人和谈,并最终达成协议。孙传芳出卖了齐燮元,与卢永祥签订了和平公约,又借机与张宗昌结成了拜把兄弟。孙传芳再一次在暗涛汹涌中保存了自己的实力。

必要时对决奉张

　　"没有绝对的敌人,也没有绝对的朋友。"孙传芳将这句话发挥得淋漓尽致。实力薄弱的时候,他就四处巴结、讨好;一旦羽翼丰满,就立刻翻脸不认人,管你是义结金兰的兄弟,还是"德高望重"的师长。

孙传芳在投靠张作霖之后,派人前去北京看望段祺瑞,并尊段为自己的前辈恩师,处处讨好巴结,但掌控浙江之后,他却违背段祺瑞的意愿,派人清除了皖系王宾以及陈乐山的残余势力,解除了自己的后顾之忧。对他来说,利益、生存、强大才是最为重要的。

与奉系修好的孙传芳并没有掉以轻心,他不停招兵买马,扩充自己的实力。因为他清楚地认识到,随着奉系势力的扩张,迟早会威胁到自己的势力范围。事情果然不出他所料,张作霖取得北京政府的主导权之后,四处染指,不仅占据了京浦沿线各省区,还派兵驻守在上海和南京,奉系的势力不断地向东南扩张,孙传芳决定不再坐以待毙。他敏锐地察觉到奉系虽说实力雄厚,但内部矛盾重重,新旧势力矛盾不断。再加上他们远离东北大本营,孤军奋战,又没有争取到当地绅士们的大力支持,倘若趁此良机主动进攻,或许会有更多的胜算。

主意定下之后,孙传芳便四处拉拢势力。他一边派人与冯玉祥接洽,一边派人与吴佩孚、岳维峻等联系,商量如何对抗奉系。1925年10月,调配好各方势力的孙传芳发动反奉战争,三路出击。奉军毫无准备,顿时溃不成军。孙传芳一路占领松江、上海,长驱直入,直抵南京。夺得南京之后,连南京城都顾不得进,就马上率军北上,追逐败兵,一口气追到了山东边境。一年前他还和张宗昌"义结金兰"、兄弟相称,如今势力养成,就立马不顾情面,兵戈相向。

随后,孙传芳成立了浙、闽、苏、皖、赣五省联军,自任总司令兼江苏总司令,成为不可一世的"五省联师"。为巩固势力,他积极拉拢各地方名人士绅,充当顾问,更是高薪聘请冈村宁次担任自己的高级军事顾问。此时的孙传芳势力如日中天,从1923年以来,三

163

年之内,孙传芳由鄂援闽,由闽入浙,今又占据五省,一帆风顺,飞黄腾达。他甚至想说服张謇去当临时总统,以取代自己奉为师辈、愿"竭诚拥戴"的段祺瑞,借此操纵中央。当此之时,孙传芳可谓志得意满,颇有傲视环宇、气吞江河之势。

无奈时退据江苏

1926年夏,北伐军一路势如破竹,重创吴佩孚的部队,吴佩孚急忙向孙传芳请求援助,但孙传芳却另有打算。他一方面不满意吴佩孚进攻冯玉祥,另一方面也想作壁上观,坐山观虎斗,打算从中渔利。因此,无论吴佩孚怎么催促,他都按兵不动,稳坐钓鱼台。9月,吴佩孚退败河南,北伐军进军江西,孙传芳这才慌忙迎战,安排诸将把守,准备夺取武汉、长沙,然而,国民军声势浩大,孙传芳的部队溃不成军,纷纷战败。此时的孙传芳回天乏术,惶惶如漏网之鱼,抱头奔回南京。孙传芳失势后,就立刻耍起自己四处结连的老本行,打算联合段祺瑞、吴佩孚,共同抵御国民革命军。结果军阀内部矛盾重重,会谈不欢而散。孙传芳眼看这条路走不通,连忙又调转头去找他曾经背叛的张作霖。

危难关头,张作霖也不计前嫌,爽快地同意与他合作,双方成立了安国军,张作霖任总司令,孙传芳、张宗昌任副司令,联合力量,准备抗击国民革命军。然而,"三十年河东,三十年河西",以投机起家的孙传芳却遭遇了接连的打击。1927年2月,孙传芳处决了谋变的浙江省长夏超,改任陈仪为省长,希望利用他与蒋介石同乡的关系,谋取利益,然而,国民军刚入境,陈仪就自动归降了。处于安徽的陈调元此时也开始另有打算,为了拉拢他,孙传芳送了20万军费,但依然无法改变被背叛的结果。众叛亲离的孙传芳只好投靠张作霖,以望东山再起。

乏力时身死他乡

凭借张作霖的接济，孙传芳很快又重整军马，对抗国民军。他虽苦战力撑，但盟友张宗昌的作战失利、退守济南使得他的后防空虚，孙传芳只得退回济南，从此再也无力抗拒北伐大军。

1928年4月，孙传芳在蒋介石、阎锡山、冯玉祥的联合总攻之下，仓皇北逃。败事已定的孙传芳，戚戚惨惨地去北京见张作霖，打算带领军队退入东北，以保存实力，继续抗击。结果将领士兵们都不愿跟随他去东北，军中顿时人心惶惶。正在这时，张作霖被日本人炸死在皇姑屯的噩耗传来，孙传芳失去了一线生机。龟缩于冀东滦州一带的部队也被阎锡山派人收编，孤家寡人的孙传芳毫无办法，只得只身"闯关东"，去东北投靠张学良。

施剑翘

寄身于东北的孙传芳仍不忘拉拢杨宇霆，希望杨能劝说张学良割据东北，依靠日本的支持，伺机再夺天下。1928年12月，张学良宣布东北易帜，孙传芳的期望再次落空。之后，与孙传芳暗自联合的杨宇霆被杀，孙传芳急忙躲到大连，暂避风头，但他仍旧不时向张学良进言。1930年，中原大战爆发后，他更是极力劝说张学良与阎锡山、冯玉祥一起联合反蒋。可张学良没有采取他的建议，而是选择支持蒋介石，帮助他赢得中原大战的胜利。至此，孙传芳意图依靠奉系、再次逐鹿中原的计划彻底破产。

"九一八"事变后，日军开始筹措"华北五省自治"，打算变华北为第二个伪满洲国。恰好孙传芳正在天津避居，因为他有留学日本的经历，在从政过程中又数次依靠过日本的力量，因此便成为日本人的首选。日本人打算说服他来出任华北伪政府的主席。侵华

日军总司令冈村宁次因与孙传芳的私交甚好,之前又有过良好的合作,因此便前去拜访孙传芳。冈村宁次原本以为一直想东山再起的孙传芳会把握住这个绝好的机会,重振旗鼓,大干一番,却不料这个"妙想"竟被孙传芳断然拒绝。几次三番下来,孙传芳不做汉奸的决心依然很坚决,甚至皈依佛门,念了经,日本方面见势也不得不放弃这个打算。孙传芳一生托身戎马,杀人无数,犯下许多罪孽,但晚年的选择却为他保存了名节,他的军人风范犹存,没有辱没民族气节。

皈依佛门后的孙传芳与同住天津、亦入佛门的原国务总理靳云鹏一起出资,将天津的清修禅院加以整修,并改为天津佛教居士林,靳云鹏任林长,孙传芳任副林长。凭借他们旧有的影响力,一时间内,竟也吸引了3000多人参加活动。当时曾有人劝阻立志遁入空门的孙传芳,说他多年征战拼搏,惹下众多仇家,如今一旦托身佛门,形单影只,恐怕会招来仇家报复。孙传芳只是淡淡地说,死于同胞之手,比当汉奸卖国贼苟活强上千倍。

怎料,一语成谶,这竟真的成了他的结局。1935年11月13日午后,孙传芳在居士林被女刺客施剑翘枪杀,结束了他传奇的一生。而施剑翘就是当年在反奉战争中被孙传芳俘虏后处决的济南镇守使施从滨之女。事后,施剑翘被判刑七年,当时社会舆论纷纷对此发表言论,在"情"、"理"、"法"之间展开辩论。施剑翘服刑一年后,被特赦释放,重获自由。

悲悯人生，往往哀其不幸，放眼岁月，常常怒其不争。夹缝中的生存自然少了几分平地的坦然，然立身破岩也应有迎客之松。顽石向佛需经历千刀万剐，鲤鱼化龙需竭力一跃。耐得住生活的寂寞就能迎来岁月的绚烂，经得起世间的玩笑就不会有后来的悲叹和长吁的惘然……

"复辟辫帅"张勋

北洋时期,大大小小的军阀出了不少,精明的,朴实的,忠厚的,奸诈的,形形色色,应有尽有。谈及张勋,人们都会感叹他张扬的个性与独特的人格。他在清朝灭亡后执意留长辫,立志复辟效忠,这在动荡的北洋时期并不多见。轰轰烈烈的复辟闹剧之后,他心静如水,安然地度过自己的晚年,或许这种"奇特"只存在于那个荒诞但不离奇的年代吧!

贫贱孤儿去当兵

张勋,原名张和,江西省奉新县南乡赤田村人,1854年12月出生在一个小商贩家庭。7岁那年,他的生母魏氏病故,4年之后,父亲张衍任也因病去世。原本贫穷的家顿时到了揭不开锅的地步,张勋不得不辍学在家。或许是出于自我保护的缘故,他总是喜欢跟人打架,为人也变得要强好胜,经常闯祸。当时,张勋还有个继母温氏在照顾他的日常生活,但因实在管不住顽劣的张勋,在张勋14岁时,温氏一气之下跳河自尽,张勋成了一个名副其实的孤儿。

继母温氏过世不久,没人照顾的张勋只好去给有钱人家干活,做了牧童。

一年之后,由于反应敏捷并认识些字,他转为书童,专门负责陪少爷读书识字。就这样,张勋在夹缝中度过了他卑微的10年。

1879年,不甘心一辈子给人家做奴役的张勋决定去南昌参军。他先是在江西巡抚衙门做个旗牌兵,在此期间,经人介绍与曹姓女子结婚,生活渐渐好转起来。然而,他与同僚在衙门前打架,被上司开除,生活再次陷入潦倒不堪的境地。迫于无奈之下,他决定南下福建去碰碰运气,不过这次依然没有太大的起色,张勋的军旅生涯并不顺畅。后来,实在混不下去的张勋只好又灰溜溜地回到南昌。1883年11月,张勋再次被人介绍到湖南长沙,投靠湖南巡抚潘鼎新,这次的运气好了些,至少可以填饱自己的肚子。

战绩卓越得赏识

1883年12月,中法战争爆发,法国妄图侵略越南并进而侵占中国,清政府一方面安排将领顽强抵抗法军,另一方面又急与法国议和。1884年3月,原任湖南巡抚的潘鼎新被调任到广西任巡抚,张勋也随他去了广西,奉命出关抗击法军,并在观音山与法军进行了第一次激战,这也是张勋军事生涯走运的开端。

1885年2月,法军威逼谅山,潘鼎新败退到了镇南关。之后,提督杨玉科不幸中炮阵亡,潘鼎新见势不妙,赶紧让张勋护驾,率众逃跑。幸好冯子材勇猛作战,抵挡住了法军猛烈的进攻。几天后,法军再次派重兵出击,张勋和冯子材联合指挥士兵,顽强抵抗,取得了镇南关大捷。中法战争的局势开始扭转,清军收复文渊州、谅山。同年4月,中法战争结束,"法国不胜而胜,中国不败而败"。

战争的结果虽不尽如人意,但张勋却凭借他在战争中的英勇表现受到朝廷嘉奖与称赞。同年9月,他受广西提督的委派驻扎广西边防,直到1892年秋解任回到南昌。

甲午战争正式爆发后,张勋被宋庆召到辽海赞化管理军务。

当时，张勋建议宋庆先抢占虎儿山，然后以鸭绿江之险来抵抗日军，但他的意见未被采用。清政府在甲午战争中一败涂地，偌大的中国竟然会输在一个刚刚兴起的东方小国，国际舆论哗然。张勋愤而辞职，回到北京。

1895年12月，张勋通过荣禄的介绍，前往天津小站投靠在此训练新军的袁世凯。袁世凯见他有带兵打仗的经验，又有军事才能，就委任他为头等先锋官。很快，他就成为袁世凯身边备受倚重的"红人"之一。八国联军侵华后，慈禧太后带着光绪帝及一干大臣逃离北京城，直至《辛丑条约》签订后才敢回京。当时，张勋刚好奉命雪夜护送两宫回京，给慈禧太后留下了深刻的印象。慈禧太后安然入京后，很快就召见了张勋，命他带领武卫军一千余人，宿卫紫禁城端门。日俄战争爆发后，清廷出于对京城安危的考虑，派张勋带兵去张家口巡防，足见对他的信心。

1908年2月，在袁世凯和奕劻的保举下，慈禧太后补授张勋为云南提督（从一品），并加赏穿黄马褂，暂缓赴任，继续留在奉天带兵镇守。9月，慈禧太后宣召张勋入京，赐他在颐和园万寿宫入座听戏，并准备给他新的任命。此时的张勋俨然已经成为了老太后眼中的红人。然而，天公不作美，同年11月，光绪皇帝和慈禧太后先后驾崩，张勋顿感伤心欲绝，穿着孝衣去宫中大哭。张勋一向对朝廷的倚重感激涕零，在他看来，皇恩浩荡，若没有太后的赏识和朝廷的提拔，就没有如今他的无限风光。因此，即使清朝灭亡，朝代更迭，也不愿剪掉长辫，誓死效忠大清朝。

民初风云几波折

1911年10月，武昌起义爆发，革命的浪潮席卷全国，各省纷纷独立。江苏巡抚程德全也趁机宣布独立，南京城内人心惶惶。出于对清政府的特殊眷恋，张勋下定决心效忠朝廷，他请求朝廷派

自己去支援湖北,讨伐革命军,可惜没有获得批准。其间,新军内革命党人苏良斌、徐绍桢密谋起义夺取南京,被张勋发现并剿灭,朝廷奖赏他的功绩。不久,清廷命张勋担任两江总督及南洋大臣。

1912年1月,袁世凯派徐世昌、田文烈等人与张勋商谈裁撤两江总督的事,希望张勋做镶红旗汉军都统,但张勋却准备招兵买马,积极图谋反攻南京,他的兵力一度扩充到了60营。张勋坚决反对南北议和,积极谋略反攻革命军,黄兴对此也非常生气,他下令革命军继续北伐,张勋的部队与革命军激烈交战,最后惨败而归。无奈之下,张勋只好赞成共和。为了笼络张勋,当上大总统后的袁世凯,改编江防军为武卫前军,任命张勋为统领。可固执的张勋不忘前清,他命令士兵和他一样必须留着长辫,穿清服,这支部队就被人们戏称为"辫子军",张勋也成了"辫帅"。

1913年2月,隆裕太后去世,张勋在兖州率领绅商将士痛哭哀悼,借此来表示自己的忠心。3月,恭亲王溥伟联络张勋,图谋复辟,不料预备好的檄文布告还没有发表,就被别人偷送给袁世凯看。袁世凯非常生气,迅速调动军队,切断张勋北上的路线,又派徐世昌来兖州收回张勋的两江总督和南洋大臣的两颗印信,同时断绝了张勋的饷械接济。张勋没法子,只好求袁世凯的爱将冯国璋替自己疏通,袁世凯也担心手握重兵的张勋闹事,所以没有继续追究。

"二次革命"爆发后,张勋进攻革命军的大本营南京,他放出话来,如果攻克南京就大开杀戒,屠城三天。双方的战斗十分激烈,南京城好几次被攻下来,又被夺回去。9月,张勋终于攻陷了南京城,他纵容"辫子军"在南京城内大肆抢杀。不料,他的手下误伤了日本的三个侨民,日本领事向北京政府提出严肃的抗议,强烈要求撤换张勋。张勋这下才知道自己闯了大祸,赶紧硬着头皮,带着几个部下亲自跑到日本领事馆去给人谢罪,此事方了。

尽管日本人表示不再追究此事,但袁世凯却担心张勋在南京胡作非为,他趁机将张勋赶出了南京。张勋自知有错,只好带着"辫子军"回到徐州。1915年袁世凯称帝,封张勋做一等公,认死理的张勋坚决不肯接受。张勋心里还惦记着大清王朝,怎么能忍受袁世凯当皇帝呢?

不过他还是希望从袁世凯手里能拿到更多的好处。趁袁世凯派阮忠枢到徐州动员参战时,张勋向他提出自己要招兵10营,需要军费500万两白银,并且讲明只有满足了这些条件他才肯出兵。袁世凯当然也不是吃素的,为了惩治张勋的"趁火打劫",他派马龙标以"帮办军务"名义到徐州,准备分割张勋的军权。聪明的张勋一眼就看出了袁世凯的真实意图,他干脆拒绝接见马龙标,袁世凯拿他也没了办法。袁世凯怕出乱子,不敢撤消张勋的职务,只好派人百般抚慰,以防张勋造反。

后来,袁世凯在众叛亲离下宣布取消帝制,张勋这个时候却跳出来支持他继续担任总统,他倒也不是真心希望袁世凯掌权,只不过想从中捞点好处。为了达到这一目的,张勋、倪嗣冲等人组织南京会议,坚决支持袁世凯为中华民国大总统。一干人等通电宣布拥护袁世凯,表示谁若不听袁世凯的话就跟他兵戎相见。怎料人算不如天算,袁世凯在忧愤交加中,病重身亡,张勋并没有从中得到什么好处。

发动复辟逆潮流

袁世凯死后,黎元洪继任大总统,实权掌握在国务总理段祺瑞手中。黎段之间的矛盾不断,双方都在积极拉拢张勋。狡猾的张勋却另有打算,他心里从没忘记大清朝,他想趁此机会将溥仪重新推上皇位。因此,他假装黎、段之间的调解人,企图坐收渔利,为复辟作准备。"府院之争"愈演愈烈,黎元洪下令免去段祺瑞的国务院总理之职,段祺瑞一怒之下回到了天津。督军团纷纷提出抗议,

要求自治，黎元洪处境极为尴尬。就在此时，张勋提出了"非复辟不可"的主张，宣称中国迟早要亡在这两个人手里。他率领"辫子军"北上，暗自与前清旧臣商量，密谋联合发动复辟。

1917年7月1日深夜，张勋穿上蓝纱袍、黄马褂、戴上红顶花翎，率领刘廷琛、康有为、陈毅、沈曾植、王士珍等50余人，乘车进宫，溥仪在养心殿召见张勋等人。张勋率领众人向溥仪行三拜九叩礼，接着奏请皇帝："隆裕皇太后不忍为了一姓尊荣，让百姓遭殃，才下诏办了共和，谁知办得民不聊生。共和不合咱的国情，只有皇上复位，万民才能得救。"溥仪回说："我年龄太小，无才无德，当不了如此大任。"张勋坚持说："皇上英明神武，天下皆知，过去康熙爷也是没有成年便做了皇帝。"溥仪听后回答："既然如此，我就勉为其难吧！"同日，溥仪发布"即位

悬挂龙旗

诏"，宣告亲临朝政，收回大权。参加复辟的重要成员，均被授以尚书、阁丞、侍郎等要职，康有为任弼德院副院长，张勋为政务部长兼议政大臣，并被封为忠勇亲王。

复辟消息传出后，举国上下震惊不已。孙中山在上海发表《讨逆宣言》，黎元洪也很快做出反应，他下令免去李经羲的总理职务，起用段祺瑞，并令段祺瑞讨伐张勋。同时，他还请副总统冯国璋在南京代行总统职权，而他自己则引咎辞职，躲进了日本使馆。段祺瑞一直在天津看着这场闹剧，他知道黎元洪迟早需要他的帮助。接到黎元洪的通知后，段祺瑞迅速组织"讨逆军"，出兵讨伐张勋。张勋致电各位参加徐州会议的督军，这些军阀先前都答应他支持

复辟,如今却无人响应,纷纷"临阵脱逃"。张勋不甘心就此认输,他纠集军队,驻扎在天坛,准备对抗讨逆军。当时徐州还驻扎着30营"辫子军"主力,张勋密令张文生领兵北上支援,决定与讨逆军决一死战,可没想到张文生通电全国,宣布投降。张勋没有后援,也无其他军阀的援助,只能迅速投降,讨逆军很快就攻入北京城。张勋被迫向溥仪请求辞去"议政大臣"等各种伪职,并通电做自我辩白。

张勋复辟在今日看来完全是一场闹剧,但是否由此推定张勋只是一时冲动下的鲁莽之举吗?其实张勋带着10营辫子军进入北平后,也没有立刻将大旗一挥,直接宣布复辟。他首先下令解散国会,破坏了民国的政体,接着又扶持李鸿章的侄子上台组阁,好为以后的复辟作过渡。他想讨好各路的军阀,等时机成熟后再举行溥仪的登基大典。不幸的是,各路军阀并不买他的账,在这种情形下,张勋只好孤注一掷,提前宣布复辟。张勋在给溥仪的上书中,只册封了三位总督:一位是两江总督冯国璋,一位是两广总督陆荣廷,剩下的自然就是他自己了。张勋之所以没将掌管皖系大军的段祺瑞列入其中,自然是为了"联冯制段",牵制段祺瑞。

复辟失败的张勋逃入荷兰公使馆,段祺瑞命令外交总长向荷兰驻华公使发出照会,要求对方能"严密监视"张勋,缉拿复辟党羽。不过,荷兰公使拒绝交出张勋,通缉和引渡也只好不了了之。1918年10月,经曹锟、张作霖等人呈请,新任大总统徐世昌发布命令,对张勋"免于追究",张勋又成了"自由身",张勋犯了这么大的罪过,最后却没人追问,不得不说是一件奇谈。

晚年生活已淡泊

恢复"自由身"后的张勋,选择在天津居住。看透官场是非的他,不再染指政治,转而投身于商界,开始做起了生意。他投资工

商、金融业,生意还算红火。有时也会有人询问起他当年的复辟事件,张勋没有了当初的愤慨,多了一份老人应有的淡然。偶尔他也会稍微辩白几句,但更多的时候还是对此沉默不言,似乎这一切与他并无关联。北京政府曾委任他为热河林垦督办,却被他婉言谢绝了。

经历世事沧桑的张勋是否会感慨"人生如戏,戏如人生"呢?这些我们自然无法考证,但能够确定的是,老年的张勋成了一个戏迷,戏子成了见过张勋最多的人。张勋晚年常常在家举办一些活动,邀请戏曲名角来表演,他渐渐跟一些戏曲名角成了很要好的朋友。他们谈戏、评戏,相见亦欢,慢慢地,张勋在梨园圈中留下了不错的口碑。张勋很喜欢听孙菊仙唱的戏,孙菊仙也视张勋为知己。孙菊仙曾感叹说:"懂戏者,张大帅也!知音者,张大帅也!"1923年9月12日,张勋在天津病故,终年69岁。

孙中山曾在给陆荣廷的一份电报中称:"张勋强求复逆,亦属愚忠,叛国之罪当诛,恋主之情可悯。文对于真复辟者,虽以为敌,未尝不敬也。"孙中山将张勋的政治立场与他的人格区别开来,评价算是十分中肯的。

1941年3月,张勋墓被国民党第70军第12师36团下属一个前卫排盗毁。当然,这也是闲话。

"傀儡总统"黎元洪

北洋政府统治期间,有这样一个人,他位高而权不重,三次出任民国副总统,两次出任民国大总统,虽贵为一国总统,却并无权势。他被军阀头子利用,之后又被一脚踢开。虽然他也有过抗争,有过不甘,但在风云动荡的北洋时期,他也只能一个人寂寞叹息。

横流显英雄

黎元洪,1864年出生于汉阳一个贫困的农户家庭。他的母亲很早就过世,6岁那年,父亲为了糊口去投军,一走也再没消息。年少的他成了一名留守儿童,与姐姐一起靠年迈的祖父生活,祖父去世后,姐弟两人相依为命,过着孤苦无依的苦日子。当时家里十分贫穷,加上无人照应,姐弟俩经常饿肚子,吃了上顿没下顿。被逼无奈之下,他们只好沿街乞讨,饱受别人的冷眼。有时候讨不来吃的,他们就去别人家菜园里偷些地里的花生瓜果之类的。不过小小年纪的黎元洪很聪明,为了不让别人发现花生被偷,他经常把花生拔出后,又将花生叶用土掩埋起来,这样就不容易被发现了。

14岁那年,在外当兵的父亲突然回到了家,黎元洪结束了沿街乞讨的落魄生活,并有机会读书识字。也许是因为从小经历了

太多的磨难,黎元洪特别珍惜这个来之不易的机会,学习十分刻苦。在20岁时,他顺利考取了天津水师学堂。入学后,黎元洪勤奋刻苦,为人朴实,待人温和,成绩优异,学堂里的老师严复、萨镇冰等人对他都很赏识。不过,入学后的第二年,黎元洪的父亲因病去世,没有了父亲的资助,黎元洪的生活逐渐变得窘迫和困顿。加上他刚刚娶妻,生活压力顿时增添不少。为了节省开支,每次回家探亲的时候,黎元洪都徒步往返近百里路。然而,这种贫苦的生活并未压垮他的斗志,反而激励着他更加努力地学习,黎元洪最终以优异的成绩从水师学堂毕业。

毕业后,黎元洪在萨镇冰的推荐下去了北洋水师,担任一些普通的职务。甲午海战爆发时,他所在的"广甲"号战舰被派投入战争,战争异常残酷,众将士奋勇杀敌,视死如归。但不幸的是,战舰却在大连湾三山岛附近搁浅,黎元洪不得不跳海逃生。或许是命不该绝,黎元洪被海浪席卷到岸边,被岸边的渔民发现,捡回了一条命。之后,他怀着满腔的报国热情步行辗转到了南京,希望投到张之洞门下。阅人无数的张之洞一见黎元洪就很欢喜,他觉得黎元洪举止稳重,见解深刻,而且胸襟广阔,为人坦荡,是个治国安邦的人才。他当场委任黎元洪去扬州建炮台,训练新兵。不久张之洞又调他去南京,担任南京炮台的总教习。

张之洞慧眼识英雄,他是黎元洪这匹骏马的伯乐。对黎元洪来说,遇到张之洞也是他人生转折的开始。1896年,清政府调任张之洞为湖广总督,黎元洪也跟随他回到了自己的故乡湖北。为了感谢张之洞的赏识和信任,黎元洪尽心尽力地协助张之洞训练新军,前后担任了护军马队营帮带、马队营管带、护军前锋四营督带等职务。这一路走来,黎元洪算得上官运亨通。黎元洪的才能深得张之洞的赏识与信任,在张之洞的极力推荐下,他获得了赴日本考察的机会。在那里他参观了陆军、骑兵建设及兵工生产,在军事理论及实践方面都获得很大的收益,并且开阔了思想与视野,为他以后的发展做好了铺垫。

虽然官职不高,但在湖北军界中,黎元洪的名声却很大,他在治军上很有自己的一套。当他看到清末军官大都苟且敷衍、松弛腐败时,就要求自己勤勉有方,处事公正。与大多清末将领不同,黎元洪从不克扣士兵们的薪金,总是足额如期发放。为了增强军队的凝聚力,他专门为军队的士兵制定了统一的服装,相较于由其他军官所辖的部队,他的军队显得威严整齐。黎元洪对自己的要求也异常严格,坚持不住自己的私宅,而是和士兵同甘共苦,与他们共同作息,长期住在军营中,甚至过年也不回家。此外,他还很注重培养人才,善于提拔人才,尤其对有文化、有知识的士兵,更是格外地欣赏。因此,黎元洪在军中的威信极高,也极受士兵们的拥戴。清政府在1905~1908年期间举行了三次秋操。由张彪执掌、黎元洪指挥的"南军"操练整齐,军容严整,在气势和军威上都力压由"北洋三杰"所指挥的"北军",三次操练使得黎元洪声名鹊起,成为声势赫赫的名将。实际上,虽然"南军"由张彪执掌军权,但在士兵心中,黎元洪才是他们真正信服的将领,黎元洪成了湖北新军士兵心中不可替代的首领。

护庇的残荷

黎元洪在日本的时候,深受资本主义思想的影响,见识过日本军事的先进和强大后,他渐渐抛弃了传统的成规教条,思想变得开明起来,广泛吸纳新思想,并结交优秀的新式人才。归国后,他对革命采取怀柔态度,使得革命党人和进步人士进入新军,宣传革命思想。这为武昌起义的爆发奠定了良好的基础。

黎元洪对革命青年的理想持理解态度,因此从不滥杀,也不会严刑折磨革命党人。他总是大事化小,小事化了,必要时甚至还会出面保护湖北新军中的革命党人。当时,黎元洪是马队一营的管

带,一次偶然的机会,他认识了刘静庵,见其朝气蓬发、见解深刻,就提拔他为协理文书。不料,黎元洪很快就发现刘静庵与革命党人黄兴有信件联系,素爱人才的黎元洪,并没有追究刘静庵的罪责,而是叫人示意刘静庵托病辞职,离开新军。黎元洪还保释过因萍浏醴起义入狱的革命党人王奎军,揭露湖广总督陈夔龙贪赃枉法,并为指斥清政府大借外债出卖路权而获罪的革命党人张汉杰说情,使张汉杰由死刑改判为坐牢一年。1910年,革命党人在湖北新军中成立了振武学社,事情败露后,黎元洪又将涉及其中的第21混成协的士兵杨王鹏、李抱良、廖湘云等六人,开除军籍礼送出营,以此了事。黎元洪对革命人士的保护义举不胜枚举,但是也有后人认为黎元洪此举并非完全是倾向革命。他们认为黎元洪担心大力抓捕革命党人会造成社会巨变,引起动荡,从而使朝廷将罪责归咎于自己身上。黎元洪究竟为什么要保护革命党人也许只有他自己清楚,后人也只能妄加猜测。但不能不说黎元洪在客观上确实是保护了革命党人,从而保存了革命党人在新军中的力量。

黎元洪对革命采取怀柔和理解的态度,使得革命党人认为黎元洪是一个可以争取的对象。在1911年4月,由"文学社"召开的筹备武昌起义的秘密会议中,就有人提议起义成功后,推举黎元洪出任军政府大都督。他们认为推举黎元洪为都督,不仅可以借黎元洪的名义震慑清廷,壮大军威,而且还可号召天下义士一同投入到反清的革命中来。由此可见,黎元洪当时在革命党人和新军中是很有威信和号召力的。

床下的无奈

1911年,武昌起义爆发,黎元洪被革命党人推举为湖北都督。但是直到汉口、汉阳光复,各国领事宣布"中立",他才宣告就职,因此就有了后来黎元洪被革命党人胁迫成为都督,以及革命党人把

他从床下拖出来推上都督宝座的故事,这就是所谓的"床下都督"。关于"床下都督"之说常见的有两个版本:

一个版本据说是革命党人回忆,武昌起义爆发后,黎元洪及其他的湖北军政要员纷纷躲藏逃跑,省城很快就被革命军控制。当时,黎元洪躲在姨太太黎本危的床底下,被部下马队第一标第一营的排长萧燮增找到。萧燮增带领班长虞长庚把黎元洪从床底下拖出来,他们用枪逼着黎元洪来到省咨议局,将他关押在楼上并派兵守卫。黎元洪吓得魂不附体,一言不发。

庆祝革命胜利

另一种版本是,武昌起事后,黎元洪更换便衣,由执事官王安澜带领,躲到黄土坡刘文吉参谋家中。当革命军闻讯找来时,黎元洪被吓得躲到屋中蚊帐后面,又从帐后钻入床下。革命党人马荣将子弹上膛,命他出来,黎元洪见再也无法躲避,只好从床下爬出来,最后被推上了湖北军政府都督的席位。

以上两种传说,不管细节是否属实,但在大方向上都反映了黎元洪是被革命党人胁迫而参加革命的事实。那么,黎元洪究竟是因为害怕遭到革命党人的杀害而躲入床下呢?还是怕革命党人找到自己逼迫其参加革命而躲入床下?这些我们都只能猜测,真相

就不得而知了,但是黎元洪躲入床下这一行为却无疑成为人们的笑谈。

荒诞的垂青

黎元洪就任都督并非出于自愿,而他出任民国副总统,直至总统也是情非得已,命运对他的垂青似乎惹人羡慕,但这种光鲜、华丽的身份背后,又有怎样的无奈与辛酸呢?

袁世凯出任民国大总统后,为了防止黎元洪培植自己的势力,他规定黎元洪除府邸外,其余地方都不能随意走动,更不能去结识将领,甚至出入他府邸的人都要受到盘查。这种情况下,黎元洪只能待在书房里读读书、练练字,以此修身养性,完全落得了跟傀儡皇帝光绪一样的命运。他满腹热情,却只能囿于"鱼塘",心中不免郁愤难抑。在众人都被袁世凯网罗、对他溜须拍马之际,黎元洪却掩藏起自己的锋芒,不巴结袁世凯,独立事外。这诸多的无可奈何之中,黎元洪以自己无声的沉默反抗着袁世凯称帝的野心。即便如此,袁世凯仍然看到了黎元洪身上所拥有的影响力,为了拉拢黎元洪支持自己称帝,袁世凯让他的第九子做了黎家的女婿。后来他曾多次试探黎元洪是否有支持他称帝的心意,黎元洪则态度坚决地表示:"革命的目的是推翻专制,建立共和。亲家如果做了皇帝,怎对得起武昌死难烈士。"明确表示了自己反对帝制的意见。然而,这并不能阻拦袁世凯恢复帝制的步伐,1915年12月,袁世凯下令封黎元洪为"武义亲王",不料平时唯唯诺诺的黎元洪却不愿受封:"大总统虽命令发表,但鄙人绝不敢领受……断不敢冒领崇封,致生无以对国民,死无以对先烈。各位致贺,实愧不敢当。"袁世凯对此并不甘心,他多次派人跪地求黎元洪受封,但这些人苦苦相逼,并不罢休,情急之下,黎元洪只好以死相逼,大声呵斥:"你们如再逼,我就撞死在这里!"众人见他态度强硬,也只好作罢。

袁世凯任大总统时,黎元洪出任第一副总统,因此,在袁世凯死后,黎元洪依法继任大总统,而长期以北洋首领自居的段祺瑞出任国务总理。段祺瑞执掌政府军政大权,加上自身脾气暴躁,愈加骄横跋扈,他从没有把没有兵权的黎元洪放在眼里,甚至有时故意让黎元洪难堪。但黎元洪毕竟是总统,宪法规定的一些权力还是有的,尽管面对段祺瑞的强势,大多时候黎元洪都选择妥协退让,但双方仍然矛盾不断,特别在是否参加第一次世界大战对德国宣战的问题上两人的观点截然相反。段祺瑞主张加入战争,对德宣战,而黎元洪觉得参战之后,会使中国再次陷入战争之中,应该避免参战,所以他拒绝在段祺瑞的参战发文上盖印。这使得他与段祺瑞的关系恶化,段祺瑞为此愤然离去,府院之争的情势急剧恶化。段祺瑞回到天津后,黎元洪希望借此机会改组内阁。于是,他将徐世昌、王士珍、冯国璋等人请到总统府商议此事,并提出由徐世昌和王士珍分别出任总理和陆军总长职务,但徐、王二人心里很清楚,手里没有军权,当什么职务都没用,所以就向黎元洪辞退,纷纷表示"能力不足"。见此情景,黎元洪也甚感无趣,就请冯国璋亲自去天津一趟,把段祺瑞请回来出任原职。当然,要段祺瑞复职也不是那么简单的事,段祺瑞借机提出自己的要求:黎元洪首先必须同意对德绝交咨文并在《加入协约国条件节略》上盖章,其次还要同意内阁训示各驻外使节、督军、省长,总统不得干预这一条件。然而,正当段祺瑞见黎元洪妥协,准备返京之际,段祺瑞私自向日本借款一事被人揭露。黎元洪本来就对段祺瑞的要求感到气愤,于是借此大好时机果断下令撤销段祺瑞的总理职务,段祺瑞根据临时约法中规定的总统无权撤销总理职务这一条款,拒绝承认黎元洪对他的免职令。自此,府院矛盾白热化。为了与段祺瑞抗衡,黎元洪极力邀请张勋入京调解。不料张勋入京后,竟然公开率领"辫子军"导演了一幕复辟的闹剧,黎元洪只好引咎辞职,黯然离开了总统府。

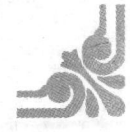

　　1922年6月,北京风起云涌,经过第一次直奉战争,直系军阀掌握了中央实权,曹锟逼迫徐世昌离职,但他急需一个过渡总统,以补足总统任期,恢复法统,并为曹锟继任新总统做铺垫。对曹锟来说,黎元洪是过渡总统的最佳人选,一方面,黎元洪重新恢复总统之位可以推翻徐世昌的势力;另一方面,也可以打击孙中山组织的护法政府。因此,直系军阀极力希望黎元洪复职。黎元洪为了获得更多的总统权益,与直系军阀进行了一番讨价还价,终于两者之间达成一致。黎元洪发表了3000字的"废督裁兵",并发电全国宣誓就职。复职当天,黎元洪难言内心的激动,对着镜子大笑说:"大家都说我是黎大苕,今天我黎大苕,又回来坐天下了!"

　　为了响应《努力周报》的政治改革主张,提倡"好人政府"的号召,黎元洪上任之后,任命了有声望、有现代意识的律师、外交官和教育家组成了"好人内阁"。但是黎元洪并没有军队作后盾,他只能依靠直系军阀保住自己的总统之位,根本不敢有任何过激的行为,更不敢冲撞直系军阀。在这种情况下,他不仅没有能力保卫国家,就连自己也完全成了一个被军阀们摆布和玩弄的傀儡。

　　黎元洪再次出任总统,原本就是直系军阀为了维护统治而采用的一种策略。一年之后,曹锟自觉局势已经稳定,觉得由自己做总统更好,如此一来,黎元洪就成了绊脚石。于是,曹锟便唆使几百名军官到总统府索饷,并指示数千人包围黎宅,高呼"总统退位"等口号,黎元洪知道大势已去,只好宣布离职,携眷离开北京。当时黎元洪不甘心交出总统一职,他将总统大印悄悄给了自己的姨太太,让她带着大印躲藏在日本领事馆,而自己则独自坐火车回天津,算是掩人耳目。曹锟等人发现总统大印不在,连忙发电命令天津的督军包围黎元洪的火车,一定要问出总统大印的下落。于是,黎元洪刚下火车就被军警包围,被责令交出总统大印。黎元洪想起当年的意气风发,感叹自己贵为总统,如今却形同囚犯,一时气愤,拔枪自杀,所幸被人所救只受了些轻伤。不过事已至此,黎元洪也心如死灰,说出了大印的下落,失望地携家眷离开了是非之地。黎元洪的政治抱负终于在无休止的派系斗争中消耗殆尽。

实业救国梦

实业救国,一直是黎元洪的夙愿。早在他身为副总统时,便主张从生产入手,振兴实业。《黎副总统政书》里曾提到"未雨绸缪,首倡实业"、"应以实业为根本,开源节流"。然而,在担任总统期间,身处政治漩涡的黎元洪,终日与军阀周旋,根本无暇关注这一强国方针,也无法将其治国策略加以施展。

黎元洪墓

官场失意后的黎元洪学习西方人吃西餐、打网球、穿西服、骑洋马,并大规模地投资实业,做起了生意。因他头脑聪慧,在房地产、金融和矿业等各方面均有投资,据统计他投资过的实业公司,竟高达60多家,总投资额达200万元,当时,一个纱厂的工人一个月工资才几块钱。与其他人靠搜刮掠夺、敛财受贿不同,黎元洪完全是靠自己的智慧与胆识而发家致富的。

晚年的黎元洪在忆及往事之时,常常觉得愧对革命,为此,他

在国民革命军遇到粮饷供应不足时,曾慷慨地捐出180万块大洋。1928年6月,黎元洪因脑溢血去世,享年62岁。

纵观黎元洪的一生,他出身贫寒,为了改变命运刻苦学习,凭借其才华得到上司的赏识,官职一升再升,在民国时期三次出任副总统,两次出任大总统,可谓是位高至尊。但他没有自己的军队,也不想当军阀,后来无奈地成了一个被军阀们玩弄的玩偶,在民国历史上演绎了一出出的悲喜剧。也许其中的矛盾与挣扎,只有他自己心里清楚。回首过往,无数人在走向共和的道路上,步履蹒跚,坎坷曲折,黎元洪毕竟也是迈开第一步的先行者之一,我们理应给予他"同情之理解,理解之同情"。

借张謇所说的话作结语,以"公平之心理,远大之眼光"看待这个历史人物,"勿爱其长而因护其短,勿恨其过而并没其功;为天下惜人才,为万世存公正"。

"超然将军"姜桂题

在北洋军阀中,曾有一位"意态消极,不近任何党派,盖亦军界中之超然派"的姜桂题。他曾背负着杀父之仇,只身投入捻军,手上沾染了无数清兵的鲜血,却在紧要关头,选择"良禽择木而栖",以夜袭捻军为投名状加入到清军,将大刀斩向了曾经共同浴血的袍泽。在背叛与屠杀中不断壮大的他,几经炮火的洗礼,终究成为了一名沧桑、低调的"超然将军"。

将军百战勇

姜桂题,字翰卿,绰号"姜老锅",生于1843年,安徽亳州东南药都姜屯人。他自小家境贫寒,没读过太多书,却生得魁梧高大,孔武有力,周围的孩子没少被他欺负。在他12岁那年,各路捻军在安徽亳州会盟,势力最大的张乐行被推为盟主,当地许多人都参加了捻军。姜桂题的父亲因为犯了"通捻"罪被清军砍了脑袋,母亲雷氏一气之下,索性也带着他投奔了当小花旗旗主的弟弟雷彦。

那时正是捻军最辉煌的时期,捻军的势力扩展到了安徽、河南、江苏周边十几个县。姜桂题跟着雷彦打了不少仗,杀了不少清兵。眼看着捻军的势力一天

天壮大,清政府终于忍不住了,朝廷下令由僧格林沁带领两万军队,剿灭捻军。姜桂题听到这个消息后立刻与雷彦商量起来,他认为僧格林沁势力太大,根本不是捻军所能抗衡的,如果这时候继续待在捻军就只有死路一条。面对着生死的紧要关头,他完全忘记了自己无辜的父亲曾惨死在清军的刀刃下。雷彦起初有些犹豫,但想到外甥连杀父之仇都能弃之不顾,自己还有什么好犹豫的呢?于是舅甥二人连夜带着几个信得过的手下投靠了僧格林沁。

僧格林沁见到二人也十分高兴,不过他担心这是捻军的诈降之计,就以臂力惊人为由当场授予姜桂题百夫长之职。姜桂题心中明白僧格林沁并没有完全相信自己,而百夫长也不过是他对二人的试探。恰好此时捻军的一位旗主黄双据寨抗清,此人勇武彪悍,颇有几分行军打仗的本事,加上山寨地势凶险,清兵对此束手无策。姜桂题便向僧格林沁提出以攻下黄寨作为自己的投名状。

这天夜里,姜桂题用诡计骗得黄双打开寨门,带领百人红衣军杀入黄寨,黄双被姜桂题当场杀死。僧格林沁为之大喜,升姜桂题为管带,命其带领500人跟随陈国瑞部一起剿灭张乐行。此时张乐行在雉河集刚刚战败,姜桂题知道张乐行一定会联系他的表弟李世英。于是就首先勾结李世英,恩威并施,诱使其叛变。张乐行父子果不其然联系了李世英,姜桂题便与他一起拿好酒好肉款待张乐行父子,几人相谈甚欢。然而美酒刚刚入喉,姜桂题预先埋伏的清兵就冲上前来将张氏父子一网打尽,姜桂题再次为自己的顶戴花翎残忍地杀害了起义弟兄。

投到陈国瑞部后的姜桂题心里并没有踏实下来,他反而更加担心自己未来的处境。当时他跟随的陈国瑞骄纵蛮横,经常虐待手下,旗下的很多军士都不堪受辱,纷纷逃离。姜桂题心里非常清楚陈国瑞迟早必亡。他知道自己如果继续跟随陈国瑞,必然不能有好的下场。于是他费尽心思,几经波折,才转投到了毅军宋庆的麾下。或许是姜桂题天生对危险就有敏锐的嗅觉,他果真再次逃过了一劫。姜桂题投奔宋庆后不久,僧格林沁所部在山东被剿灭,陈国瑞全军覆灭。

加入毅军后的姜桂题跟随统帅宋庆追击捻军张宗禹部,奔波在豫、鲁、直、皖各省之间,他还曾到陕西、甘肃等地追剿西部捻军。因战功卓越,杀伤捻军甚多,姜桂题被朝廷授予总兵衔,并赐"长勇巴图鲁"称号。不久,朝廷令他率领毅军跟随左宗棠去甘肃镇压回民起义,进攻肃州,其间他的大腿受到枪击,鲜血如注,但他依然面色不改,撕下一块衣布匆匆包扎了伤口,便再度投入战场。清军见到他们的首领尚且如此拼命,顿时士气大振,一举攻入城内。随后姜桂题又转战米脂、葭州等地,并再次因出色的作战才能而获得"霍家春巴图鲁"勇号。

甲午战争爆发后,驻守旅顺的姜桂题、卫汝成等六军在韩东波统率下抗击敌军。然而,日军刚刚发动进攻,统帅韩东波就弃城逃往烟台。旅顺没有了统帅,军纪相当混乱。日军进攻旅顺时,多数守军不战而退,四处逃散。战况对清军愈加不利,情急之下,众人一致推举姜桂题为临时统帅。

姜桂题仓促部署,命令各军严守自己的领地,而自己则带兵驻守二龙山炮台。其他军队面对日军的进攻,大都溃不成军。唯独姜桂题所守的二龙山炮台,在日军猛烈的火力下,依然固守阵地,使进攻二龙山的日军伤亡惨重。为此,日军特别加派了两个中队的兵力去攻打二龙山。姜桂题带领部队坚守二龙山,并凭着山险的优势多次击退日军,日军的尸体铺满了山腰。这场仗打得非常惨烈。可敌我双方的势力悬殊太大,姜桂题见二龙山实在守不住,就命令士兵在离炮垒不远处埋下数百枚地雷。日军先头部队刚一踩到,就听到轰然一声巨响,一时"硝烟爆腾,其状极惨"。

然而,腐败无能的清政府正忙着给慈禧太后办六十大寿,并不想因战争而影响气氛,李鸿章也把和平的希望寄托在列强的调停上,并未积极备战。旅顺诸军既无援军,又无粮草军饷,姜桂题终

因寡不敌众、弹尽粮绝而放弃坚守。旅顺失陷后,姜桂题率领残余的部队退守金州。《马关条约》签订后,清廷为维护自己的颜面,不承认战争的失败是源自清军力量的薄弱,反而指责姜桂题指挥不力,下令将他"革职留营,以观后效"。可是由于清军缺乏优秀的将领,这么一位难得的干将自然不会被轻易搁置。不久后,姜桂题被朝廷重新启用,带兵驻扎在辽河下游牛庄、高坎、营口一带。

此后,姜桂题陆续参加了数十场战争,有的胜利,有的失败,官职升了降,降了升,也算是起起伏伏。不过清末局势混乱,姜桂题个人的荣辱得失在大环境下就显得微不足道了。1895年,袁世凯奉旨在天津小站编练新军,急需懂军事的将领来充当训练新兵的教官,为此,姜桂题被袁世凯招入新建陆军,任右翼翼长兼步兵第一营统带。不久,在袁世凯的推荐下,姜桂题升任北洋陆军第十旅的旅长。1898年,袁世凯对军队重新改编,毅军改称武卫左军,姜桂题出任军队的左防务,驻守山海关。

东风便姜郎

1902年,毅军首领宋庆因病去世,马玉昆接管毅军,成了毅军的第二任首领。马玉昆为人正直,有勇有谋,对袁世凯并非言听计从,袁世凯看他很不顺眼,一直想借机换了他,让姜桂题来掌管毅军。不过,马玉昆也是个人才,并没有轻易给袁世凯这个机会,袁世凯为此非常苦恼。或许是天妒英才,又或是上苍特别垂青姜桂题,1908年马玉昆因病去世,袁世凯趁机推举姜桂题为毅军首领。

武昌起义爆发后,袁世凯复出,出任总理大臣,掌管一切军队调度。姜桂题也随即升为直隶提督。1912年1月,南京临时政府宣告成立,袁世凯为了当上大总统,指示北洋军将领发电逼清帝退位,于是,由姜桂题领衔的通电很快在全国各省发表了,电文的内容如下:"现值军情紧急,请求皇帝命令王公大臣捐献私财,毁家纾难,共济时艰。"话说得很婉转,并未提退位一说,清帝也并未下诏退位。紧接着,姜桂题和段祺瑞等人再次逼宫,请"宣示中外,立定共和政体"。在他们的竭力支持下,袁世凯最终得偿所愿。

1913年,袁世凯任命姜桂题驻军热河,这样,姜桂题就成了既有军队又有地盘的大军阀,他对袁世凯对自己的倚重充满感激。之后不久,袁世凯唆使各地督军反对国民党和国会,姜桂题听从袁世凯的命令率先对国会发难,他骂国会议员为"国民公敌",要求"取消国会,扫除机关",袁世凯对他的举动大为满意。

1915年8月,为了加快称帝,袁世凯指示心腹在北京成立"筹安会",他想当然地以为称帝的时机已经成熟,并认为姜桂题已被自己完全拉拢,姜统率的十万毅军会是自己称帝的坚强后盾。不过就在各地督军纷纷上表劝进,发布"君主立宪,利国利民,恭请袁大总统就任帝王,以安天下"的全国通电之时,姜桂题却并没有任何表态。为了以防万一,袁世凯派人到热河游说姜桂题,姜桂题总算口头上答应了袁世凯的所有要求,不过他始终未做出任

北洋勋章

何实际行动。姜桂题曾私下里跟手下人说:"称帝不会成功,我偌大年纪了,不愿意跟项城一起栽跟头。"看来姜桂题对大局还是很清楚的。称帝后的袁世凯极力拉拢姜桂题,虽然姜桂题没有参加朝拜,但他还是特封姜桂题为"一等公"爵位。然而,袁世凯倒行逆施的称帝行为激起了全国人民的反对,全国掀起了讨袁浪潮,加上北洋军阀内部开始分裂,没过多久,袁世凯就在人们的声讨声中死去,而姜桂题依然稳稳坐着他热河都统的位置。

袁世凯死后,姜桂题转而依附皖系军阀。当时北洋军阀内部存在着"府院之争"以及"直皖之争",国内局势并不稳定。眼看着袁世凯一手创办的北洋军四分五裂,姜桂题感到非常忧心。但鉴于自己年事已高,他不愿再参与其中,只是冷眼旁观,站好队伍。

后来张勋借调解"府院之争"进驻北京,姜桂题对张勋虚与委蛇,他与张勋联合通电政府,要求解散国会,公然声称"国会是社会衰败之源泉"。他还派代表参加张勋复辟的多项活动,俨然一副支持的姿态。但就在张勋着手复辟的时候,姜桂题再一次退缩了。复辟前夕,姜桂题的许多手下要求悬挂龙旗,但一直被认为支持张勋的姜桂题却大为恼怒,申令"谁要是挂龙旗,我就砍谁的脑袋"。

果然不出他所料,张勋复辟很快就失败了,姜桂题趁势将张勋在北京的军队调至热河,归入自己的掌控之中。重新上台的段祺瑞拒绝恢复《临时约法》和国会,孙中山在广州掀起了"护法运动",并成立了护法军政府,南北双方又开始了对峙的局面。为了支持段祺瑞,姜桂题联合曹锟、张怀芝、张作霖等18位北洋将领发表通电反对恢复国会,为了使他们的意图成为事实,他们还向大总统冯国璋请愿,要发布新的国会方案,从而能支持段祺瑞的政权,使其早日完成"武力统一"全国的伟业。不过,冯国璋向来是主张南北和谈的,他希望可以通过各谈使南北双方避免再次陷入战火。眼看着两系的矛盾不断激化,战争一触即发,姜桂题只好"识时务为俊杰",静静地躲在一旁。后来他在总统徐世昌的授意下调解曹锟与段祺瑞之间的矛盾,却被吴佩孚等人冷嘲热讽,极尽挖苦、讽刺之意。

超然的悲悯

北洋政府后期,张作霖势力逐渐扩大,他想把热河等地划入自己的势力范围。当时的总统徐世昌不想得罪张作霖,就将原本属于姜桂题势力范围的热河划给了张作霖。这时的姜桂题已经年迈,他不愿意因为地盘而与张作霖动武,于是自动退出了热河。为了安抚姜桂题,徐世昌调他到北京出任陆军检阅使,授将军府"昭威上将军",但他心中也十分清楚这只是个徒具空名的闲职而已。

不过,姜桂题已不愿四处张扬,反而为人处世十分低调,"意态消极,不近任何党派,盖亦军界中之超然派",一生征战无数的将军被人称作"超然将军"该是怎样的无可奈何?

晚年的姜桂题对政治或名利看得很淡,还任热河都统时,他就开始很少过问政事,而是竭尽全力去做一些有意义的事。

热河大部分地区属于清政府贵族的旗地,清廷灭亡后,这些土地大都没人种植,基本上变成了荒地。当时热河一带驻扎了很多士兵,数额庞大的军饷让政府备感压力。为了彻底解决这一问题,姜桂题派人统计了荒地,按人头把这些土地分配给了士兵,由他们来种植,士兵对土地有使用权,也有转让权。这样,通过士兵对土地的经营,不仅解决了粮食问题,也解决了粮饷的问题

热河曾是清政府的行宫,藏有许多珍贵的文物珍宝。当时国内局势动荡,北京政府为了保护文物,决定把行宫内珍贵的文物搬运到北京。不过,姜桂题手下的将领们却不愿将大笔财富供手相送,他们建议姜桂题留下一部分文物变卖。当时各国列强也对这批文物虎视眈眈,甚至还有人去找姜桂题商议文物买卖的问题。可姜桂题却认为这些是祖先留下的宝物,见证了一个国家的历史,不能流落到个人手中,尤其是外国人的手中。为了保护这批文物,他甚至派自己的心腹亲自带领重兵,护送它们回北京。

1922年1月,年迈的姜桂题因病在北京住宅中去世,享年79岁。

"北洋奇葩"徐树铮

1880年,满清统治已日薄西山,这一年江苏省萧县醴泉村降生了一个男婴。男婴的降临给这个贫苦的家庭带来了短暂的欢欣,欣喜的父亲拿出放置很久的酒酿热情招待着熙熙攘攘的贺喜者,朴实的乡人,你几个鸡蛋,我几两红糖,走到了床边,看着这个尚且躺在母亲怀里的婴孩,不自觉地说出溢美之词,却不知这些日后都一一应验.这个男婴就是后来的"北洋奇葩"——徐树铮。

府院之争的祸端

民国历史上赫赫有名的"府院之争"是以黎元洪为首的总统府集团与以段祺瑞为首的国务院集团之间的权利斗争,实质上也是英美与日本争夺在中国的权益之间的矛盾产物,但直接造成"府院之争"爆发的却是徐树铮。

徐树铮跟随段祺瑞之后,深得段祺瑞的信任。段祺瑞人称"段合肥",徐树铮因备受他的信任和重用,也得名为"合肥魂"。徐树铮自幼聪慧过人,不免恃才傲物,就连袁世凯也曾对他的为人处世方式表示强烈的不满,但看在段祺瑞的面子上,袁世凯也不好处置徐树铮。黎元洪就任大总统后,徐树铮担任了国务院秘书长,因为黎元洪有名无实,徐树铮并不把黎元洪当回事,常常让黎元洪下不了台。而他又是段祺瑞的人,这就直接加剧了段祺瑞与黎元洪之间的矛盾。当时的法律规定:"秘书长需将国务院所决定的重大事件和命令的根据和理由,书呈总统,总统同意之后再盖章发布。"但徐树铮不按程序来办事,常常是直接让黎元洪盖章。不仅如此,本来身为秘书长的他应该亲自将文件送到黎元洪处,请黎元洪盖章,他却经常差手下的人去办,偶尔他亲自去一次就好像给了黎元洪多大面子似的,跟黎元洪说话也常常带着居高临下的姿态,这让黎元洪十分生气。

一次,徐树铮请黎元洪在一份任命福建省三个厅长的文件上盖印,黎元洪问起三人的家庭背景,徐树铮听后很不高兴地说:"总统有什么好问的,段总理自有他的打算。你只管盖章就行了。"当场弄得黎元洪下不了台。徐树铮走后,黎元洪气愤地说:"我哪里还是个总统啊,我整个就是一个给他们盖章的!"面对黎元洪的处境,总统秘书长张国淦也愤愤不平,再加上自己的权力都被徐树铮霸占着,很难开展工作,最后不得不主动请辞,总统秘书长之职由丁世峄接替。

丁世峄也是一个雷厉风行的人,他见黎元洪与段祺瑞之间存在矛盾,仅仅由办事员在府院之间来回奔波只能加剧矛盾,因此便起草了一份《府院办案流程》,力图帮黎元洪争取一定的权力。《流程》一出,黎元洪就公开表示支持。而这厢,段祺瑞因为之前黎元洪驳回了几份公文,没有盖章,不免心头窝火,看到《流程》后更加觉得这是黎元洪对自己的挑战。为了给黎元洪施压,段祺瑞以请辞相逼。黎元洪迫于无奈,只好退步,非但《流程》无法实施,还答应了段祺瑞提出的新条件——原来由总统府秘书长陪同才能见总统的规定作废,国务院秘书长可以单独直接见总统。此后,徐树铮利用手中更大的权力,变得愈加目中无人,经常越俎代庖,擅自将自己要传达的意思说成是段祺瑞的意思,迫使黎元洪答应。

195

徐树铮的恣意妄为很快就引发了另一场战火——"徐树铮专权案"。这次与徐树铮互较高低的是清末立宪派的激进分子孙洪伊。当时,以李烈钧为首的滇军与广东的龙济光部发生了防区之争。因为以李烈钧为首的西南军阀一直以来都在跟北京政府作对,徐树铮主张调遣广东、福建、湖南、江西四省的部队围剿李烈钧。但国会却一致通过了由孙洪伊提出的调解方案。骄横跋扈的徐树铮竟然无视国会的决定,擅自以国务院的名义发电命令四省剿灭李烈钧。直到江西督军李纯向国务院回电核实,国务院里的人才知道徐树铮擅自发布军令。对此,内务总长孙洪伊在黎元洪的支持下,强烈指责徐树铮越权擅职,由此使得二人经常针锋相对。出人意料的是,段祺瑞对徐树铮这样的胆大妄为竟然十分袒护,不由得让人觉得这一切其实是段祺瑞指使徐树铮做的。

徐、孙二人的矛盾不断恶化,段祺瑞在徐树铮的鼓动下发出了解除孙洪伊职务的命令,黎元洪却当场拒绝盖章。段祺瑞不得不亲自登门说服黎元洪。他原以为自己很少亲自去找黎元洪,如今郑重其事地登门,黎元洪必定会给自己一些面子。况且黎元洪生性懦弱,优柔寡断,自己的强硬态度肯定会使黎元洪屈服。不料,黎元洪依旧拒绝盖章。段祺瑞顿时火冒三丈,当场威胁黎元洪如果不免去孙洪伊的职务,就请总统免去自己的总理之职。无奈之下,黎元洪不得不屈服,但为了给孙洪伊留点面子,他差人告诉孙洪伊希望他自行请辞。可孙洪伊也是一个性格倔强的人,他声称免职与否是总统的权力,但自己坚决不会主动请辞。面对段祺瑞的威胁和孙洪伊的倔强,黎元洪左右为难,不得不请王士珍出面做孙洪伊的思想工作。怎料孙洪伊仍旧不肯屈服。在此种情势下,平常讨厌徐树铮的议员自成一派,提出要彻查徐树铮专权一案,免去徐树铮的职务。而支持段祺瑞的议员也自成一派,不断地攻击孙洪伊,逼迫他辞职。北京政局陷入了混乱,黎元洪只好请徐世昌来调解解决这一争端。

为了稳定局势,徐世昌在顾及府、院面子的基础上,提出总理段祺瑞不能离任,孙洪伊的职务由教育总长范源濂兼代,总统府秘书长与国务院秘书长同时更换。按照规定,国务院秘书长徐树铮和总统府秘书长丁世峄都应该免职,但是徐树铮辞职之后,黎元洪却没有免去丁世峄的职务。在徐树铮的煽风点火下,段祺瑞再次与黎元洪起了争端。而被免职的孙洪伊转身进入国会后,经常在议会上反对段派的意见。段祺瑞为此大为恼怒,不惜对孙洪伊和丁世峄动用武力,迫使孙洪伊举家逃往江南,丁世峄也主动请求辞去职务。虽然在这一系列争端中,段祺瑞占尽了上风,但他与黎元洪的矛盾却越来越深。

收复外蒙的功臣

辞职后的徐树铮对前途感到一筹莫展。为了给他安排职位,段祺瑞特意成立了一个西北边防筹备处,徐树铮便将目光转向内地军阀忽略的西北。1919年4月,时任总统的徐世昌害怕骄横跋扈的徐树铮在北京捣乱,便以陆军上将的头衔收买他,任命他为西北筹边使,兼任西北边防军总司令。到任后的徐树铮了解到当时西北筹边最大的问题就是外蒙问题。

外蒙古自清起就隶属中国,但晚清内忧外患不断,清政府对外蒙古的控制日渐不力。辛亥革命爆发不久,外蒙古宣布独立,后在俄国的干涉下,北洋政府被迫承认其自治权,独立后的外蒙古相继受到了沙俄和日本的垂涎。十月革命爆发后,日本想趁俄国无力顾及之际控制外蒙。当时外蒙古的政治制度是王公管政权,喇嘛管宗教。王公因为害怕日本控制外蒙古,就与中国政府派的使者陈毅进行会谈,想要取消自治,归属中国。但外蒙的实权掌握在活佛哲布尊丹巴手中,会谈并未取得实质性的成效。后来陈毅请人安排拜见哲布尊丹巴,想就归属问题进一步商谈。活佛却担心中

国政府支持王公,如果外蒙古归属中国,实权必然会落入王公手中,因此拒绝接见,谈判陷入僵局。

　　徐树铮认清了外蒙的局势后,心里非常清楚和谈不能解决外蒙问题,强大的军事力量才是解决问题的最佳途径。因此在插手外蒙问题之前,他就做了一系列的准备。徐树铮先将自己收复外蒙古的想法和外蒙古的局势逐一分析给段祺瑞听,得到了段祺瑞的支持之后,他便开始招兵买马,组成了四个混成旅和一个补充混成旅,并将这些军队分别驻扎在豫境和塞外。1919年10月,徐树铮购置了80辆大卡车,把西北军第3旅褚其祥的军队运往库伦。军队进入库伦的途中,徐树铮虚张声势,命令每辆卡车上只能装载20名士兵,并且均手持武器显露在外,再用篷布将车身遮掩住,沿着市内的繁华街道转一圈,等车辆到达军营后,不让士兵下车,而是让他们躲在车里,把车开到市郊与新到来的兵车相混合,这样循环往返,库伦人根本不清楚究竟来了多少军队。

意气风发的徐树铮(左二)

　　展现了强大的军事力量之后,徐树铮给驻扎在外蒙古的日本军官松井中佐的办事处打电话,告诉日方他们驻扎外蒙古未经中国政府同意,属于不合法行为,必须马上将武器上缴,否则后果自负。松井推托称五天之后会给徐树铮答复,但徐树铮对此断然拒绝。松井看到徐树铮的军事实力远远超过自己,只好放弃反抗,将武器上缴,而这也成功地震慑了哲布尊丹巴,他竟然主动要求和谈。为了使和谈更好地进行,徐树铮在到达库伦不久,就给自己请了一位翻译,帮助他学习蒙语。经过半个月的突击,徐树铮的蒙语突飞猛进。等到和谈时,他基本上已经可以不需要翻译,直接与外蒙人进行交流了。此外,在学习蒙语的同时,徐树铮还使用了一条"美男计",他让西北筹边使署总务厅厅长王荫泰勾引活佛哲布尊丹巴的弟媳。这个弟媳是库伦政界的风云人物,她的话对库伦政界和哲布尊丹巴都有一定的影响力。

一系列的活动准备就绪后,徐树铮与哲布尊丹巴的代表——巴玛特进行了会谈。徐树铮结合内外形势,深入分析了外蒙独立搞自治所存在的一系列弊端,尤其指出加深王公与喇嘛的矛盾的危害。他表示如果外蒙承认归属中国政府,将会在政治、经济、军事上得到大力的支持。巴玛特对这一番谈话深表赞同。回到库伦后他极力给哲布尊丹巴做思想工作,加上那位弟媳的鼎力相助,1919年11月外蒙同意撤消自治,重新归属中国。徐树铮凭借自己的谋略与才智成功地解决了外蒙问题,连孙中山也发电称赞他可与班超、傅介子媲美。

快意恩仇的情性

徐树铮为人骄横跋扈、桀骜不驯,常常得罪人。他担任陆军部次长期间,曾多次就军饷问题刁难过冯玉祥,后来他又因故杀死了冯玉祥的恩师陆建章,两人彻底结下了梁子。冯玉祥对他恨之入骨,一直想找机会为陆建章报仇。

直皖战争后,段祺瑞下台,北洋政府进入直奉联合执政时期。徐树铮被列为"祸首"遭到通缉,一直匿居在上海租界内。第一次

直奉战争结束后,段祺瑞重新出山,考虑到徐树铮树敌太多,出于对他的保护便安排徐树铮出国考察。1925年春,徐树铮被段祺瑞授予"考察欧美各国的政治专使",前往欧美12个国家考察,徐树铮沿途进行了大量的调查,积累了丰富的材料,以便日后回国能施展抱负。同年12月,徐树铮回国向段祺瑞汇报考察情况。当时正是冯玉祥春风得意之时,段祺瑞不敢让徐树铮在北京多待,便催促他尽快离开是非之地。当时,廊坊一带由冯玉祥的部将张之江驻守,如果坐火车必然要途经此地,所以徐树铮的随从建议他乘汽车到天津。但自大的徐树铮却不以为然,他觉得自己回国都已经7天了,冯玉祥若要动手自然不会等那么久,况且躲躲藏藏反而让别人耻笑,于是执意选择坐火车到天津。

其实,冯玉祥要置徐树铮于死地主要有两个原因,一方面他要为自己的恩师陆建章报仇,另一方面,据说徐树铮出国考察时,同法国和意大利签订了一些购买军火的协议。为了防止段祺瑞和徐树铮东山再起,冯玉祥早已做了暗杀徐树铮的准备。他知道陆建章的儿子陆承武对徐树铮怀恨在心,就想借陆承武之手,暗杀徐树铮。当时,冯玉祥派了20名神枪手跟随陆承武进入北京,准备行动,不料徐树铮在北京停留的时间很短,卫兵保护又很周密,他们一直没有机会下手。而就在冯玉祥做这一系列的暗杀准备时,有人曾暗自提醒段祺瑞。徐树铮准备出行的那天,段祺瑞发现自己的办公桌上有张纸条,上面写着"树铮不可行,行必死",段祺瑞看后立即派人告知徐树铮,不料徐树铮对此却一笑了之。

徐树铮坐火车离开北京的消息传到冯玉祥处时,冯玉祥决意将徐树铮逮捕枪决。毕竟如今的段祺瑞已经成为张作霖的傀儡,手里并没有实权,以冯玉祥今时今日的力量,也不怕得罪段祺瑞。冯玉祥原本下令鹿钟麟在丰台车站暗杀徐树铮,但鹿钟麟得到消息:"徐树铮车已过丰台,尚未到廊坊。"于是,鹿钟麟便向冯玉祥请示,由驻守廊坊的张之江承办此事。张之江起初也不敢动手,但迫于军令只好硬着头皮执行。徐树铮的专车到达廊坊车站后,张之江派人强行将徐树铮拉下火车,把他押到一片空地,当场执行枪决。45岁的徐树铮倒地身亡,命丧于廊坊。

为了洗脱嫌疑,冯玉祥立即将徐树铮被枪决的事情告诉陆承武,让他从天津赶赴廊坊。陆承武对张之江为自己报了杀父之仇一事深表感激,同时他也明白自己需要承担杀死徐树铮的罪责。此事非同小可,稍有差池就可能引起一场新的混战。于是,陆承武便向徐树铮的十几名随员承认,自己为报父仇杀死了徐树铮。第二天,徐树铮被陆建章的儿子陆承武所杀的新闻遍及全国。然而,纸终究包不住火,不久徐树铮被杀的真相就浮出了水面,但人们早已将此事抛诸脑后。

徐树铮被杀后,段祺瑞深感痛心,他对这位追随了自己大半生的爱将始终宠信有加。如今徐树铮被人暗杀,他却无力复仇,心里自然充满了凄凉与心酸。后来,下野后的段祺瑞途经廊坊,嘴里喃喃地叫着徐树铮的名字,当众掩面而泣,老泪纵横。

徐树铮短暂的人生充满了跌宕起伏,他少年得志,精明能干,极富谋略,曾是北洋政坛上最耀眼的明星之一。但他为人恃才傲物、自以为是,为自己的失败埋下了太多隐患。袁世凯曾评价他说:"树铮其人,亦有小才,如循正轨,可期远到。但傲岸自是,开罪于人特多。"倘使这位北洋奇葩能够修身养性,收敛自己张扬的个性,那么历史又是否会因他而被改写呢?

狡黠无为的荫昌

一个满洲的八旗子弟,做过清朝显赫一时的大官,又在清帝退位后,被民国政府委以要职,这样一个八面玲珑的人物就是荫昌。他历经朝代更迭却能成功转型,军事才能平庸却成为袁世凯的四大将军之一,就连"北洋三杰"也是由他推荐给袁世凯的,究竟他是怎样在腥风血雨的官场上保全自身,同时又官运亨通的呢?

慧眼识才

荫昌,1859年在北京出生,早年在国子监学习。1872年凭借正白旗的身份入读京师同文馆的德语班,毕业后赴奥地利留学,并进入军队做实习生。其间,他与后来的德皇威廉二世同队,建立了深厚的友谊。清朝后来之所以经常与德国有军事学习上的往来,

在很大程度上与他有关。1877年,刘鸿锡出使德国,荫昌作为陪同被列为"三等翻译官",可他却连日常的德语都说不好,闹了不少笑话,最终被降级。1884年,他再次以翻译官的身份被派往柏林,可他这次仍然说不好德文,碰了不少钉子。不过,他凭借与德皇不错的交情,倒是顺利地成为清政府的外交达人。

1885年,李鸿章创办天津武备学堂,荫昌能言善辩,又颇懂溜须拍马,便被李鸿

章聘任为北洋武备学堂的翻译教习。当时陆军专以德国人为师，荫昌就建议李鸿章聘用德奥武官来华担任武备学堂教习，李鸿章采纳了他的建议。由于荫昌与德国人过往甚密，他便充当了德国教官与武备学堂的沟通桥梁，而他的德文水平也有了很大的提高。之后，袁世凯奉旨在小站训练"新式陆军"，请荫昌推荐军事人才，曾任武备学堂总办的荫昌就将几位优秀的毕业生——冯国璋、段祺瑞、梁华殿和王士珍介绍给他，这几人日后都成为北洋军阀中的风云人物。

荫昌的名头在清末民初的风云人物中虽然不算太响，但与他有关的人或事说出来名头倒都很大：他与德皇威廉二世称兄道弟，关系非常好；曾多次解救袁世凯于危难之际，被袁氏全家视为"恩上"；他的几个学生后来都成为北洋军阀的风云人物，如冯国璋、王士珍、段祺瑞、曹锟等；他本人更参与过镇压义和团和武昌起义等重大历史事件。常言道，英雄和造就英雄的人同样可怕。或许，荫昌的"可怕"属于后者。

纵横捭阖

荫昌不像袁世凯那样拥有强大的政治野心与谋略，也不像其他将领那样能征善战，但他却拥有别人未曾有的外交优势。当时清政府把与外国人打交道视为另类的战场，荫昌靠着自己的交际能力在"战场"上"奋勇前进"，赢得了清廷对他的器重与赞赏。1900年，荫昌被调至当时的山东巡抚袁世凯麾下，协助袁世凯镇压义和团，狡猾的荫昌和贪婪的袁世凯一拍即合：由于荫昌曾留学德国，擅长与德国人打交道，袁世凯就委派他去处理山东境内德国租界有关铁路、矿产等方面的权利问题。为此，荫昌与华德铁路公司总办锡巴乐议订铁路章程28条，还与德国山东矿务公司总办签订《山东华德矿务公司章程》。

庚子事变之后,李鸿章代表清政府与八国联军议和,这种场合自然少不了外交能人荫昌。荫昌与联军的统帅瓦德西在德国时就已相识,这让会场上的见面亲切许多,也使得议和变得稍加顺利,不过列强的嘴脸并没有因此变得和善,《辛丑条约》规定的赔款、条件的苛刻度都是空前的。次年1月,清廷下旨,令荫昌等人陪同醇亲王载沣到德国,就德国前公使克林德被义和团杀害之事道歉,以示"忏悔"。载沣到达德国后,因礼节之事与德方起了争执,双方陷入僵局,关键时刻荫昌凭借自己与德皇的关系使事情得到圆满的解决。为此,载沣对荫昌刮目相看,觉得他是个人才,回国后不久就奏请任命荫昌为驻德国公使,让他全权负责跟德国政府打交道的事情。

荫昌担任驻德国公使后,充分发挥了自己的外交才能,借与德皇威廉二世的交情,成了德皇宫廷中的常客。1909年,载沣再次去德国考察陆军,正逢荫昌也在柏林。在荫昌的引荐下,载沣与德皇威廉二世进行了愉快的见面,这让载沣感到十分高兴。荫昌做了两年外国公使后,觉得长年累月在外漂着,还不如在国内谋个官职安稳些,所以就希望朝廷能在国内给他一官半职。载沣考虑到他为政府所作的贡献,就让荫昌出任江北提督一职,算是答应了他的要求。但因为在公使上找不到更好的人选,清政府仍然让他继续担着德国公使一职。后来,清廷实行官制改革,很多官员都受到了影响,荫昌却得到了提拔,出任陆军部右侍郎。由于长年与外国人打交道,荫昌的生活及处事习惯都受到西方人较大的影响,他的很多行为在一些守旧的清朝官员看来是大逆不道的。比如他是朝廷官员中剪发最早的,进宫时就把假发辫钉在所戴的官帽上,以此应付了事。对此,清廷也只是睁一只眼闭一只眼,权当不知道此事。即使有官员揭发他,他也依然安然无恙,这不得不令人感叹不已。

千年凭叹

　　1908年11月,宣统皇帝继位,摄政王载沣开始掌握清廷的实权,袁世凯在朝中的地位岌岌可危,载沣为替光绪复仇,同时也为了给自己除去后患,一直想杀掉袁世凯。但荫昌此人八面玲珑,他不仅与朝廷关系密切,还与袁世凯私交甚好,他想方设法在载沣面前为袁世凯求情。最后袁世凯被放逐回籍,捡回一条性命,自此袁家上下将荫昌视为恩人,感激涕零。当时,荫昌因载沣赴德一事备受摄政王的信任,被任命为陆军部尚书,兼近畿陆军第六镇训练大臣。荫昌是文臣出身,没有带兵打仗的经验,仅仅凭借自己满人的血统和出使德国的经历执掌军事大权,所以在北洋陆军中的威信并不高,陆军部事务大多由副大臣寿勋负责。

　　武昌起义爆发后,清廷立即商议由谁带兵镇压,内阁一致通过派荫昌去武汉督师。荫昌听到此消息后,立即推托自己没有人马,坚决不愿接这个烫手山芋。但是,摄政王载沣急得像热锅上的蚂蚁,苦于朝中无人,他全指望这个留学德国、懂兵法的外交能人了。迫于当时的形势,荫昌只有硬着头皮接下这个苦差事。清廷派荫昌、冯国璋率北洋第一军、第二军前往湖北镇压起义。荫昌为此特经洹上村去拜见袁世凯,希望袁世凯能给自己指点迷津。袁世凯警告他切勿轻战,但荫昌此时迫于朝廷的压力不得不战。

　　荫昌接掌北洋军之初,革命党人还未立足,但他却没有趁此机会反攻,而是派出了两支先遣队镇守武胜关。北洋军到了前线,跟起义军交上了火,胆小怕事的荫昌却待在河南信阳,迟迟不敢进入湖北,直到后来形势太紧急,荫昌迫于压力才不得不进入湖北。到了战场,贪生怕死的荫昌离火线很远,甚至赖在火车上不肯下来。火车的周围由重兵环绕,车上还架上机枪和大炮,场面非常滑稽。有一次,一个部下匆忙报给荫昌,说有动静,荫昌顿时大惊失色,当

即下令开动火车向相反方向逃离,后来才得知,那只是一群在田地里逃难的农户。

督师无功的荫昌如坐针毡,他非常清楚自己拙劣的军事素养。但出师不利可能还另有原因,武昌起义是袁世凯出山的最佳时机,袁世凯事先已与自己的旧系将领商议好,利用起义军来胁迫清廷邀请袁世凯出山。

武昌起义的烈火迅速蔓延,湖南、陕西、江西等相继独立,荫昌对此束手无策。袁世凯被任命为钦差大臣后,全权督办湖北战事,他派冯国璋、段祺瑞分别改任第一军总统官和第二军总统官,对湖北的革命军进行了全面的进攻。狡猾的荫昌也未返京,他随第八镇一起参加反攻。也许他还想着等战争胜利后,自己不至于无功而返。

1912年1月,临时政府在南京成立,政局的变动,对清朝的遗老贵胄们来说,有着翻天覆地的改变,但是对于荫昌来说却不是这样,他没有随着清廷的灭亡而消失在历史的长河中。北洋政府成立后,他仍被聘为总统府的高等顾问,凭借着特殊的身份,在民国政府与小朝廷之间来回传达意见,算是发挥了自己的"外交才能"。此后,荫昌还被北洋政府授予陆军上将,算是满族人中出任民国上将的第一人。由此,我们除了感叹荫昌的手段之外,实在不得不敬佩这个政坛上的"不倒翁"。

繁华落尽

袁世凯当上总统后并未满足,他还惦记着皇位,积极谋划复辟帝制。荫昌作为他的忠诚拥护者,自然鞍前马后,竭力协助。1915年,"筹安会"成立时,荫昌就力劝袁世凯称帝。等到袁世凯称帝时,自然对"建功立业"的荫昌大加褒奖。然而,好景不长,北洋政府因袁世凯称帝闹得四分五裂,荫昌的靠山袁世凯也在忧愤中去世,不过荫昌又一次侥幸逃过了被通缉的命运。

俗话说"人有失手,马有失蹄",即使荫昌善于左右逢迎,明哲保身,也有栽跟头的时候。"府院之争"后,张勋拥护废帝溥仪复辟,荫昌对此大力支持,为此他还向黎元洪辞去了民国政府的职务,高高兴兴地进入紫禁城当禁卫军统领,但这次复辟仅仅持续了十几天就宣告失败。张勋躲在荷兰使馆,荫昌的处境也极为尴尬。他自觉无脸见人,于是上演了一场自杀的闹剧,当然,他未能如愿。等到冯国璋代理大总统的时候,他又被邀请出山,就任参谋部长一职。

荫昌几经波折,却始终是北洋政坛的"不倒翁"。回望他的一生,虽然没有出色的才华,甚至留学德国的经历也未曾使他成为一名合格的翻译,但他凭借自己精湛的"搞关系"能力使得清政府与德国多有军事和外交方面的往来。袁世凯也靠着他的举荐,招揽到段祺瑞、冯国璋、王士珍等杰出的人才。或许正是凭借自己善于整合资源、利用资源的能力,荫昌才能成为清王朝灭亡后再次出任民国要职的极少数满族权贵之一。从他一生官场"不倒翁"的地位来讲,荫昌绝对算是一个颇有心机的人物,不过,即使机关算尽,也终究逃不过后世的嘲讽。

"近畿循吏第一"朱家宝

明朝张居正曾说："宁为循吏，不做清流。"与标榜风节、指斥当道、不同流合污的"清流"不同，"循吏"多是奉公尽职的好官，具有过人的才能及见识。"循吏"一词，最早见于《史记》，后世的"清官"、"青天大老爷"就是由其演变而来的。北洋政府统治时期，北京政府多是烜赫一时的军阀或是深谋远虑的政治家，相较而言，被袁世凯评为"近畿循吏第一"的朱家宝算是一位极具个性的人物。

为官公正得赞许

朱家宝，字经田，生于1860年，华宁县宁州镇人。1892年中进士，后被选入翰林院，历任直隶平乡、新城、南和知县。

朱家宝之所以能在民国初期占据要职，在于他与袁世凯的关系。朱家宝在直隶做知县时，当时的袁世凯已是直隶总督，位高权重，袁世凯对他非常赏识，认为他是一个难得的人才，甚至推他为"近畿循吏第一"。因为袁世凯的器重，朱家宝之后便平步青云。他先为保定知府，后被派往日本考察政务，回国后不久就升任为江苏按察使。由于他为官清廉，且颇有谋略与胆识，因此1906年被举荐为吉林巡抚，尚未赴任，便又被荐为安徽巡抚。虽然朱家宝的步步升迁与袁世凯的信任与保举有很大的关系,但也足见清政府对他的赞许。而他自己也是清朝的忠诚拥护者,辛亥革命后,革命党人力劝他顺应潮流,宣布独立,但他誓死"食清之禄,死清之事,城存与存,城亡与亡",足见他的保守与顽固,不过这种胆识与气魄在清末官僚之中已属难得。

老谋深算平叛军

1907年7月,光复会成员徐锡麟趁在安庆巡警学堂举行毕业典礼检阅之机,枪杀时任安徽巡抚的恩铭,并率领学生军起义,攻占军械所,激战4小时后,起义军失败,徐锡麟等被捕,慷慨就义。清政府旋即调朱家宝任安徽巡抚,虽为升迁,但毕竟是个烫手山芋,恐怕当时只有朱家宝才敢接下这个重任。

当时安庆是革命党人的活动中心,恩铭刚刚被刺杀,局势很不稳定。朱家宝赴任时便多加防范,命人密切关注安庆境内的一举一动。1908年11月,清政府在太湖举行新军秋操,朱家宝事先已预测到革命党人会趁此机会发动起义,因此临时缩减参加秋操演习的新军人数,将大量有革命倾向或疑为革命党人的新军留在安庆境内,以便日后一举剿灭。果不其然,革命党人熊成基、范传甲等人趁安庆城内清军兵力空虚之际,策划发动起义。他们早已派人侦探好地形,摸清楚清军的布排。驻在王虹门的马营(骑兵营)和驻在东门外的炮兵营是他们主要的起义军队,当时约定以举火为号。熊成基和范传甲都曾入过安徽武备练军学堂,接触过《警世钟》、《猛回头》、《革命军》之类的新式读物,深感"吾中国之所以弱者,由于政治之不良故也",所以立志要做出一番举动,因此开始探索反清之道,并且都加入了"岳王会"。当时徐锡麟刚刚起义失败,两人悲愤不已,发誓一定为其报仇,于是就趁此机会策划了这么一场起义。

11月13日,朱家宝陪同荫昌、端方赶往太湖,准备检阅秋操,但没想到刚刚到达太湖县城,光绪皇帝驾崩的消息就传来了,紧接着慈禧太后也离世,顿时朝野动荡,人心惶惑。"国丧"哀诏送达安徽,安徽官府在三牌楼万寿宫建起灵堂,所有文武官员均集结于此,举哀祭奠。就在此时,朱家宝获知即将起义的消息,火速招集人马准备镇压。就在熊成基、范传甲计划炮马营起义时,朱家宝已经准备就绪,他派人对范传甲等人严加监视,令其无法脱身。而熊成基所率领的起义军孤军奋战,苦战一夜后,终因伤亡巨大,狼狈逃至合肥,残余部队也逐渐散去。被视为"启武汉之先声"的马炮营起义最终以失败而告终。

"士为知己者死"

平乱之后,朱家宝稳稳地做着他的安徽巡抚,并得到清廷的嘉奖,官场可谓得意。他是个深受传统文化熏陶的人,不仅对清廷帝制忠诚,连对自己有知遇之恩的袁世凯也一直是拥护到底。两者相较,朱家宝对袁世凯显得更为忠心。今天看来,似乎有些"士为知己者死"的味道。

辛亥革命爆发后,浙苏等省都纷纷宣告独立,安徽的革命党人为了当地的治安秩序不被干扰,也力劝朱家宝宣告独立。但"忠心耿耿"的朱家宝对此断然拒绝,他声色俱厉地说,我朱家宝吃着朝廷给的粮食,花着朝廷给的钱,一定要为朝廷尽人事,朝廷在,我就在,朝廷亡,我就也跟着亡,你们都不要再劝我。然而,令人意外的是,朱家宝对朝廷的忠诚却比不过他对袁世凯的赤胆忠心。就当他坚守阵地、誓死捍卫朝廷时,袁世凯派人给他送来密电,要他顺应时势,静候变化,不可贻误大局,朱家宝看了以后,立即明白了袁世凯的意思,于是态度来了个180度的大转弯,迅速地在11月8日宣告安徽独立,随后被推为安徽都督。

朱家宝毕竟是文官出身,他对抢地盘、当军阀并无兴趣。因此,当各地都督趁乱拥兵自重时,他却将安徽"拱手相让",当然,这可能也是出于他自己的无奈之举。11月14日,九江都督马毓宝派黄焕章率赣军两营来安徽支援革命,但这支部队先是劫持了藩库的库银,后又劫持了军械库的军火,并对满城的商户和民户进行大肆抢劫和掠夺。此时的朱家宝手里并无重兵,不得不"三十六计走为上策",逃走了事。后来九江军政府派参谋长李烈钧来调查此事,结果一无所获。此时的朱家宝早已对此漠不关心,朝廷虽然变更,但他只想尽自己的本分,做好自己的官。况且他即使不想做拥兵自重的将领,也能被能袁世凯重用。

朱家宝从安徽跑出来后,回到了北京,出任民国参议院议员。1914年2月,他又被袁世凯任命为直隶民政长兼都督;5月,改任直隶巡按使加将军衔。这一连串的印记足以说明袁世凯对他的器重和厚爱。为了报答袁世凯,朱家宝自然唯袁世凯马首是瞻,揣摩袁世凯的心思,投其所好,尽自己最大的努力去为袁世凯服务。袁世凯称帝前夕,他率先身先力行地给袁世凯上了"一份奏折",里面称"奏请皇帝陛下圣鉴"。袁世凯看过后,心里非常高兴,也就有了朱家宝"一等伯"的头衔。然而,袁世凯的倒行逆施激起了民愤,就连一直对他忠心耿耿的诸多将领也公开反对他称帝,一代枭雄只得在落寞与忧愤中去世。袁世凯死后,段祺瑞任命朱家宝为直隶省长兼督军。朱家宝原本想不负众望,干一番轰轰烈烈的大事业,却不曾料想张勋的复辟击破了他的美梦。

政坛起伏终看淡

1917年7月,张勋发动了历史上可笑的复辟事件。当时朱家宝属于积极响应张勋复辟的地方大员之一,张勋复辟之后,朱家宝被授予民政尚书。据说,朱家宝听到这个消息之后,心情十分激

动。回想起武昌起义时,孤立无助的自己被革命党人逼得顺墙而走,颜面尽失。这次当上了尚书,也算是重拾颜面,心情自然是大好。他不但命人在全城挂上龙旗,以示隆重,还让人在大堂上摆起香案,磕头谢恩,行三拜九叩的大礼。或许很久没行这样的跪拜之礼,行完大礼的他居然腿酸得无法起立,不得不靠身边的家丁才能起身。更令人哭笑不得的是,朱家宝为了防止觐见时失去自己的光辉形象,回家后特意每晚练习跪拜,极其重视,每次都练到膝腿酸软为止,真可谓煞费苦心。可是精心准备的觐见之礼并没有派上用场,还不到三天,朱家宝就被段祺瑞的讨逆军逼出了督军衙门,天津也重新挂上了五色旗。这下子朱家宝傻眼了,本来期待的尚书没做成,反倒把自己的直隶省长也给丢了,心里自然是万般委屈和不愿意,气得大喊:"共和误我,复辟亦误我!"

但此时的朱家宝已近花甲,世事无常中也看透了很多。丢了官之后,他对官场也逐渐淡泊。与张作霖、吴佩孚这类军阀相比,朱家宝更倾向文臣。他虽然也镇压过起义军,但手中却没有隶属自己的部队,而他之所以赞成复辟也多少有些文人"忠君"的思想在作怪。

晚年的朱家宝不再与人畅谈政治,而是回到了一个读书人的本分,赏花品茶,练练书法,日子倒也逍遥自在。他也曾效仿黄庭坚的书法,写出来的字别有一番风味。然而,云淡风轻的日子没过几年,1923 年,朱家宝在天津的公寓里去世,享年 63 岁。

生活的局促往往使人无所适从，窘迫的境地也易使人手足无措，面对周遭的无奈，往往只能一声叹息。洗去岁月的风尘，我们往往也会忘记当初的痛楚。走过，也不再回首最初的局促。它如同内心深处的疮疤，静静地躺在那里，无声无息。只有夜深人静的雨夜，任我们独自舔舐……

"长江三督之首"李纯

作为冯国璋的嫡系亲信,曾被称为"长江三督之首"的李纯除了镇压革命、聚资敛财外,还组织过"和平救国会",并为此奔波三年,希望通过南北议和来结束长期以来的军阀混战局面,然而这个愿望却以失败而告终。他在世时未曾受到万人瞩目的关注,但其突然死亡至今仍是一大迷案,令人无法参透。

生命多等待

光绪元年中秋之夜,天津府河东水梯子大街东兴里降生了一个婴儿,这个婴儿的祖父、父亲都是卖鱼为生,他们给这个孩子取名叫李纯,或许是希望孩子长大后能有好的人品吧。李纯的童年生活颠沛流离,四处漂泊。由于家里贫困,他幼年时就被过继给大伯李荣庆为嗣。13岁时,家中生活困难,无以为计,他随嗣父到北塘投靠二姐夫谭清远,靠开杂货铺为生。15岁那年,谭清远迫于生计投靠到聂士成的部下当兵,先后任领官、管带,李纯也在他的帮助下,为了糊口入营当差,从而开始了他的军旅生涯。1891年,李纯经举荐进入天津武备学堂学习,毕业后,他因精于

德国操法而留堂任教,协助教授军操。后来,袁世凯在天津小站操练新军,急需教官,李纯就前去投奔袁世凯,在小站任军操教练。

1896年1月,李纯被调任新建陆军督队稽查先锋官,此时的他已不再为生计发愁,但这显然并不是他的愿望。他在默默地等待着发达的机会,以图更大的进阶。1902年,李纯终于盼到了自己的好机遇,这年5月,袁世凯奏设军政司在保定编练常备军,李纯被调任为教练处提调,当时的总办冯国璋是袁世凯眼前的红人,聪明的李纯便趁机向冯国璋大献殷勤,逐渐成为冯国璋的亲信,正因如此,他日后成了直系最重要的军阀之一。此后,李纯的仕途开始扶摇直上。1903年初,他被升任为京旗常备军骑兵营管带。同年5月,北洋新建陆军第一镇成立,李纯调任该镇骑兵营管带。1905年9月,李纯参加清军河间秋操,声震全场,被袁世凯称赞,随即升任为第一镇第二协第三标统带,驻军北苑,从此也开始被袁世凯器重。1907年7月,李纯又经铁良保荐由参将升为副将,调任北洋陆军第六镇第11协统领,并兼第六镇随营学堂监督,驻军保定,这一年李纯33岁,距离他15岁入军营正好18年。这18年,他由一个小商贩做到驻军一方的将领,着实艰难,其中的辛酸与苦楚恐怕只有他一人能体会。但从他的从军经历来看,我们也可知此人的聪明之处,毕竟能使每任上司都对自己有良好的评价,也是件极为难得的事情。

枪杆出政权

如果李纯没有出色的军事才能,那么即使他有超人的巴结奉承的本事,恐怕也无法出人头地,更不能奢望成为"长江三督之首",毕竟军阀混战中拼得是努力、运气及本领。因此,多立战功才是晋升的最佳途径,李纯也深知此道,事实上,他也努力做到了。

第一"功":镇压革命军

武昌起义爆发后,李纯的部队被编入荫昌指挥的第一军,奉命镇压革命军。起初,荫昌的指挥并不得力,致使战况对清军极为不利。后冯国璋奉袁世凯之命担任第一军总统官,指挥清军猛攻汉口。李纯勇猛作战,谨慎周密,当清军的主力与革命军在汉口激战时,李纯带领部下绕道偷袭革命军的侧翼,攻克了战略要地龟山。之后,李纯又奉命由孝感水陆并进,进攻辛集、蔡甸、汤家山,随即占领汉阳,威胁革命军。由于李纯在镇压武昌起义中发挥了重要的作用,升官自然是理所应当的事情,他凭借战功被提升为第六镇统制官。

第二功:逼退清帝

武昌起义爆发后的第二年,革命军在南京成立中华民国,与在北京的清政府分庭抗衡。为了实现共和,南京临时政府提出只要袁世凯逼清帝溥仪退位、发电赞同共和,就拥护他当大总统。袁世凯为了当大总统,就密令部下段祺瑞、王占元、李纯等人逼宫,于是,李纯与段祺瑞、王占元等九位将领发电全国,支持共和,逼迫清帝退位。由于他们都是手握重兵的将领,影响自然巨大,无奈之下,清帝被迫宣布退位,清朝灭亡。同年3月15日,袁世凯宣布就任临时大总统,他任命李纯为陆军中将,以此作为对他的奖励。

第三"功":镇压二次革命

窃取革命果实之后的袁世凯,与革命党人的矛盾逐步加深,双方之间不断较量,都想制约对方。1913年3月,宋教仁被刺杀,革命党人将矛盾一致指向了袁世凯。为了防止革命党人再次起义,袁世凯下令李纯的部队南下,驻扎湖北汉口,为内战作准备。

随着局势的发展,袁世凯不断打击有进步思想的将领,江西都督李烈钧、广东都督胡汉民、安徽都督柏文蔚等人都被袁世凯罢了官。但当时各个将领都有自己的军队,被罢官的将领并不愿服从政府下达的命令,江西都督李烈钧就在湖口宣布起义,讨伐袁世

凯,"二次革命"爆发。袁世凯立即任命李纯为九江镇守使,火速前往江西,平息李烈钧的起义。李纯带兵进入江西,在沙河镇与李烈钧的军队交战,很快占领了沙河镇,接着迅速向新港、湖口等地进发,李烈钧的部队抵挡不住,只好向南逃亡。不久,江西就成了李纯的控制范围。为了奖励李纯的战绩,袁世凯下令李纯任江西都督,自此,李纯成了雄霸一方的地方大员,拥有了自己的地盘。李纯任江西都督之后,在江西境内采取了严厉的政策,他取缔了国民党的各级组织、宣布解散省议会、下令逮捕反对他的议员。为此,江西的氛围日益恐怖,很多国民党人士遭到了残酷的迫害。

第四功:战场倒戈,反对袁世凯称帝

李纯任江西都督之后,有了自己的地盘,就不断扩大自己的势力,为此,他千方百计讨好袁世凯,得知袁世凯极其渴望称帝之后,李纯明确表示赞同,并在1915年9月亲自进京,联合段芝贵等人向袁世凯发密电劝袁及早称帝。同年12月,袁世凯正式下令改国体为君主立宪。不久,云南将领唐继尧、蔡锷等宣布起义,发动护国战争。袁世凯派李纯

护国运动

镇压蔡锷的护国军,但这次战争李纯却遭受了失败。面对来势汹汹的护国军,李纯清醒地预感到袁世凯称帝必然会失败,此时的李纯已深刻地意识到共和的观念早已深入人心,称帝行为是一种逆历史潮流的倒退,倘若自己继续支持复辟,必然会受到牵连。于是,他转而开始赞同护国军,反对袁世凯的称帝行为。他联合北洋将领冯国璋和靳云鹏等人发表通电,要求袁世凯取消帝制并辞去

大总统一职。不久,袁世凯宣布取消帝制,并在人们的嘲笑中死去。黎元洪继任大总统。李纯仍坐在江西督军的位子上,继续着他对江西的统治。对于李纯的背叛,我们或认为是一种"识时务"之举,抑或是"见风使舵"的劣行,但无论如何,他设法保住了自己千辛万苦得来的位子。

生死的阻击

1917年黎元洪和段祺瑞的"府院之争"空前激烈之时,李纯自天津入京调停时局,最后无功离京南返。张勋复辟失败后,直系的冯国璋进京任代理大总统,将江苏督军的位子留给了李纯来坐,之后又特派李纯兼督办浦口商埠事宜,自此以李纯为首的"长江三督"(江苏督军李纯、江西督军陈光远、湖北督军王占元)成为冯国璋直系的嫡系势力。

同年9月,南方革命党人掀起了"护法运动",北洋内部的冯国璋主张和平统一,段祺瑞主张武力统一,北洋政府渐渐分为两派。李纯作为冯国璋的嫡系亲信,加之江西处于南北之间,自然不想打仗,因此他极力想找出一种折中的办法来促成此事的解决。1917年10月,李纯与王占元、陈光远联合提出解决南北问题的意见,主张停止湖南战争,撤回傅良佐,改善内阁,整理倪嗣冲部。但迷信武力统一的段祺瑞对此置之不理,命令派兵进入湖南。即使在李纯和王占元、陈光远再次联合提出"停止征湘、改组内阁"等主张,并向段祺瑞施加强大压力的情况下,段祺瑞仍然决定南下用兵。无奈之下,李纯只好致电孙中山,将自己的主张告之对方,盼望能得到南方的配合与支持。很快,孙中山复电,表示如果能恢复约法和国会,惩办倡乱诸逆者,便可罢兵。眼看议和有望,李纯再次联合王占元、陈光远等通电主和。段祺瑞迫于压力辞去国务总理和陆军总长职务,但其实力并未受损。他命令张怀芝率部队由江苏

进攻湖南,李纯是江苏督军,有道是"我的地盘我做主",张怀芝你想从我这过,没门儿! 通过谈判、威胁等手段,李纯最终没让段祺瑞得逞,他们的主和政策向前迈进了一步,段祺瑞对李纯自然是恨之入骨了。

　　1918年1月,李纯、王占元、陈光远通电主张解散临时参议院,主战派的军人立马群起而攻之,无奈的李纯只能以辞职来缓和局势。此时,南方的革命党又攻占了湖南军事重地岳州,这一举动给了主战派一个绝佳的开战理由,李纯压力倍增。但他并未就此放弃南北议和的主张,他电告孙中山,希望其出面调停,孙中山表示支持,这让得势的主战派恼恨异常,大有除李纯而后快之感。皖系的智囊徐树铮积极拉拢直系中的好战分子曹锟和奉系的张作霖,准备对革命党开战,并要求政府罢免李纯之职,让段祺瑞复出组阁。主战派的攻击、孙中山的支持让李纯成了北洋军阀中的异类,很多人联名请求罢免李纯。但因李纯是直系的主干力量之一,势力极大,倪嗣冲、曹锟、张怀芝等又代为疏通,最终保住了他的督军之职。

　　与此同时,主和的冯国璋也不愿就此罢休,他密电曹锟、吴佩孚率兵南下要"适可而止"。李纯积极配合,拆毁滁州以南路轨,阻止参战军第一旅王永泉部开往福建。段祺瑞深知冯国璋是阻碍"武力统一"的主要障碍,便收买政客,操纵国会选举,将冯国璋赶下台。李纯虽失去了依靠,但仍极力主张南北停战。他先后通电南方的广东军政府主席岑春煊、北方的总统徐世昌,再主南北言和。通过李纯的奔走,北京同意南北各派代表在南京举行善后会议(此系北方督军之主张)。会前,李纯提出了五条停战办法,提议南北双方都各自罢兵,互相派人监视以维持现状。1919年2月20日,南北和平会议终于在上海召开,和平的希望开始显现,但北洋军和山西靖国军的战争却让和会被迫中止。一个多月之后,山西战事停止,李纯等再次提议重开南北和谈会议,并提出了一系列主张,但他的主张遭到了安福系的反对。李纯自1917年调停府院之争至今已两年有余,两年来,他积极呼吁、不懈奔走却总是被人利用,和平没有一丝希望,这让他渐渐丧失了信心。12月28日冯国璋病死,曹锟成为直系新领袖,没能当上直系领袖的李纯备受打击,从此心灰意冷。

冯国璋的死让直系军阀中人人对段祺瑞恨之入骨,直皖矛盾空前激化,战争一触即发。1920年7月,直皖战争爆发,直系曹锟、吴佩孚联合奉系张作霖以"清君侧"之名与段祺瑞的皖系展开会战。不久,皖系大败,直奉联合控制北京政府。此时,与南方和谈再次被提上日程,曾极力主张南北议和的李纯又被人想起来了。但心灰意冷的李纯早已看清:无论主战还是主和,都是各人为了自身利益的考虑。对于北京政府的任命,他数次辞而不受。恰于此时,江苏财政厅长文和(李纯的干儿子)贪污事发,全省各界都将矛头对准了督军李纯,意指他任人唯亲、中饱私囊、祸害江苏,加上他久病不愈,李纯逐渐感到绝望,任命之事就一直悬而未果。

沧海只一叹!

1920年10月11日夜,李纯突然死于督军署内,年仅46岁,留有遗书5封。官方宣布李纯是因"忧国忧民"而自杀身亡。由于死得突然且遗书中疑点甚多,所以他的死被后人多方猜测。主要的说法有以下两种。

1. 自杀说

说李纯自杀是当时官方的一致看法,持此说的人认为:首先,李纯死前的精神状况很糟糕。当时,他为南北议和奔走了数年却始终未有结果,反而弄得自己在直系中大受排挤,他在江苏督军位上干了很久,自认为干得很好的他却被全省人民唾骂,这些都让他感到绝望。而身体的病痛也加重了他的这种糟糕状况,活着对于

李纯来说已经没有乐趣可言了,自然会自杀。吴佩孚曾亲自派人调查,五次皆证实李纯之死是自杀的。其次,很多人怀疑过的督军帮办齐燮元不存在杀人动机,因为身为帮办的齐燮元,得到江苏督军的位子是迟早的事,不用冒险去杀李纯。由此可见,自杀说是很可能成立的。

2. 谋杀说

李纯死于谋杀是坊间普遍流传的一种说法,虽然说法不一,但是都怀疑齐燮元参与了谋杀。一种认为:李纯死后由齐燮元公布了他的五封遗书显然是齐燮元的阴谋,这五封遗书条理都很清楚,而且遣词造句非常讲究,不像一介武夫的李纯所能写成的,定是齐燮元等不及了,谋杀了李纯,伪造了遗书,窃取了江苏督军的位子。另一种则说:李纯的一位副官与他的小妾有染,他在发现后赶去捉奸,谁知竟然被副官开枪所杀,而帮办齐燮元利用这个机会,伙同副官,制造了自杀的假象,并买通了督军府中的人,蒙蔽了事实真相。

李纯在近代史上的名字并非人人皆知,相较于他生前的功绩,人们谈论更多的亦是他的突然死亡。然而,身在特定的历史时期,李纯虽然没有做出太多令人钦佩的事情,但他在南北议和过程中所做的努力却不得不令人感怀。尽管细想起来,南北议和注定是一个遥不可及的梦,但李纯倾尽心血为之奋斗的努力却使人无法忽略,毕竟他曾经坚定地想要实现这个梦想。

"快马张"张锡銮

"快马张"是张锡銮的绰号,因他擅长骑马,马上功夫极好。他文韬武略,学识兼备,又曾与袁世凯结盟拜把,收张作霖为义子,算是北洋系赫赫有名的人物。可晚年时的他夹在袁世凯与张作霖之间,进退维谷,受尽委屈。昔日的才子武官面对上苍的调侃,只能有苦往肚子里咽……

"快马张"由来

1843年,张锡銮出生在四川省的某个军营里面,他的出生似乎与马十分有缘,其出生的故事至今仍在当地流传。

据说,张锡銮的父亲有一匹非常喜爱的大白马,平日里与它形影不离,喂马刷马都亲自来做。张妻刚来军营的时候,感受到丈夫无微不至的关怀,可渐渐地她发现丈夫的心思多半花在了白马身上,心里非常失落,常常想找机会害死大白马。一次,张妻趁丈夫不在,偷偷把白马往饿狼出没的山里赶,希望它被狼给吃掉,没想到她刚志得意满地回到家中,就看到白马跟了回来。后来张妻怀孕,丈夫的心思仍放到了白马的身上,一气之下,她偷偷给白马喝了毒药水,这一次白马没能躲过,当晚就死了。丈夫气得毒打了马夫一顿,然后把最心爱的大白马埋在了屋后。张妻每次都不敢一个人经过屋后。过了两个月,儿子

张锡銮出生了。可奇怪的是,小孩的头发不是黑色的,而是像白马的毛一样的银白色。张妻吓了一跳,可丈夫却满心欢喜,他觉得白马念恩,转世投胎来给他做儿子了。他对儿子更是万分疼爱,几乎倾注了全部的心血。张妻自己心里有鬼,没过40岁就死了。

这个故事多半是老百姓茶余饭后给编造出来的,但张锡銮的父亲的确十分疼爱儿子。望子成龙的他在张锡銮小时候便开始教他骑马弓射的功夫。张锡銮也很有天赋,不仅马术高明,武功也厉害。而且父亲又请人教他读书识字,几年下来进步很大,大有青出于蓝而胜于蓝的架势。后人称张锡銮武能骑射、文能作诗,也多是父亲悉心培养的结果。

1862年,张锡銮第一次崭露头角。当时川中的驻军中有个传统,平时没有征战任务的时候,驻扎在四川的几个大营会定期举办一些比武大会之类的活动,其中骑术是最引人瞩目的一个项目。这年,轮到张父所在的营队举办骑术大赛,刚好与他平日不合的另一个营队的将领得到一匹好马,他带着这匹马来参加比试,几个回合下来,张父手下的马匹竟然纷纷落败。对方得意忘形,颐指气使地说:"你们要是能胜得了我这匹马,我就宰了它给你们营的兄弟下酒。"看到对方嚣张的样子,张父被气得话都说不出来。他心里暗自懊恼,要是大白马还在,自己肯定不会如此狼狈。就在这时,张锡銮突然跳了出来,大声问:"你说的话当真?"对方见他还是个稚气未消的孩子,当然不放在眼里,便说:"自然是真的。"张锡銮回答:"那我就与你比一比。"说完就牵出一匹灰不溜秋的瘦马出来迎战。对方哈哈大笑,完全没将他放在眼里。张父阻止不住儿子,只好由他出丑,没想到一个回合下来,张锡銮所骑之马竟然完胜对方百余米,那人把马丢下灰溜溜地走了。众人都纳闷张锡銮是如何用劣马胜过良马的,只见他从袖子里掏出一把匕首。原来上马之时,张锡銮便把匕首插入劣马背上,劣马疼得厉害,自然拼了命往前冲。张初锡銮初出茅庐便能有如此的胆识,自然博得一阵喝彩

224

声。从此之后张锡銮便有了"快马张"的名号。那一年,他才刚刚19岁。

儿子虽然有了些名气,但是张父的仕途并不如意,一直没有机会升迁,为了儿子能有一个更好的前程,他便让张锡銮带上自己的亲笔信前往武昌投奔老友。张锡銮就这样开始了自己的戎马生涯。

得失寸心知

甲午战争的失败对中国人来说是极为耻辱的,但是张锡銮却在这段屈辱的历史中留下了自己亮丽的一笔。早在战争爆发之前,张锡銮已经调任至通化。在通化的几年里,张锡銮率领当地百姓开垦田地、兴修水利,为当地办了不少好事。没过几年,他就被调到奉天,负责掌管奉天的军事,也算是干回了自己的老本行,继续马背上的生涯。

甲午战争爆发后,日本人跨过鸭绿江长驱直入,接连攻陷了安东、九连城等城池,清军闻风丧胆,许多将领不战而逃,形势十分严峻。但张锡銮却没有像别人一样弃城逃跑,他认真分析了当时的战局,觉得日本人并非传说中那样可怕。经过缜密的策划,他开始预备对日军进行反攻。

张锡銮知道靠现有清军的战斗力肯定没法跟日本人的精锐部队相比,硬拼下去只能是以卵击石。要打胜仗,必须对军队进行整编,他连发三道军令,责令各营重新改编,淘汰老弱病残,招募青壮年士兵。军令下达了,各营的执行就不是那么回事了。当时军中有很多人是靠关系混进来的,清除他们谈何容易。情急之下,张锡銮把负责整编军队的人叫到军前,当着众将士的面怒斥他办事不力,误国误民,并罚他50军棍,责令他立下军令状。这下子各营队都不敢再怠慢,淘汰工作很顺利地完成了。不过,老弱残兵被淘汰

了,新兵却没人敢来应征。张锡銮只好故技重施。可怜的属下又在众人面前挨了50军棍,哭丧着脸带人去各处抓壮丁。老百姓苦不堪言,看到张锡銮的部队像看到日本人似的。

军队总算是凑起来了,张锡銮开始率军反攻。日本人之前见到的都是不堪一击、望风而逃的清军,哪里见过这么勇猛的部队,他们一下子慌了手脚,占领的九连城等城池都被张锡銮给夺了回来。可他们很快就发现这支临时拼凑的清军战斗力并不强,于是疯狂反扑,很快就夺回了失去的城池。张锡銮吃了败仗,很不甘心,但是他的兵力太少,加上粮草严重缺乏,无法持续作战。不过他坚守不出,日本人一时间也拿他没有办法,两军就这样展开对峙,直至《马关条约》签订才结束。

虽然没有立下赫赫战功,但与其他不成器的清军将领相比,张锡銮的表现已算出色。战后,清政府下令表彰他的英勇之举,改其任奉天东边道兼东边税务处监督。不过,张锡銮的官做大了,人却变得越来越贪心。1897年,黑龙江将军伊克堂阿举报他贪污受贿,清政府一查,果然属实,不久就将其撤职查办。直至六年后才复出,重新担任奉天东边道兼东边税务处监督、中军各营统领等职务,一番折腾之后,他的官倒是越做越大了。三年后,安东地区开办商埠,张锡銮又兼任开埠局总办,负责筹办商埠事务,这算是个美差了,他的荷包又肥了起来。

经过多年的经营,张锡銮总算把自己在东北的篱笆给扎牢了,谁也动不了他,当大清朝的天下变成中华民国的天下的时候,张锡銮这个前清旧官依旧屹立不倒,民国刚刚成立,张锡銮就被任命为奉天都督,成为东北的头面人物。

生命的调侃

清末民初的时候,匪患一直非常严重,东北的胡子闹得尤其厉害。他们打家劫舍，甚至敢公然与官府对抗，声势很大。朝廷下令剿匪，命张锡銮承办这件棘手的事情。

剿匪一向是出力不讨好的差事，正在张锡銮一筹莫展之际，盛京将军增祺采纳了"化私团为公团"的策略，做出了"化盗为良"的决定。这下子可帮张锡銮解了围。他派人跟几股主要胡子的头领联络，答应给他们丰厚的待遇，让他们向政府军投降。胡子中有见识的头领也意识到做土匪、占山头并无前途，索性去掉土匪的外衣，去做官匪，乐得轻松，他们很快就接受了朝廷的招安。几个大胡子的头领纷纷投降，剩下的那些不服从的人也纷纷被击溃，张锡銮的剿匪"功德圆满"。

张锡銮得意非凡，一面向朝廷邀功请赏，一面在当地大显威风。他在家中设宴款待几个被招安的土匪头目，命令一队荷枪实弹的卫兵分列两旁，以显示自己的威严。土匪头目们见状不禁胆战心惊、汗流浃背，任由张锡銮呼来喝去。席间，张锡銮用心观察在座的众匪，发现一人眉清目秀，便问这人姓甚名谁，这人回答："张作霖。"张锡銮见其气宇轩昂、不卑不亢，便饶有兴趣地看着他，聪明的张作霖立马看到自己的机会来了。他立即起身，表示自己愿意拜张锡銮为义父，鞍前马后效劳于他。张锡銮听后哈哈大笑，便在众人面前正式收张作霖做义子。这位土匪出身的义子很得张锡銮的欢心，张锡銮也不忘时时提拔他。

之后，张锡銮被任命为直隶总督，在其离开东北的这段时间里，张作霖在东北的势力迅速发展，大有独霸东北之势。袁世凯开始寝食难安，他重新任命张锡銮去奉天任职，也想借着张锡銮与张作霖的父子关系来节制一下张作霖。可是世事难料，此时的张作霖已经不再是几年前的张作霖，他的翅膀已经硬了，对义父张锡銮的话也不怎么听。他表面上对张锡銮恭恭敬敬，暗地里却处处排挤，两人的关系迅速降至冰点，颇有水火不相容之势。当地官员也都见风使舵，见张锡銮没有实权，而张作霖又手握军权，便纷纷投

向张作霖。有一次,张锡銮想任命自己的亲信填补一个军务科长的空缺,但是张作霖拍着桌子大骂前来上任的人,吓的人家不敢就任。后来,还是任命了张作霖的人担任此职,此事才作罢。关于这时张锡銮与张作霖的父子关系,民间还流传着一个笑话,说张锡銮打算娶一个小老婆,张作霖知道了,拍案反对,张锡銮胡子一吹:"混蛋,我是你爹。"张作霖双眼一瞪:"放屁,现在我是你爹。"这个笑话大体上反映出了张锡銮当时的窘境。

看着张作霖的嚣张气焰,张锡銮不禁心里发凉,昔日的义子对自己如此无礼,心中不免有些伤感。况且已经 70 多岁的他渐渐看淡了权势之争,也不愿在东北多待,几次致电袁世凯要求调离,最后终于得到了批准,回北京担任闲职。

1916 年 6 月,袁世凯在国人的唾骂中死去,张锡銮也宣布退出政界,在天津赋闲。此时正是张作霖春风得意的时候,不过,他还算顾念旧情,以 30 万银元的价格在苏州购得著名的"网师园",赠给义父张锡銮作为寿礼。后来张锡銮把"网师园"改为"逸园",俗称"张家花园"。张锡銮本人从未住过此园,倒是叶恭绰、张善子、张大千等文化名人曾一度在这里借宿。

1922 年,张锡銮在天津因病去世,享年 79 岁。

"马桶将军"王怀庆

北洋军阀中有"三不知将军"、"秀才将军"、"基督将军",这些称号大多令人一听就明白,但怎会有"马桶将军"的称号呢?古往今来,有特殊癖好的人不少,可酷爱马桶,又带着马桶浩浩荡荡上战场的人估计就只有王怀庆一人吧?

忠义少年变贪官

王怀庆,字懋宣,1875年出生在河北宁晋县。他的父亲是当地的一个小官吏,经常醉酒闹事,把家里弄得鸡犬不宁。母亲温柔贤淑,却性格软弱,忍气吞声地担负着照顾孩子、维持家计的重担。由于长期体弱多病,母亲在王怀庆12岁时便撒手人寰。不久,还没有从丧母的痛苦中走出来的王怀庆就因继母的到来彻底地陷入了悲惨的境况。15岁那年,由于不堪忍受继母和父亲的虐待,他偷偷离开了家,在外四处流浪。后来,他正好遇上聂士成在芦台招兵,便入伍当了兵,希望能找到自己的栖身之所。

王怀庆为人忠厚老实、刻苦耐劳、寡言少语,因此,受到聂士成的喜爱,在部队里不断升迁,还被聂士成推荐到北洋武备学堂第二期学习。之后,他便成为

聂士成的得力助手，备受重用。为了报答聂士成对自己的赏识之恩，王怀庆暗下决心，至死追随聂士成。可惜的是，1900年聂士成战死天津。王怀庆悲痛万分，在枪林弹雨之中把聂士成的尸体背了回来，并亲自送灵柩到聂士成原籍安徽合肥安葬。聂家人对王怀庆的义行非常感激，这事传开以后，王怀庆的名声也轰动一时，当时的百姓赠他"忠义"的美称。但上司战死，王怀庆又何去何从呢？王怀庆对此也焦虑万分，恰好此事被聂母得知，便帮他写信给袁世凯，希望能给王怀庆一个机会。当时袁世凯正在大力招揽人才，听说王怀庆的义举后，也对他十分欣赏。自此之后，王怀庆便成为袁世凯旗下的一名干将。

跟随袁世凯后的王怀庆渐渐熟悉了官场的尔虞我诈，他开始变得贪婪、狠毒，尤其是对起义的农民更是残忍。当时，直隶沧州一带发生了严重的自然灾荒，百姓流离失所，异常悲惨，清政府对此却视而不见，农民被迫揭竿起义。清政府急忙派人火速镇压，几次都被起义军击败。看到这个情形，袁世凯急忙命令王怀庆率领军队前往镇压，起义军领袖刘龙、方万兴等人在这场战斗中壮烈牺牲，王怀庆则凭借"剿匪"有功，晋升为协统。后来，徐世昌要去东三省当总督，袁世凯把王怀庆推荐给了徐世昌，让他协助徐世昌治理东三省。王怀庆很会办事，深得徐世昌的喜爱，不久就成了徐世昌在东三省的得力助手。混迹官场已久的王怀庆此时已经变得十分贪婪，他仗着徐世昌对自己的厚爱，卖官受贿，搜刮民财，当时在东北"要做官，找懋宣"的说法到处流传，但徐世昌却对他的胡作非为纵容包庇，旁人对此也无可奈何。

生命本来似个圆

武昌起义爆发后，王怀庆被火速调往直隶省通永镇当总兵，驻防京东开平镇。当时他管辖内的滦州正在密谋策划起义，领头者便是驻军的第二十镇青年军官王金铭、施从云、冯玉祥等人。革命起义军原本打算推举标统岳兆麟为北军大都督,然而岳兆麟设法逃至王怀庆处,将这个重大的消息告知王怀庆。得知起义消息的王怀庆立刻致电直隶总督陈夔龙转报袁世凯。老谋深算的袁世凯嘱咐王怀庆,要他一边到滦州"劝解抚慰、察其真相",一边"收束兵队、密筹抵御"。次年1月,王怀庆奉命到滦州安抚军心,软硬兼施,希望通过和平的方式将问题解决。王金铭等人对他晓以大义,劝他共举义旗,王怀庆佯装允诺,使得革命起义军对他掉以轻心,而他则趁机骑马逃回开平。很快,王怀庆就派手下前去滦州镇压起义,他联合附近驻扎的曹锟,两面夹击革命军。之后更是以和谈为由,骗取王金铭等人的信任,摆下鸿门宴,用计将王金铭、施从云杀害,冯玉祥侥幸躲过一劫。

溥仪宣布退位后,清朝的皇族们不甘心放弃自己的尊贵地位,他们联络蒙古的各亲王,怂恿他们坚持帝制,反对共和。袁世凯自然把这些蒙古亲王视为眼中钉,等国内局势平和下来后,他就派王怀庆去征讨外蒙。王怀庆带领军队击溃了外蒙的叛军,并迫使外蒙政权取消独立,改为自治。本来这事已经结束,不料王怀庆手下一个叫高青山的人却节外生枝,无缘无故地杀害蒙古的甘珠尔活佛,这样一来,事件就闹大了。蒙古人个个义愤填膺,准备奋战到底。为了平息蒙古人的怒气,袁世凯没办法只得下令把高青山处死,而王怀庆也被连累,降调到一个闲散的职务。原来该升官,最后却搞成了降官,王怀庆心里憋着一肚子的委屈,但这已是无法改变的事实。不久后,袁世凯逝世,黎元洪、冯国璋相继上台做了总统,王怀庆不是他们的人,当然更得不到重用,他开始对自己的仕途感到心灰意冷。然而,徐世昌的上台却给他带来了好运,王怀庆作为徐世昌的旧部,再次重回人们的视野。

王怀庆是北洋军老资格的将军,早在曹锟、吴佩孚等人寂寂无名时,他已经是袁世凯眼里的红人了。之所以他未能在北洋军中

231

拥有极高的影响力,最重要的是他打仗并不在行。这与王怀庆用人有着莫大的关系。当时,王怀庆对军官学校的毕业生,或是留洋回来的高材生并不感冒,他认为这些人有太多自己的想法,不易掌控,因此在选兵时多用老实的农民。越是脚上有屎、手上有茧的人,越是受他器重。而这些农民出身的人干粗重的话可以,上场打仗拼死力也可以,但谈到设阵布局则一窍不通。尤其是面对那些现代军事,更是一无所知。因此,王怀庆想凭借这样一支队伍去打天下恐怕是不可能的。不过,这样的部队却有一个绝对的优点——忠诚。在军阀混战,背叛无处不在的时代里,王怀庆部队的士兵流动率却是最低的。或许这也是他的聪明之处吧!

北洋政府几次易主,王怀庆见风使舵、投机取巧,却始终没有什么大的作为。第二次直奉战争后,他再一次失势,张宗昌接替他的职务维持北京治安,王怀庆只得回天津隐居,告别了政坛。尽管王怀庆在仕途上并未取得骄人的成绩,但他在掌管北京治安期间,利用自己的职权,谋取了不少私利。尤其是以失盗为名抢劫颐和园的无数珍宝,将其据为己有,一直为后人所诟病。

1930年,中原大战爆发,吴佩孚想趁乱复出,为此,王怀庆还曾专门到北平为他活动,其实也是想自己能跟吴佩孚一起复出,但此时的时局已不是他们所能掌控的了,这次复出最终以失败而告终。七七事变后,日本全面侵华,随即占领了北平、天津,很多高官、富商都南下避祸,王怀庆却表现得很淡定,继续待在天津。他原来出任京畿卫戍总司令时,曾接受过日本天皇的宝星勋章,因此日本人对他相当优待,也企图说服他来担任伪京汉路治安军总司令的职位。然而,精明的王怀庆觉得时局未定,倘若自己贸然接受,以后说不定会成为历史的罪人,于是便借故拒绝了日军的要求。由此他也招致了日本军部对他的不满。日本人派兵去他家强行抢劫,将他以前所盗取的古瓷、古玉、字画等无数珍宝洗劫一空。遭此大难,王怀庆几乎精神失常。但他已经是个失势老人,身边也没有能帮他出头的人,他只好自认倒霉了。抗战胜利后,王怀庆复出之心再次蠢蠢欲动,但他与国民党要人向来没有过深的来往,希望也只好再一次泡汤。1953年,王怀庆在天津病逝,享年78岁。

马桶将军的由来

王怀庆之所以被大家戏称为"马桶将军",就源自他时时刻刻都离不开的马桶。每逢行军作战,王怀庆的部队里便有一个班的士兵抬着一只硕大的马桶,上面用漆红烫金写上很大的"王"字,路人一看便知是"马桶将军"王怀庆的部队。这只经过精心包装及修饰的马桶好似王怀庆的福将,与他形影不离。前线的士兵拿着"王"字大旗冲锋陷阵,后方的王怀庆就坐在马桶上淡定指挥,画面格外有趣。

在北京任职时,王怀庆曾有一处气派豪华的公馆。公馆的外面站立着四名手执长矛的武士,里面山石耸立、风景优美,但在这个公馆中,王怀庆最爱的房间竟是精美装修过的厕所,因为里面有他最爱的马桶,这不得不令人感到匪夷所思。据说这个厕所是由两个大房间拼成,中间有一个"大便椅",下面铺着细净的炉灰,前面则摆设着干净的办公桌,王怀庆常常在便椅上坐上几个小时,召集属下,处理一切公务,手下的将领早已对此习以为常。

世上有奇怪嗜好的人不少,可像王怀庆这样痴迷马桶的人却显得非常独特。虽然王怀庆在北洋时期并无太多卓越的功绩,但他的与众不同却成了后人茶余饭后的谈资。

拒签《二十一条》的周自齐

文人出身的周自齐在北洋将领各领风骚的政治舞台上并不引人注目,但谈及他一手创办清华大学的艰难与他拒签《二十一条》的铮铮铁骨,却不禁让人心生敬佩之情。2011年是清华大学建校100周年,作为中国高校中最耀眼的明星,如今的清华大学早已成为莘莘学子神往之地,百年前的周自齐可曾幻想过"水木清华"会是自己留给后人的最好的礼物呢?旨在侵吞中国的《二十一条》至今仍令国人愤恨不已,而人们是否想过,如此绝密的外交文件是如何被国人所知,又最终被迫胎死腹中的呢?

海上生明月

周自齐,字子廙,1871年出生于山东单城镇牌坊街一个官绅世家。周自齐从小就被家人寄予厚望,悉心栽培。两岁时,由于父亲去世,他被伯父周少棠接去广东抚养,直至长大成人。他自幼聪慧过人,刻苦勤奋,立志要成就一番大事业。1891年,周自齐参加广州同文馆(广州同文馆是晚清洋务派为了培养大量翻译人员及熟悉西方事务的新式人才所建立的,在它之前成立的还有京师同文馆及上海同文馆,入校的学生多以学习外语为主,与今天的外国语大学性质颇为相似)的招生考试,以优异的成绩被录取。周自齐进入广州同文馆后,立即被这里新式的教学方式及自由的学术气氛所吸引,加上他的国文基础深厚,很快就成为同期学员当中的佼佼者。由于学业出众,颇有名气,周自齐引起了两江总督张之洞的重视,张之洞将他以翻译生的名义送到京师同文馆学习。

由于周家世代为官,周自齐的家人希望他能参加科考,进入仕途。但周自齐接受了大量西方先进文化的教育,对科考早已不感兴趣。他试图反抗,却终究敌不过家人的逼迫。1894年,周自齐中举。两年后,他被侍郎张荫桓推荐给了时任驻美公使的伍廷芳,就任驻美公使馆书记官一职。之后,他先后担任参赞、驻纽约旧金山领事及各国使臣等职务。周自齐虽身处国外,但对国内的局势非常关注。1898年,湖南、湖北、广东三省的绅商要求自建粤汉铁路,但腐败无能的清政府害怕得罪外国势力,又担心绅商没有能力修建铁路,因此不顾民众的反对与抗议,与美国签订了《粤汉铁路借款合同》,之后又续签借款赎约26条,当时承办此事的是驻美公使伍廷芳。周自齐获知这个消息后,异常愤怒,政府无能至此,国人情何以堪呢?周自齐当即代拟奏章,陈述利害,希望清政府能收回成命,将路权赎回并转由国人自己修建。很快,一场声势浩大的保路运动便轰轰烈烈地展开了。清政府害怕民众闹事,急忙想办法挽救。最终在民众的强大压力下,清政府赎回了铁路修建权。

由于清政府的腐败无能,中国在外务工、经商的人经常受到不平等、甚至苛刻的遭遇。1901年,周自齐到古巴担任中国公使馆代办,刚到那里,他便发现古巴政府的办事人员处处刁难中国商人,任意扣押货物,甚至对中国商人拳打脚踢。为此,周自齐向古巴政府严重抗议,然而,古巴政府却以中国没有与古巴订立税则条例为借口对此置之不理。此后,周自齐多次与古巴政府交涉,据理力争,多方奔波,最终拟定了中古税则,维护了中国商人在当地的合法权益,使他们免遭古巴政府的刁难与欺辱。

在欧美十余年时间内,周自齐学到了许多国外先进的文化,积累了丰富的经验,尤其学会了如何与外国人周旋、商谈,这些都为他日后的仕途奠定了坚实的基础。

清华的鼻祖

清华大学最初是由美国的"庚子赔款"所资助建立的,清政府与八国联军签订《辛丑条约》时所约定的赔款共计4.5亿两,其中美国分得3200多万两。之后,中国驻美公使就赔款具体事宜与美国国务卿进行激烈的讨论,谈话中美国国务卿无意中说出"庚子赔款实属过多"之意,驻美公使立即就此事大做文章,希望美国方面能够退还多余的赔款。

此时美国方面也有人建议用退还的赔款用做教育经费,使更多的中国人了解并学习美国文化,从而有效地将美国文化渗透到中国去。在他们看来:"商业追随精神上的支配,比追随军旗更为可靠。"时任美国总统的西奥多·罗斯福也渐渐意识到如果美国能够教育新一代的中国青年人,那么未来美国在中国的利益将会最大化。因此,他向国会建议将3200万两的半数用作中国留学生的教育用途。1908年5月,美国国会通过了总统的谘文。同年7

月,美国驻华公使正式向中国政府声明,将半数美国所得"庚子赔款"退还中国,并就派遣留美学生的具体事宜与清政府协商。两国政府商定由外务部负责在北京建立一所留美训练学校。清政府极力寻找能妥善处理此事的人选。由于周自齐早年曾到美国留学,并在美国担任多年外交工作,熟悉美国的各项事务,他便成为最合适的人选。

1908年6月,清政府成立了游美学务处,任命周自齐为总办,这就是清华大学的雏形。同年8月,内务府将清华园拨给学务处,用作游美肄业馆的筹建,后又改名为清华学堂,周自齐出任学堂监督,即校长之职。由于此前没有任何先例,做什么都是"摸石头过河",周自齐从校址的选定、校舍的建造、老师的聘用、学生的选拔等一系列事情都亲力亲为,未曾有丝毫的懈怠。1911年4月,清华学堂正式开学,共招收学员460人。清华学堂按照美国的标准对学生进行短期训练,然后将其中表现优异者送去美国留学。鉴于当时被送去美国留学的学生们所担负的"外交任务",周自齐在选拔学生时严格遵守中美方面的约定,被派遣学员必须"身体强壮,性情纯正,相貌完全,身家清白,恰当年龄"。这些被选送出国的优秀青年,经过美国发达教育的熏陶,回国后大都成为各个领域的领军人物,他们的名字在中国近代史上闪闪发光,照耀着中国前行的方向。辛亥革命后,清华学堂正式改名为清华学校,并于1925年开始招收四年制大学生。此后,清华大学一直成为中国高等学府中最耀眼的一颗星,直至今日仍然熠熠生辉。而作为开山鼻祖的周自齐自然功不可没,清华大学能有今日的辉煌,与初建时的"高要求、严把关"密不可分。

铮铮的铁骨

1911年10月,武昌新军里的一声枪响,宣告中国开始了从帝

制走向共和的探索之路。次年2月,宣统皇帝下诏退位,清王朝200多年的统治就此结束。袁世凯就任临时大总统后,周自齐被任命为山东都督。周自齐为何会被袁世凯委以重任呢?周自齐十余年的涉外经历,以及归国后的外务部任职、创办清华学堂等都证明他具有出色的外交才能,况且他也是清政府中不多可得的懂财政的大臣。辛亥革命后,袁世凯奉命组阁,便曾邀请周自齐出任度支部副大臣,此时的周自齐已成为晚清政治舞台上引人注目的人物,对于求才若渴的袁世凯来说,既知外交,又懂财政的周自齐绝对需要被纳入囊中。

"新官上任三把火",就任山东都督的周自齐意气风发,准备大展一番拳脚。当时正值新旧交替的过渡时期,整个社会局势仍然不太稳定。而山东的响马历来与东北的胡子齐名,境内响马多如牛毛,横行乡里,搞得民不聊生。周自齐的第一把火便烧向了这些土匪,他调动驻扎山东的精锐军队全力剿匪,逼得响马四处逃窜。此外,他还积极发展山东的工商运输业,发行银行债券,颁布剪除发辫办法等,整个山东顿时呈现出一片新气象。周自齐自然也博得了山东民众的阵阵喝彩。不久后,他被袁世凯调回北京,先后担任中国银行总裁、交通总长、陆军总长等职位。1914年,周自齐凭借自己在理财方面的丰富经验出任北洋政府的财政总长兼盐务署督办。向来有"理财能手"之称的他在政府强大的财政需求压力下显得游刃有余。据说他最拿手的一招就是炒外汇,即从英国贷款,拿到美国兑换成美元,然后再到英国转换成英镑,去购买廉价的日货高价转卖出去。经过这样来回的周转,赚取高额利润。这恐怕也是他凭借自己多年的外交经验所积累的宝贵财富之一吧!

周自齐人生的另一大亮点,同时也是被后人拍手称赞的就是他拒签《二十一条》(关于目前流传的周自齐拒签《二十一条》一事,一些史学界的专家提出此说无确切的史料作为依据),并且将此消息传播出去,最终迫使《二十一条》胎死腹中。

近代以来,崛起的日本一直将中国视为一块大肥肉,对中国虎视眈眈,妄想吞并中国,据为己有。第一次世界大战爆发后,日本趁同盟国节节败退之际宣布加入协约国,对德国宣战,借机强行占领德国在中国的领地——山东半岛。当时袁世凯正一门心思想搞复辟,当皇帝,因此急需帝国主义列强的支持,自然想跟日本搞好关系,因此对此事没有多加追究,任由外国列强在中国的领土上任意践踏及威胁中国国民的生命安全和基本权益。精明的日本人看透了袁世凯的心思,知道他想当皇帝,过把皇帝瘾,就趁此良机向北京政府提出旨在灭亡中国的《二十一条》,作为支持袁世凯称帝的互换条件。袁世凯称帝心急,也顾不了那么多,他想先签订条约以作权宜之计。于是他派周自齐作为总统特使秘密签订《二十一条》。

周自齐虽然一直将袁世凯视为恩主,对袁世凯唯命是从。但是他毕竟是个读书人,而且素以"爱国"自居,接到这个任务的时候感觉像接了一个烫手的山芋,办也不是,不办也不是。如果办了,那么自己将会成为中华民族的大罪人;如果不办,那么势必会得罪袁世凯,耽搁了袁世凯的称帝大业,后果可想而知。此时的周自齐坐立不安,他既对袁世凯卖国求荣的行径极为不满,又觉得自己人微言轻,对此事也无可奈何。

然而,周自齐毕竟是久经"沙场"的人,多年来的外交经验使他练就了一身好本领,懂得借力打力。原来,周自齐知道日本的"狮子大开口"必然会遭到全国民众的一致反对,况且英美等其他国家也绝对不会对此置之不理,毕竟日本的无理要求早已侵犯了他们在中国的利益。但是,日本方面事先已经与袁世凯约定条约内容要严格保密,否则后果不堪设想,周自齐自然要想一个万全之策来保障袁世凯的立场。声称生病,推迟签约的周自齐冥思苦想,恰好此时他的美国朋友、记者端纳的来访让他灵光一闪,有了主意。瑞纳看到气色很好的周自齐不像生病的样子,凭着记者敏锐的嗅觉,

他知道周自齐一定有苦衷，而这个苦衷很可能就是一则爆炸性的新闻。于是，在端纳的旁敲侧击下，周自齐假装"步步为营"，有意无意地将此事透露给了端纳。

聪明的周自齐要利用舆论力量和英美等国的压力逼迫袁世凯放弃《二十一条》，同时也使日本知难而退。端纳得到这个重要内幕消息时，既兴奋又气愤。兴奋的是自己捕捉到了如此重要的新闻，必然能大出风头；气愤的是日本方面的要求实在太过分，连他这个外国人都看不下去了。端纳立即联系报社，第一时间将《二十一条》的内容刊载出来。消息传出之后，举国震惊，各方人士纷纷声讨日本的狼子野心。英美等列强国家也不允许日本在中国独大，纷纷提出抗议。在各方压力之下，日本方面终于放弃了《二十一条》，与北京政府签订了新修订的条约，也就是《民四条约》。目前国内的专业研究者对《二十一条》的史实有不同的看法与讨论，还存有很大的争议。但我们再回顾这段历史时，却不得不给周自齐记下首功，毕竟是他的"灵机一动"使中国免遭屈辱，日本妄图灭亡中国的阴谋也因此未能得逞。

执拗的个性

北洋时期的历史纷乱芜杂，北洋的人物也总是让人参不透，看不明。周自齐为了拒签《二十一条》，不惜陷袁世凯于"不义"，但他却誓死忠于袁世凯，为他的复辟称帝鞍前马后，并最终因帝制祸首之名而遭到通缉，被迫流亡日本。

当袁世凯称帝的想法已成"司马昭之心"路人皆知时，北洋诸位将领都劝其"三思而后行"，周自齐却不顾众多将领的反对，毅然站在赞同称帝的队列之中，他自始至终都积极拥护并支持袁世凯复辟，为袁世凯出谋划策。1915年12月，袁世凯在天坛举行"祭天典礼"，周自齐也参与其中。为了讨好袁世凯，他还与袁世凯的宪法顾问古德诺一起为北京政府起草了一份备忘录,妄图为袁世凯在中国推行帝制提供理论依据。

在袁世凯最需要支持的时候,周自齐站在了他的一边,袁世凯自然也都记在心里,做了洪宪皇帝的袁世凯委任周自齐为"大典筹备处"委员,继续让他为自己的复辟效力。然而,袁世凯称帝的倒行逆施激起了全国各界爱国人士和广大民众的强烈愤慨,很快全国的倒袁风潮此起彼伏。"一失足成千古恨"的袁世凯在忧愤中死去,周自齐顿时失去了往日的风光,沦为了通缉犯。在全国人民强烈要求惩办复辟元凶的呼声中,北洋政府被迫将周自齐撤职查办,并下令对他展开通缉。好在周自齐在北京的人脉根深蒂固,他提前得知消息,匆忙逃往日本。直到1918年冯国璋代理总统取消了对帝制祸首的通缉令后,周自齐才结束流亡生涯,回到北京。

由于周自齐在袁世凯政府时期表现出色,并且具有深厚的外交经验及财政能力,所以从日本逃亡回国后,他仍然受到北洋政府的继续重用;在连续几届内阁中担任要职,甚至在徐世昌被逼下台后,为避免中国的"无政府状态"而代任大总统之职。但此时的北洋政府早已物是人非,军阀各自为营,相互争斗不断,作为文臣的周自齐只能任人摆布,左右逢源。曾经的抱负、理想早已被现实击得粉碎,周自齐渐渐对政治心灰意冷,再也没有前进的动力了。徐世昌下台后不久,他也辞职,决意退出政界。

晚年的周自齐考察了美国的电影工业,凭借敏锐的嗅觉,他意识到这个新兴的产业将会在未来成为不容忽视的经济力量。为此,他筹办了孔雀电影制片公司,邀请我国第一部电影年鉴的主编程树仁担任翻译工作,译制出中国电影史上第一部由外国影片配上中文字幕的《莲花女》。昔日风光无限的政坛新秀在中国电影史上留下了自己的篇章。1923年9月,周自齐在上海病故,享年52岁。

历史中总有太多的偶然与必然,而人一生的经历也同样会出

现偶然与必然。只是太多时候,我们分不清何为偶然而得,何为必然所失。正因如此,对人的客观评价成为一种困难。但不可否认的是,周自齐的一生丰富多彩、充满传奇:在政治方面,他因拒签《二十一条》而被后人称赞不已;在教育方面,他因创建清华学堂而被列为开山鼻祖;在财政方面,他也丝毫不逊色于"北洋财神"梁士诒;而在电影史上,他更是留下了具有划时代意义的巨作——《莲花女》。

"抽签省长"张怀芝

北洋时期,风云际动,群雄竞起,当时曾独霸山东的军阀,名叫张怀芝。他并非名门之后,也非官宦之家,仅凭个人的努力登上了权利的顶峰,成为北洋军阀中不可忽视的力量。他少年坎坷,却一朝得志,成为赤手可热的军阀。他集山东军政大权于一身,被人冠名为"抽签省长"。他大兴土木,修建豪宅,却也热衷家乡教育,修建学堂。他在权势中浮沉,给人们留下了一个又一个奇谈……

少年报羁恨,梦泣尘白头

1861年,张怀芝出生在山东省东阿县刘集镇皋上村一户普通农家。张家清贫,不过张父为人通达,深知学识的重要性,倾尽所有供张怀芝读书。但好景不长,张父病逝,原本就捉襟见肘的生活更是雪上加霜。张怀芝无奈辍学,义无反顾地挑起家庭重担。他讨过饭,做过各种散工。很多时候,他不得不白天四处游荡找活,晚上在破庙里寄宿。艰辛的生活并没有压倒这位少年,他可能并没有意识到,未来某天突然降临的转机能够被他恰当地攥在手心,大部分还要归功于此时在艰苦环境中的历练。

1880年,张怀芝背井离乡,到黄河边挑沙谋生。他听闻很多人来到这里,名为

淘沙,实则是淘金。很多人淘到金子,一夜暴富。张怀芝怀揣着自己的发财梦在黄河边上一干便是一年,可是除了滚滚东去的黄河水和沉积在河床上的泥沙,他什么也没有看到。面对着汹涌的黄河,张怀芝第一次意识到了自身的渺小,他为了生活在社会的底层摸爬打滚这么长时间,可是几年下来,依旧一事无成,甚至遭人唾弃。初生的"牛犊"突然感到了社会的可怕,动荡的清政府恰似一头饥饿的老虎,张着血盆大口,时刻准备吞噬着这些碌碌无为的人。张怀芝感觉心中的一团烈火熄灭了,仿佛一瞬间整个黄河水突然倾倒在了心胸,浇灭了心中的所有。人生总是有数不清的迷茫与困顿,只有不停地战胜自我走出人生的低谷,才能成为生活的强者。可是,任谁都知道,这个过程是那么艰难。

时值新年,张怀芝两手空空地返回故土,家里早已揭不开锅,他只能像以前一样去亲友家借粮。说来也巧,他最近的亲人是自己的亲娘舅,可惜为人吝啬。这位舅舅早已经厌烦了这个没有出息的外甥,语气之中尽显傲慢与不屑,仿佛张怀芝只是偶尔敲门来讨饭的叫花子。更为可气的是,他竟然只给了张怀芝一碗黑豆。当时,黑豆是民间用来驱邪的东西,看来张怀芝的亲舅舅将他视为瘟神了。

当人们欢天喜地迎接新春到来的时候,张怀芝却端着一碗黑豆,行走在风雪中,他的身影虽然魁梧,走得却有些蹒跚。他有数不尽的委屈,却没有一滴泪;他有数不尽的梦想,却没有一样实现……寒风像刀子一样吹打在他的脸上,这是一张怎样的脸啊,冻结的坚毅与冷峻,凌厉的眼神瞬间定格了整个世界。也许就是那一刻,张怀芝的心中被瞬间灌注了无尽的力量,他要出人头地,他要官居显赫,他要腰缠万贯,这一切,都只为有一天能够衣锦还乡,能够让所有瞧不起他的人为今天的所作所为付出代价!就在万家灯火的大年夜,张怀芝在一户破败的农家门外跪下,端端正正地磕了几个头,然后头也不回地消失在茫茫的风雪中,农家里昏暗的煤油灯下坐着衣着单薄的母亲,她在等待外出借粮过年的儿子。

万里不惜死,一朝得成功

　　1881年,张怀芝只身来到了天津。他立下誓言,不出人头地决不归乡。机缘巧合,当时天津北洋军招纳新军,张怀芝顺利成为北洋军的一员。但是由于没有什么学识和本领,他成了军队上的一个"马倌"。一旦野心在心中生根发芽,便会势不可挡地生长起来。张怀芝明白,这只是自己的一个开始,齐天大圣孙悟空都是从马倌做起,自己为何不可呢?一名小小的喂马士兵如何能够引起他人注意,归结点当然是马了。为此,张怀芝开始潜心研究各种饲养马的窍门。他读书不多,轻松的饲养工作为他提供了大量的时间,他开始研读各种书目,奋力苦读。"不想当将军的士兵不是好士兵",而一开始就怀揣着将军梦的士兵更不容小觑。有着明确目标的人总是能够事半功倍,这正如大海上的航船有了灯塔一样,港湾就在前方,只需要扬帆前行。

　　张怀芝的"马倌"一当便是七年,这是怎样的七年呢?它使一个人脱胎换骨,使一个人焕然一新。七年之间,张怀芝在自己的工作上大下功夫,由他喂养的马不仅体格强健,而且战斗力增强,马队面貌有所改观。熟悉他的人都知道,这是一个非常尽责的喂马好手,对自己的工作十分用心。其实只有他清楚,他想以此为跳板,等待机会,实现下一个飞跃。他的表现获得了上级的赞许,很快他便被选派到天津武备学堂第一炮兵部学习,之后因为成绩优越、表现突出,毕业之后提升很快。到1895年的时候,他已经是袁世凯新编陆军北洋炮队的领官了。

　　然而,真正使张怀芝一朝得志的却是八国联军侵华一役。在外国侵略者的炮火中,清政府瞬间土崩瓦解。八国联军长驱直入,逼近清宫。慈禧太后和王公大臣仓皇西逃,举国上下无不震惊。

而当时张怀芝率领的炮队正好被派到东交民巷,攻击外国使馆,以期拖延战况,保证慈禧一众人等顺利出逃。如何能够既拖延时间,又不至于过分激怒敌人?狡猾的张怀芝心生一计。他下令让所有炮兵将炮筒偏离目标,不间断发射只为威慑敌人,但并不会真正伤害他们。这在我们今天来看,是多么的可憎啊!敌人已经无耻地打到家门口,烧杀掳掠就在身边,张怀芝却背叛了自己的良心。不知道野心勃勃的他凭借此功而飞黄腾达之后,可否在回忆里自责过自己的过失?这次事件被冠为护驾有功,而且此次的护驾又是万分贴合朝廷不惹怒外国人的意愿,张怀芝凭借此事,一跃龙门,待到辛亥革命之时,他已经作为袁世凯的得力大将帮办直隶防务,兼天津镇总兵。

谋私犹谋公,忧身不忧国

辛亥革命前后,时局动荡不安。越是位高权重的人越能感同身受。清廷纷争不断,派系之间斗争激烈,而且出尔反尔,威信尽失。尤其是在1911年,清政府重新启用袁世凯。目光敏锐的张怀芝立刻读懂了这位卷土重来的上司对权势和利益的渴望,不想被卷入斗争漩涡的张怀芝决定急流勇退。1913年6月,他辞官回到了山东老家。

多年前的一个风雪夜,张怀芝对天起誓,不出人头地绝不还乡。如今荣归故里,他也和其他功成名就的人一样大兴土木,修建祠堂和居所。据说当时气势恢弘的张家园林直到1927年才全部完工,内中奢华程度令人感叹不已。说起这个张家园林,还有一段传奇故事。今天尚存的"万竹园"便是张家园林的一角,其间竹林深深,雕梁画栋,房舍格调严谨,布局奇妙。有房舍处必有竹子,竹子品种多样,布置同中有异。竹子根根直立,仿佛要直上云霄。可是偌大的园林并不如北方其他园林一样规规整整,园林有一角是缺失的。这可不是工匠们的匠心独运,也不是张怀芝的别出心裁,而是这块地根本没有被张怀芝购买。

当时张怀芝衣锦还乡,看中了这块地方,决心花重金买下它,兴建自己的养生居所。但没想到的是他竟然碰上了一个"钉子户"——陈继尧,园林缺失的那一角正是陈家的菜地。无论张怀芝给多少钱,陈家就是两个字:不卖。陈家的那一小块菜地是祖上留下来的,卖掉祖业在当时来看,并非什么光彩的事儿。可是胆敢如此不买高官的帐,也要有一番勇气。张怀芝否定了属下准备用武力解决问题的建议,而是让工匠们依据地形修建了一处三进院落。一边是精妙绝伦、恢弘大气的张家园林,一边是陈家一小块绿油油的菜地。如此景象,在当时真是传为奇事。

但是,真正令张怀芝美名相传的并不是那富丽堂皇的张家园林,而是他的"张氏小学"。他深知教育的重要性,在家乡兴建小学,并聘请教员前往教书。"张氏小学"规模宏大,造福了一方百姓。一个人,不管如何富庶,如果他只是自己独享荣华,所有的一切也只不过是水中月、镜中花,只有懂得回报的人才是真正富有的人。不管张怀芝一生曾做过多少愧对他人的事,他至少还有一件事是值得人们去记忆的,那便是他一手兴建的小学堂,可惜学校早已在一波又一波的炮火中消失了踪迹。

春风拂颜面,得意马蹄急

人生浮沉,谁能料到,当时只想避开纷争,颐养性情的张怀芝并没有清闲几日。当他还在未完工的张氏园林中与来自天南地北的能工巧匠们商讨园林设计的时候,一纸通告传来,张怀芝被任命为察哈尔都统,不久又被封为一等男爵。袁世凯离世之后,张怀芝又入段祺瑞的皖系。1916年,张怀芝被任命为山东督军,很快又兼任山东省长,大权独握,成了家乡的父母官。

我们之所以会说张怀芝是"抽签省长",故事就在这里。传言张怀芝独揽山东大权,事务繁忙。况且,一直从事军事事务的他对很多日常杂事并不清楚。很多时候,他甚至不知道一件事情究竟要交给哪个部门去处理。习惯了战火与炮弹的人,也许并不习惯去处理大小政事,军事才能和政治才能更不可能相提并论。面对这样的境况,张怀芝竟想出了一个令人啼笑皆非的办法,便是抽签。他将所有要员的名字写在签上,遇到事情直接抽签,抽到谁就由谁去处理。这种在今天看来分外荒唐的行为,在当时却真实地存在着。每天,各部门要员都齐聚在一起,等候张怀芝抽签召唤,如果未到,后果非常严重。谁曾想,这样一个举动竟然大大提升了官员的出勤率,玩忽职守的现象也减少了很多。每日,官员们战战兢兢地等待张怀芝抽签委命任务,遇到根本不是自己部门的事务,还会找其他人学习与沟通。官员上下,一时一团和气,外人纷纷议论,真不知道这个省长是真傻还是假傻。

张怀芝的严厉与苛刻是出了名的,处理事务时,无论官职大小,都一视同仁。据说有一日,张省长抽签时抽到了一位科长姚鹏,连叫几声,竟然无人应答。顿时勃然大怒,下令责打姚鹏二百军棍。这位姚科长是位老名士,向来恪尽职守,历任省长都敬重他。不巧这天恰好有急事外出,实属突发状况。因此,全省署官员向张怀芝求情,请求从轻发落。张怀芝却坚持不从,厉声说道:"王子犯法与庶民同罪,二百军棍是免不掉的。"后经多方求情,才达成妥协,由姚鹏亲自写一张欠条呈给张怀芝。那欠条是:"兹欠到:省长公署军棍二百。此条中华民国五年十月四日姚鹏具。"如此省长,如此欠条,的确可付之一笑!

他那句经常挂在嘴边的"王子犯法,与庶民同罪"甚至也用到了至亲上面,这更是让众人畏惧三分。话说他的儿子仗着自己的父亲是省长,有事其他人也不敢举报,在部队里作威作福,安心当起了"太子爷"。张怀芝得知此事,大发雷霆,不仅将儿子暴打一顿,而且把他揪上了军事法庭,放言一干人等不得徇私枉法,要秉公办事。俗话说"虎毒不食子",张怀芝却可以不念亲情,亲自将儿子送上法庭,谁还敢再去摸这个老虎尾巴呢?

是非与成败,转头皆成空

每个人的一生都是一部传奇,如果单凭只言片语便去评判一个人的好坏,真的是有失公允。在这里,我们只是回到历史中,去窥探一个真实的张怀芝:身为北洋时期雄踞一方的军阀,张怀芝曾和清政府沆瀣一气,不敢对外国侵略者有丝毫侵犯,但他也在国家危难时请求黎元洪解散反对对德作战的国会。他曾经多次南下围剿国民军,残酷打压国民党,但他也曾任山东一省之长,肃清官吏贪污腐败等恶劣行径。他大兴土木,修建祠堂和园林,但也热衷教育,在家乡留下"张氏小学"。他是一位不折不扣的军阀,也是一个坚持不懈的军人。走出历史的烟幕,我们只是为了看得更真切。

1933年10月10日,张怀芝病逝于天津的私宅,终年71岁。这里是他发家的地方,一切从这里开始,也从这里结束。风起云涌的时代,他只是众多将领中普通的一员,但他走完的却是自己不普通的一生。11月21日,他被安葬在东阿县祖茔,落叶归根,一切归原。

"斜眼将军"靳云鹏

靳云鹏曾是北洋时期显赫一时的风云人物,两次出任国务总理,手握军政大权。然而,处在诸多军界"大佬"的阴影下,他的总理美梦渐渐变成了现实中的噩梦,他努力在夹缝中寻求自己的出路,却只能落荒而逃,被迫远离政治旋涡,寄情于佛家的禅道。

为求改变去当兵

靳云鹏,字翼青,出生在山东邹城的一个普通农民家庭,后全家迁往济宁。靳云鹏在兄弟当中是最年长的,他的父亲很早就去世了,全家的重担都落在寡母邱氏身上,一家人靠母亲卖煎饼度日。父亲去世之前,靳云鹏读过一段时间的私塾,后来家里的生活变得越来越拮据,他便到街上当勤杂工。

本来靳云鹏也算是知命安贫的人,可是老天爷偏偏喜欢挑逗他,一个小小的意外打破了他们本来安稳的生活。靳云鹏有个弟弟叫靳云鹗,有一年,靳云鹗推着水车不小心溅了当地缙绅的儿子,老虎的屁股摸不得啊,兄弟二人当场就被对方的家仆狠狠地揍了一顿,走的时候还恶狠狠地说绝不会轻易饶了他们。穷苦人家的孩子怎么能惹得起有钱人家的儿子呢?没办法,惹不起就躲吧,于是兄弟二人连夜用水车载着母亲和姐妹们逃往济南,从此开始靠染布为生。因为靳云鹏从小右眼外斜,所以人们就给他起了个外号叫"斜眼染匠",一直到后来做了军阀也被称为"斜眼将军"。

靳家兄弟逃到济南后,日子仍然不好过,为了改变自己的命运,他们决定去投军。1894年,靳云鹏和弟弟加入了袁世凯在天津小站训练的新建陆军,隶属于段祺瑞部下,开始了自己的军旅生涯。最初,他因为有眼斜的毛病,只能被当做替补兵,每天干的就是清扫马厩厕所的活。但靳云鹏并不因此气馁,他勤朴踏实,尽心尽力地做好自己该做的活,"天道酬勤",他终于遇上了自己的伯乐。有一天,袁世凯巡营,见靳云鹏工作认真,好学不倦,于是就破格提升他,后来还选送他到新建陆军附设炮队随营武备学堂学习。毕业后的靳云鹏留下来任学堂教习,渐渐深得学堂监督段祺瑞的赏识和器重。

墙头草随风倒

1911年,靳云鹏调任云南新军督练公所参议。当时的云南是国防重地,时任云贵总督的李经羲特别注重新式人才,他选用了一批曾留学日本的士官毕业生,如赫赫有名的蔡锷、李根源、唐继尧、罗佩金等人。武昌起义爆发后不久,西南各地也都按捺不住,相继发动了革命。蔡锷作为云南革命派的老大,开始集合力量,密谋在昆明起义。谁知靳云鹏事先早有所耳闻,他建议李经羲把其他革命党人调往外地,这样的话蔡锷就孤掌难鸣,成不了什么气候。但李经羲对蔡锷深信不疑,他认为靳云鹏对留日士官生的成见过深,所以对蔡锷有了猜忌之心。革命党人最终在云南发动了起义,靳云鹏趁乱逃回北京。当时,袁世凯正与南方革命党议和。时任湖广总督,兼管河南军事的段祺瑞极力促使他将云南情况告之袁世凯。虽然靳云鹏没有镇压革命起义的功劳,但由于他曾试图阻止

过对蔡锷的任命,并且事发之前准确预测了云南的局势,袁世凯对他大力称赞。辛亥革命后,靳云鹏依靠段祺瑞的大力支持,短短几年内,官越做越大,1914年9月,他出任山东都督一职,后又被袁世凯任命为泰武将军,督理山东军务。段祺瑞对他的知遇之恩也使他日后成为段的坚定拥护者,被列为"皖系四大金刚"之一。

靳云鹏任职山东期间,正是第一次世界大战之时。当时日本对胶东地区觊觎已久,常常会提出一些无理的要求。靳云鹏不得不对此时常防范,小心翼翼。然而他既不敢公然驳斥日本方面的无理要求,又不能有求必应,置国家利益于不顾。无奈之下,他只能玩起了"太极",对日本方面提出的问题尽可能"一推二拖",小问题答应,大问题装不懂,好在没有发生特别严重的问题。对外,靳云鹏能有自己明确的立场,而对内的情况却让他一度愁眉不展。袁世凯称帝复辟的野心让他很是为难,他既不敢直接反对,又担心"玩火自焚",无奈之下只好玩起了两面派:一方面联合其他几省的将军密电袁世凯请他立即登位,另一方面又对讨袁运动敷衍应付,希望日后能保自己周全。无论袁世凯称帝的结果如何,他都能竭力保住自己的地位与权益。然而,随着讨袁声势越来越大,靳云鹏参加拟电逼袁退位的消息传到了袁世凯的耳中,袁世凯自然是勃然大怒,对靳云鹏感到极其失望,他下令免去靳云鹏的山东督军职务,改由张怀芝继任。靳云鹏一下子就懵了,自己机关算尽,却未料到会有如此的下场。然而,塞翁失马,焉知非福,靳云鹏虽然丢了官职,但却为自己赢得了"反对帝制"的美誉。

黄粱一梦太短暂

袁世凯死后,段祺瑞总揽了北京政府的军政大权。靳云鹏回到北京后,决心死心塌地地投靠段祺瑞。段祺瑞也比较信任他,委任他诸多要职。靳云鹏竭尽全力,在很多政策上都亦步亦趋,此时两人的关系十分融洽。然而,好景不长,靳云鹏与段祺瑞的嫡系亲信徐树铮便产生了矛盾。"人怕出名猪怕壮",靳云鹏树大招风,自然会引起徐树铮的不满。徐树铮是段祺瑞手下的红人,唯一的靠山便是段祺瑞,而靳云鹏为了保住自己的地位,与冯国璋、曹锟、张作霖等人均保持一定的交情与关系。对段祺瑞来讲,两人能团结一致自然是好事,否则关键时刻他还是会替徐树铮撑腰的。

靳云鹏与徐树铮的矛盾不断升级,两人的关系已经到了水火不容的地步,靳云鹏常常气得请假不办公,而段祺瑞夹在两人之间左右为难。为了尽量减少两人的摩擦,段祺瑞不得不将靳云鹏外派做一些联洽、沟通的工作。靳云鹏开始坐不住了,为了给自己谋取一条后路,他开始积极向总统徐世昌靠拢。徐世昌苦于没有自己的军队,常常受人牵制,而靳云鹏也饱受寄人篱下之痛,极力想摆脱大军阀并独立执掌大权。于是,两人一拍即合。1919年,冯国璋与段祺瑞两人相约同时卸职,靳云鹏抓住这个机遇担任了钱能训内阁的陆军总长。为了替各军索要欠饷,靳云鹏与财政总长龚心湛闹翻,两人当场互相谩骂,一时都口不择言,还涉及参战军费的秘密来源。段祺瑞对此极为不满,靳、龚二人都是皖系的人,两人相斗成何体统?他把靳云鹏叫来,当面斥责,并责令靳云鹏让步。靳云鹏迫于压力只得表面上与龚心湛握手言和,但他根本咽不下这口气,于是产生了彻底离开皖系的念头。徐树铮更是趁机落井下石,趁机与龚心湛合作推翻钱能训的内阁,改由龚心湛组阁,以为这样便可以将靳云鹏彻底打倒。谁知靳云鹏也不是好惹的,他见徐树铮行事如此嚣张,便与徐世昌、曹锟、张作霖联手,将自己推出重组内阁。这样事情就闹大了,争斗已经不是徐、靳两人之间的,而是直奉与皖系之间的竞争。碍于直奉两系的压力,徐树铮只能忍下了这口气。1919年11月初,靳云鹏终于实现了组阁的愿望。他的组阁方案得到了众参两院的认可,靳云鹏内阁成立。表面上,他对段祺瑞的态度仍是客客气气、恭恭敬敬,实际上内心

早已和段祺瑞分手,开始试图独树一帜,自成一派。

然而,北洋时期,中央对地方的财政、军权等都没有太大的约束力,靳云鹏内阁总理的日子也没能舒舒服服地度过,军阀们经常会借故找他要钱,为此他忧心忡忡,甚至采取了赌博的方式来解决此类大问题。组阁后的靳云鹏不想再看他人的脸色,他想靠自己的力量争取更多的话语权。尽管表面上他公开宣称要做各方面的桥梁,为其他军阀之间的和解与矛盾铺路搭桥,然而,暗地里他却安排自己的弟弟掌握大权,并极力扩张势力。靳云鹏的这种做法逐渐引起他人的不满,更令他担心的是,他无法轻易摆脱皖系的控制,段祺瑞常常以上司自居,拿"交靳核办"的字样要靳云鹏审批,

北洋勋章

还在内阁人选上制约靳云鹏。面对段祺瑞等人的无礼,靳云鹏只能忍气吞声,他知道凭借现在的力量根本无法与段祺瑞抗衡,只能尽可能地敷衍他,暗自壮大自己的力量。然而,徐树铮却进一步部署并增强皖系的实力,并计划采取"和奉打直"的策略来巩固皖系的地位。徐树铮一方面争取张作霖的同情,希望他保持中立的态度;另一方面处处与靳云鹏内阁作对,使内阁渐渐濒临瘫痪状态。靳云鹏本人更是受尽排挤,甚至自己的私人行动也受到暗中监视。在这种情况下,靳云鹏实在受不了了,他不得不以退为进,提出了辞职。

借助他人知用人

人有时候的确需要点运气。靳云鹏辞职后不久,段祺瑞在直皖战争中落败。此时的靳云鹏却意外地沾染了好运。直系首领曹锟本来想请王士珍出来组阁,但王士珍不愿再涉入政坛,所以拒绝了曹锟的提议,而奉系首领张作霖却再三建议请靳云鹏组阁,无奈

之下,曹锟同意了张作霖的建议,由靳云鹏再次出任内阁总理。

第二次组阁时,靳云鹏提出了四点政治主张:一要促进南北议和,二要裁兵,三要整饬纲纪,四要整理财政。如此看来,靳云鹏倒真是想有一番作为的,但从实际情况来讲,他的四项政治主张大多只是空想,在当时军阀割据的情况下,任何一项实施起来都会遭到难以想象的压力。况且,靳云鹏本身也只是表面讲得诚恳,暗地里却另有自己的打算。他主张南北议和,却支持广西陆荣廷反对孙中山,授意王占元支持西南地区的小军阀,借机将北洋军阀的势力扩展到西南;至于裁兵,军阀出身的靳云鹏自然知道军队是军阀赖以生存的根本,军阀混战的最终目的便是抢占更多的地盘,拥有更强大的军队来支持霸业,而裁兵自然与现状存有不可调和的矛盾,况且靳云鹏自己也在扶植弟弟靳云鹗积极扩张,所以他既不愿意裁自己的兵,也没胆量裁他人的兵,裁兵的主张也只能成为政治口号而已;至于他所提出的所谓整理财政与整饬纲纪,其实质就是想建立统一的国税,由各地收集上交国库,再由他的内阁进行统一的分配,这样就能削弱各地军阀的财力,也就限制了各地军阀的扩张,而各地军阀自然不会同意他的主张。他的政治设想,一项也没有兑现,等于空头支票,对此,大家也都心知肚明。

靳云鹏再次组阁是军阀们互相妥协、相互牵制的结果。当上了总理,权势已算达到顶峰,但他手中无钱,国家的财政、金融和交通等有钱的部门被梁士诒等人所把持,这些人都有其势力,对靳云鹏的命令并不听从,靳云鹏也无计可施,对此很是苦恼。痛下决心后,他决定组建新的财政班底,逐步将梁士诒等人替换掉,从而真正地控制国家财政。梁士诒也非等闲之辈,岂容靳云鹏肆意妄为,他们之间的矛盾逐渐明朗化。1921年4月,为了推进对财政的控制力度,靳云鹏邀请曹锟、张作霖在天津召开会议。在会上靳云鹏提出了要局部地改组内阁,提出的方案是"以张志潭代替叶恭绰职掌交通部,李士伟代周自齐负责财政部"。是否改组内阁,对曹锟、

255

张作霖这样的大军阀并没什么影响,所以他们都没什么意见。只是因为李士伟曾做过日本洋行买办,名声不好,大家对他没有好感,最后决定由财政部次长潘复代周自齐负责财政部。对于这样一个结果,靳云鹏也是非常高兴的,他控制财政的计划已有了实质性的进展。然而,梁士诒等人对他的容忍也达到了极限,双方彻底决裂,以梁为首的交通系开始密谋推翻靳云鹏的内阁。他们利用张作霖、徐世昌对靳云鹏的不满逐步实现了自己的政治目的。

　　靳云鹏能够二次组阁,在很大方面是靠张作霖的帮助。"世上没有无缘无故的爱",张作霖之所以对这个儿女亲家充满了信任,是希望通过他为自己争取更多的利益。然而,他逐渐意识到靳云鹏做事都有自己的主张,无法将其视为政治傀儡,再加上他一直觉得直皖战争后的利益分配不均,全因靳云鹏偏袒直系的吴佩孚所造成,因此,对靳云鹏的抱怨日渐加深,隔膜也越来越大。失去后台的靳云鹏日子越来越不好过,而他与徐世昌的矛盾也逐渐激化。当时,靳云鹏除受军阀、财政的压力外,徐世昌也常常利用自己的职权对他多加干涉,使他对自己有职无权的状态非常不满。梁士诒等人就拿此大做文章,使徐世昌认为外界盛传的推翻总统、改造时局的计划是由靳云鹏一手策划的,令他对靳云鹏多加刁难。靳云鹏原本想通过与各种势力建立良好的合作关系来推行自己的政治主张,并最终实现自己的政治野心。然而,他越是要平衡各方的关系,就越是得罪人,最后落得处处不讨好。无奈之下,靳云鹏只得提出辞职,二次组阁再次以失败而告终。

也效法陶朱管仲

　　靳云鹏下台后,一直在天津租界内过着寓公生活,他开始把精力放在经济活动上。他和日本、德国等国的财团合作,建铁路、办矿业、投资纱厂,拥有的独资或合资的企业就达20多家,资产达

6500万元之巨。靳云鹏虽然全力从事经济活动,但他并未忘情政治。政治舞台上稍有风波,他就进行活动,其间有过两次重登政治舞台的机会,但都因有人反对而夭折。经历了这么多波折,靳云鹏也不再妄想重登政坛了。1931年开始,靳云鹏渐渐转向佛门,经常礼佛听经,还在自家设立了佛堂。孙传芳下野后也在其影响下开始笃信佛教。

七七事变后,日本特务头子土肥原贤二曾多次派人劝靳云鹏放弃隐居生活,与日本人合作,组织华北伪政权,都遭到靳云鹏的婉拒。在民族大义面前,靳云鹏保住了气节,总算没给中国人抹黑。

1951年1月,靳云鹏在天津南海路寓所病逝,终年74岁。

袁世凯和他的北洋将领

晚清旧军

北洋新军

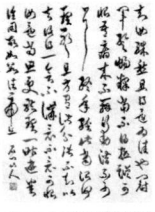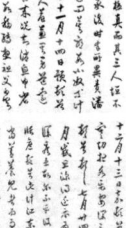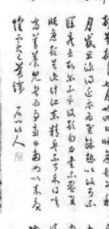

徐世昌 《石门山临图帖》

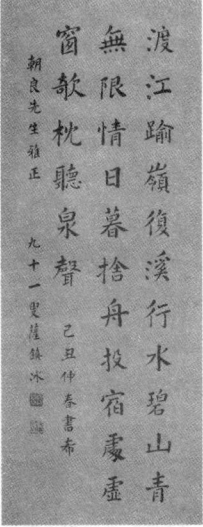

曹锟　行书对联　　　　　萨镇冰　书法作品

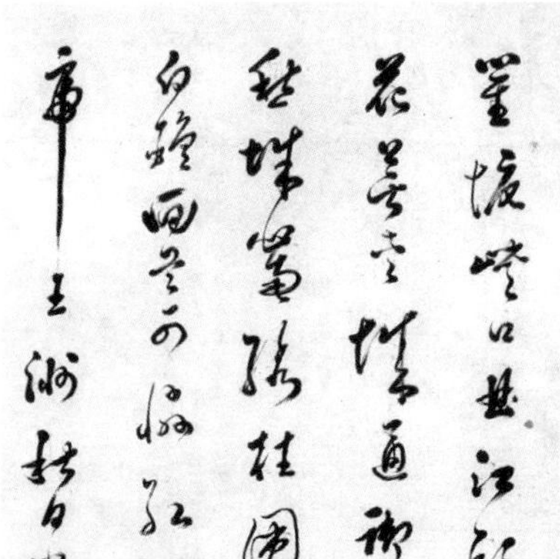

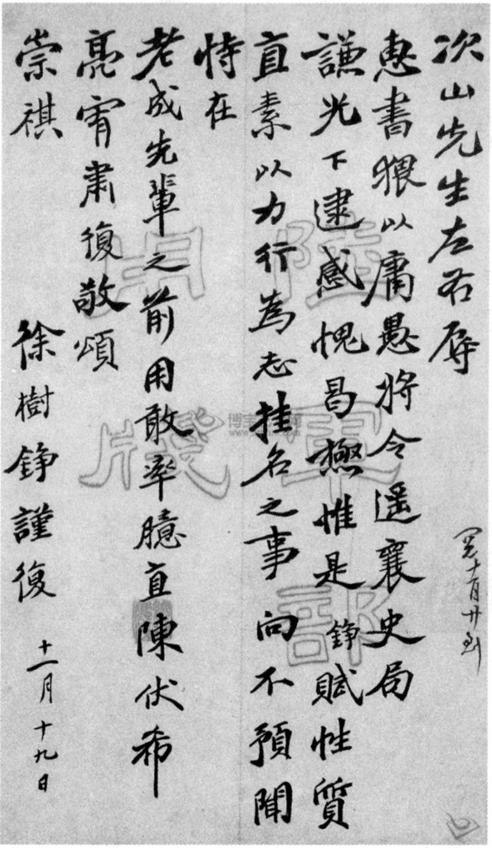

次山先生左右 辱
惠書猥以庸懇將令遙襄史局
謙光下逮感愧曷擬惟是錚賦性質
直素以力行為志挂名之事向不預聞
特在
老成先輩之前用敢率臆直陳伏希
亮宥肅復敬頌
崇祺
　　　　徐樹錚謹復 十一月十九日

墨坡嶙峋無江紅茅平風烟接素秋
花墨空外通御氣呈雲嵐小苑入遠
社蝶萬騎桂園黄鵠銀漢玉壺長
夕陰雨晉而婦紅騂地壽中彭古
章　玉淵哲兄如 子玉吳佩孚

吳佩孚　行書　　　　　徐樹錚　信札

打造精品图书　竭诚服务三农
河南大学出版社
读者信息反馈表

尊敬的读者：

感谢您购买、阅读和使用河南大学出版社的_____一书。我们希望通过这张小小的反馈表来获得您更多的建议和意见，以改进我们的工作，加强我们双方的沟通和联系。我们期待着能为您和更多的读者提供更多的好书。

请您填妥下表后，寄回或发 E-mail 给我们，对您的支持我们不胜感激！

1. 您是从何种途径得知本书的？
　　□书店　□网上　□报刊　□图书馆　□朋友推荐
2. 您为什么决定购买本书？
　　□工作需要　□学习参考　□对本书感兴趣　□随便翻翻
3. 您对本书内容的评价是：
　　□很好　□好　□一般　□差　□很差
4. 您在阅读本书的过程中有没有发现明显的错误，如果有，它们是：
_____
_____

5. 您对哪一类的图书信息比较感兴趣？
_____

请联系我们：
　　电　话：0378-2811016
　　传　真：0378-2811016
　　E-mail：hupjyf@126.com
　　通讯地址：河南省郑州市郑东新区 CBD 商务外环路商务西七街中华大厦2303室　河南大学出版社

"自然没有了。"托拜厄斯说。

"他们想让我们饿死,"她说,"这么说的话。"

"看起来是。"托拜厄斯说。

"我们可以伪装自己,"威尔玛说,"溜出去。比如,装成清洁工。穆斯林清洁工,把脑袋都遮起来。或者什么别的。"

"我非常怀疑我们能够不受盘查地通过,亲爱的女士,"托拜厄斯说,"这是年纪的问题。时间留下了印记。"

"我们可以是非常老的清洁工。"威尔玛怀着希望说。

"这是一个度的问题。"托拜厄斯说。他叹了口气,还是一个喘息?"但是不要绝望。我并不是没有资源。"

威尔玛想说她并不绝望,但是她忍住了,因为事情可能变得太复杂。她无法准确阐明她的感受。不是绝望,完全不是。但也没有希望。她只是想看看接下来会发生什么。反正肯定不会是日常惯例。

在采取任何其他行动之前,托拜厄斯坚持他们先在威尔玛的浴缸里放满一缸水,为未来做好准备。他自己的浴缸已经放满了。不久之后电力就会被切断,他说,然后水也不会流了。这只是时间问题。

然后他清点了一下威尔玛厨房和迷你冰箱里的物品。没有多少,因为她手边并没有留午餐和晚餐的食物。她为什么要留呢,他们任何人为什么要留呢?他们从不会准备这两餐。

"我有一些葡萄干酸奶,"威尔玛说,"我想。还有一罐橄榄。"

托拜厄斯嗤之以鼻。"我们靠这些东西活不下去。"他边说边谴责地摇了摇一盒什么东西。他告诉她,昨天他预先去了一楼的小卖部,谨慎起见买了能量棒、焦糖爆米花和咸味坚果仁。

"你多么聪明啊!"威尔玛惊呼道。

是的,托拜厄斯说,是很聪明。但这些应急口粮撑不了多久。

"我要下楼去厨房搜一搜,"他说,"在其他人可能想起来之前。他们可能会打劫商店,相互踩踏。我见过这种事。"威尔玛想和他一起去——如果发生踩踏事件她可以作为缓冲,谁会认为她是威胁呢?如果他们真的你争我夺大打出手,她可以把一些补给品藏在手提包里带回房间。但她没有提出这个建议,因为她肯定会成为累赘:他已经有很多事情要做了,没空护送她四处走。

托拜厄斯似乎知道她想派上用场。他已经贴心地为她想好了角色:她要继续待在房间里听新闻。他称之为情报收集。

等他一走,威尔玛就打开了小厨房里的收音机,准备收集情报。一个新闻播报员说的不比他们知道的多多少:"轮到我们"是一项国际性的运动,看起来是致力于扫清被一个示威者称为"头顶上的寄生废物",被另一个示威者称为"床底的灰团"的人。

当局只采取了零星的应对措施,甚至可以说几乎没有应对措施。他们有更重要的事情要关心:更多的洪水,更多的森林山火,更多的龙卷风,这些事情就已经让他们忙得团团转了。节目里播放了各种当局首脑的原声片段。那些被围攻的养老机构中的人员不应该恐慌,他们不应该试图出去到街上游荡,在街上他们的安全无法得到保障。有些人鲁莽地决定和暴徒搏斗,但他们都没能幸存,其中一人被徒手大卸八块。被封锁的人员应该留在室内,事情很快就会得到控制。可能会调配直升机。被围困人员的亲属应该不要试图自行介入,因为情况很不稳定。每个人都应该服从警察、军队或是特种部队的指挥。那些拿着扩音器的人。总之,他们必须相信,很快就会有人来帮助他们了。

威尔玛对此表示怀疑,但她继续听着接下来的专题讨论。主持人首先建议参加讨论的嘉宾声明自己的年龄和立场:学者,三十五岁,社会人类学家;能源领域工程师,四十二岁;经济学家,五十六岁。然后他们模棱两可来来回回地讨论起来:现在发生的事件是一次突然爆发的暴行,是对长辈观念、文明观念、家庭观念的冲击,还是说从另一方面看可以理解,考虑到这些小于二十五岁的年轻人不得不承受的经济与环境的双重挑战和刺激,老实说,真是一片狼藉。

了！焚尽余灰！你听清了！"然后电话被挂断了。积极向上的电台音乐响了起来。

威尔玛关掉了收音机：今天的情报已经足够了。

当她翻箱倒柜地找茶包时——泡茶这举动很冒险，她可能会烫伤自己，但她会非常小心——她的大按键电话响了起来。这是个有听筒的老式电话，她已经用不来手机了。她依靠着眼睛外围的视力找到了电话，无视了十或者十二个穿着皮草镶边天鹅绒长斗篷、拿着银色暖手捂的小人，接起了电话。

"喔，感谢上帝，"艾莉森说，"我看到发生了什么，他们在电视上放了你们楼房的画面，那些人围在外面让洗衣车调头，我担心极了！我现在正要上飞机，而且……"

"不，"威尔玛说，"这里没事。我没事。局面得到了控制。留在你……"然后电话断了。

所以现在他们开始剪断线路了。现在任何时候都可能会断电。不过安布罗希亚庄园有一个发电机，所以还能撑一会儿。

当她喝茶的时候门开了，但不是托拜厄斯，没有须后水的香味。一阵匆忙的脚步，一股咸湿布料的味道，一段哭泣声。威尔玛被拥在了一个壮实凌乱的怀抱里。"他们说我必须离开你！他们说我一定要走！我们被要求离开大楼，是有暴行，是的，很遗憾社会中最弱势的群体成了替罪羊，但这一轮事件在历史上并不是没有先例。在很多社会里——人类学家说——老人们都会优雅退场，走进风雪之中，或是被背到山腰留下，给嗷嗷待哺的年轻人腾出空来。但那是在物质资源非常匮乏的时候，经济学家说，老年人口实际上是最大的就业机会创造群体。是的，但是他们消耗了大量医保资金，而且大部分都是花在那些迟暮的……是的，那些都没错，但无辜的生命逝去了，容我打断一下，这取决于你怎样看待无辜这个词，他们中的一些人……你肯定不是在为那些行径辩护吧，当然不是，但你不得不承认……

主持人宣布接下来他们会接听听众的电话。

"不要相信任何不到六十岁的人。"第一个打进电话的听众说。他们都笑了。

第二个打进电话的听众说他不懂他们怎么能对这一事件如此轻描淡写。到了一定年纪的人已经辛苦工作了一辈子，他们交了几十年的税，而且可能还在继续交，政府在哪里？他们难道意识不到年轻人从来不投票吗？如果当选的议员们不立刻行动把局面收拾干净，民意调查的时候他们会遭报应的。更多的监狱。这才是我们需要的。

第三个打进电话的人一上来就说他一直投票，但这对他并没有什么好处。然后他说："焚尽余灰。"

"我没听清。"主持人说。第三个听众开始尖叫："你听清所有的工作人员,所有的护理人员,我们所有人,不然他们就……"

"卡嘉,卡嘉,"威尔玛说,"冷静。"她一次一只胳膊挣脱了她的怀抱。

"但你就像我的母亲一样!"威尔玛太了解卡嘉那专横的母亲了,很难觉得这是种称赞。但她是一番好意。

"我会没事的。"她说。

"但谁来给你铺床,给你送干净的毛巾,收拾你打碎的东西,在你的枕头上放巧克力呢?在晚上……"更多的抽泣声。

"我能处理,"威尔玛说,"现在,做个好姑娘,别惹麻烦。他们会派军队来的。军队会帮忙的。"这是个谎言,但卡嘉需要离开。她为什么要被困在这个看起来越来越像围城的地方呢?

威尔玛让卡嘉找来她的手提包,把里面所有的小额现金都给了她。至少有人还用得上这些钱,她自己短期内是不可能去购物狂欢了。她让卡嘉补足浴室里包装好的花香肥皂,以防万一再给威尔玛两块。

"为什么浴缸里有水?"卡嘉问。至少她不再哭泣了。"这是冷水!我来给你放热水!"

"这样就行了,"威尔玛说"不用放了。现在,快点出去吧。万一他们开始堵门了呢?你可不能迟到。"

卡嘉离开之后,威尔玛拖着脚走到活动区域,期间从书架上撞下了什么东西——可能是铅笔筒,有木棍的声音——然后她跌坐进扶手椅里。她想盘点一下现状,回顾自己的一生之类,但首先她试着在大字体的电子书上再看两句《飘》缓一缓。她打开电子书,找到她之前读到的地方,这真是个奇迹。她是不是应该去学一学盲文了?是的,不过现在显然不行。

噢,艾希礼,艾希礼,她想,她的心跳加快……

笨蛋,威尔玛心想。一切都要毁灭了,而你还在痴痴地想那个懦夫?亚特兰大即将被付之一炬。塔拉庄园也将毁于一旦。所有东西都会被洗劫一空。

在意识到之前,她睡着了。

她被托拜厄斯唤醒了,他温柔地摇了摇她的胳膊。她打呼了吗?她的嘴张着吗?她的假牙桥在正确的位置上吗?

"几点了?"她说。

"午饭时间了。"托拜厄斯说。

"你找到什么食物了吗?"威尔玛问,坐直了起来。

"我找到了一些干面条,"托拜厄斯说,"还有一罐甜豆。但厨房有人在用。"

"喔,"威尔玛说,"他们中有人留下了吗?厨师们?"这会是令人安慰的消息:她意识到自己饿了。

"不,他们都走了,"托拜厄斯说,"是诺琳和乔安妮,还有一些别人。他们做了汤。我们下去吧?"

从传来的喧闹声看,餐厅里正如火如荼。每个人都情绪高涨,不管到底是什么情绪。歇斯底里,这是威尔玛最合理的猜测。他们一定是从厨房端来了汤,就像侍者一样。一阵碰撞声,更多的笑声。

诺琳的声音扬起,传入她的耳朵。"这是多么了不起啊!"她说,"每个人都卷起袖子奋力干活!就像夏令营一样!我想他们一定以为我们对付不了这种情况!"

"你觉得我们的汤怎么样?"这次是乔安妮说。这问题不是问威尔玛的,而是问托拜厄斯的。"我们在大釜锅里炖的。"

"美味极了,亲爱的女士。"托拜厄斯礼貌地说。

"我们把冰柜扫荡了一番,把所有东西都放进去了!"乔安妮说。"所有东西!除了厨房水槽!蝾螈眼珠!青蛙腿!一出生就被掐死的婴儿的手指!"她咯咯地笑了起来。

威尔玛试着辨别汤里的东西。一片香肠,一粒蚕豆,一个蘑菇?

"厨房里的状况真是不体面,"诺琳说,"我真是不知道我们花钱让他们干什么的,这些所谓的工作人员!显然不是让他们打扫卫生的!我看见了一只老鼠。"

"嘘，"乔安妮说，"他们还是不知道的好，不会受伤害！"她们两个欢快地大笑起来。

"我可不会被区区一只老鼠吓到，"托拜厄斯说，"我见过更糟的。"

"但那里糟透了，在高级协助区，"诺琳说，"我们去看看能不能给他们送点汤，但通道的门被锁上了。"

"我们打不开门，"乔安妮说，"而工作人员又全都走了。这意味着……"

"太可怕了，太可怕了。"诺琳说。

"没什么能做的，"托拜厄斯说，"无论如何，这屋里的人无法照顾其他那些人。我们无能为力。"

"但他们在里面一定很困惑。"诺琳小声说。

"好吧，"乔安妮说，"等我们吃完午饭，我想我们所有人可以强化一下意志，排成两排直接从这里游行出去！这样我们就能通知当局，他们就会进来把门打开，把那些可怜人送到合适的地方去。这整件事都太可耻了！他们戴的那些愚蠢的婴儿面具……"

"他们不会让你们通过的。"托拜厄斯说。

"但我们所有人会一起去！媒体会在那里。他们不敢阻止我们，不敢在全世界面前！"

"我对此不抱希望，"托拜厄斯说，"全世界都喜欢挑个好位子看这种事的热闹。烧死女巫、绞刑示众总是座无虚席。"

"现在你吓到我了。"乔安妮说,但她听起来倒不是十分害怕。

"我要先去小睡一下,"诺琳说,"积聚力量。在我们游行出去之前。至少我们不用在那间肮脏的厨房里洗盘子了,反正我们很快就不会在这里了。"

托拜厄斯到院子里巡视了一圈:后门也被围堵了,他说,这是当然的事。接下来的一下午他都待在威尔玛的房间里,用着她的望远镜。更多人聚集到了狮子门外面,挥舞着和之前一样的标语,他说,还有一些新的标语:**时间到了。焚尽余灰。这次麻烦快一点。**

没有人贸然闯进外墙,至少托拜厄斯没注意到。今天是阴天,视野不好。对于一年中的这个时候来说,这将是一个不寻常的寒冷傍晚,电视在悄声无息之前是这么说的。他的手机现在也无法使用了,他告诉威尔玛:外面那些年轻人尽管是懒惰的共产主义者,却很擅长运用电子技术。他们在互联网上暗自四处打洞,就像白蚁一样。他们一定搞到了一份安布罗希亚的住客名单,登陆了他们的账户,把它们都关掉了。

"他们有油桶,"他说,"里面烧着火。他们在烤热狗。我猜还喝啤酒。"威尔玛也想来一份热狗。她想象着自己走过去,礼貌地问他们是否愿意分享。但她也能想象到他们的回答。

五点左右的时候一小撮安布罗希亚的住客聚集在了前门。只有大概十五个人，托拜厄斯说。他们排成了两行，就像一支游行队伍：两两一组，还有一组是奇怪的三个人。外面的人群安静下来，看着他们。有个安布罗希亚住客找到了一个扩音器，是乔安妮，托拜厄斯说。她下了命令，但透过玻璃听不清楚。队伍蹒跚着慢慢向前移动。

"他们到大门口了吗？"威尔玛问。她多么希望自己能看到这一切！这就是像是她读本科时看的橄榄球赛！紧张的气氛，针锋相对的队伍，还有扩音器。她总是在观众之中，从未参加过比赛，因为女生不玩橄榄球：她们的角色只需要倒抽凉气，还有搞不清楚规则，就像她现在一样。

悬念让她心跳加快。如果乔安妮的队伍可以通过，他们其他人也可以组织起来，尝试相同的事。

"是的，"托拜厄斯说，"但发生了什么事。发生了冲突。"

"什么意思？"威尔玛问。

"情况不好。现在他们回来了。"

"他们在跑吗？"威尔玛问。

"竭尽所能，"托拜厄斯说，"我们得等到天黑。然后我们就赶快离开。"

"但我们没法离开呀！"威尔玛几乎哀号起来，"他们不让我们走！"

"我们可以离开大楼，"托拜厄斯说，"然后在院子里等着。直到他们离开。那时就没人会阻止我们了。"

"但他们不会离开的!"威尔玛说。

"他们会离开的,在一切都结束的时候,"托拜厄斯说,"现在我们得吃点东西。我要把这罐甜豆打开。人类从没发明出真正有用的开罐器来,这一直让我失望不已。战时以来开罐器的设计就从没有改进过。"

你说的"结束"是什么意思?威尔玛想问,但她没有开口。

威尔玛为接下来的跋涉做着准备。托拜厄斯告诉她他们可能会在外面待上好几小时,甚至可能是好几天,视情况而定。她穿上了一件开襟毛衣,带了一条披肩和一小包饼干,还有她的放大镜和电子书。这些都很轻,方便携带。她在为一些琐事担心,她知道那些都是琐事,但依然忍不住担心:今晚她要把假牙放在哪里呢?她昂贵的假牙。还有干净的内裤呢?托拜厄斯说他们不能带多少东西。

现在他们准备冒险出发,就像月光下的老鼠。现在时机正好,托拜厄斯说。他握着她的手,领着她走下楼梯,穿过走廊来到厨房,然后穿过储藏室、走过垃圾箱。他每到一处都会告诉她,让她知道旅途进行到了哪一步。他在每一道门前都会停留片刻。"别担心,"他说,"这里没人。他们都走了。"

"但我听到了什么声音,"她低语道,她的确听到了:窸窸窸窣窣的脚步声。微小尖锐的吱吱声。是那些小人们终于对她说话了吗?她的心跳快得让人心烦。有什么味道吗?一股动物的恶臭,就像滚热的头皮,肮脏的腋窝?

"是老鼠。"他说,"这种地方总是有老鼠,藏在这里。它们知道什么时候出来才安全。我觉得它们比我们聪明。抓住我的胳膊,要下个台阶。"

现在他们穿过了大楼的后门,到了外面。能听到远处的声音,是重复的吟诵——一定是大门那边的人群。他们在喊什么?快点滚,别磨蹭!烧光光,换我们!真是不祥的节奏。

但声音是从很远的地方传来的。大楼背面这里非常安静。空气清新,晚风习习。威尔玛担心他们会被人看见,被误认为是闯入者,或是高级协助区的逃亡者,但显然周围什么人都没有。没有牵着小猎狗的人。托拜厄斯时不时打开手电筒照亮脚下,又迅速地关掉。

"有萤火虫吗?"威尔玛轻声问。她希望有,因为如果没有的话,那些在她视线边缘像信号灯一般跳动闪烁的亮光是什么呢?这是某种新的神经反常症状吗?她的大脑已经像一台掉进浴缸的烤面包机一样短路了吗?

"有很多萤火虫。"托拜厄斯轻声回应。

"我们要去哪儿?"

"你会知道的,"他说,"等我们到了之后。"

威尔玛冒出了一个格格不入又令人恐惧的念头。万一这一切都是托拜厄斯编出来的呢？万一门口根本就没有带着婴儿面具的抗议者？万一这不过是一场集体性幻觉，就像流血泪的雕像或是云端的圣母玛利亚？或者更糟：万一这不过是精心设计的骗术，为了把她引诱到这里，好让托拜厄斯把她掐死？万一他是个恐怖的杀手呢？

但那些电台广播呢？很容易伪造。但诺琳和乔安妮，还有她们做汤的厨房呢？付钱请的演员。她现在能听到的吟诵呢？录音。或者是一群招募来的学生——他们很乐意为了微薄的报酬而做这种事。只要有钱，上演这么一场疯狂的戏码并非不可能。

你看了太多神秘谋杀小说，威尔玛。她告诉自己。如果他想杀你，他早先就可以动手了。而且就算她是对的，她也无法回头了：她根本不知道能回到哪里去。

"我们到了。"托拜厄斯说，"正面看台。我们在这里会很舒适。"

他们在一座凉亭里，院子最左边的一座。在装饰池塘的最远端，而且据托拜厄斯说，能瞭望到安布罗希亚庄园主入口的部分情形。他带来了望远镜。

"这里有些花生。"他说。包装纸的沙沙声——他把一小把卵形的东西放到了她的手心里。它们多么令人安心啊！她的恐惧退却了。他今天早些时候在凉亭里藏了一块毛毯，还有两保温杯的咖啡。他拿出这些东西，布置好了这场不寻常的野餐。然后，就和她模糊的记忆中曾经与年轻男子一起野餐时的情形一样——那些点燃篝火的夜晚，有热狗和啤酒——一只结实可靠的胳膊从黑暗中滑过来，自信又略带羞涩地环住她的肩膀。这只胳膊真的在这儿吗？还是只是她的幻想？

"你跟我在一起很安全，亲爱的女士。"托拜厄斯说。每件事物都相互联系，威尔玛心想。

"现在他们在做什么？"威尔玛略带颤抖地问道。

"四处乱转，"托拜厄斯说，"先是四处乱转。然后人们就会忘乎所以。"他关切地把毛毯裹在她身上。有一队小人，有男有女，穿着暗红色的天鹅绒外套，上面纹理丰富，图样多变，闪着金光。他们一定是站在凉亭的金属围栏上，但她看不见围栏。他们正在举行一场盛大的舞会，手挽着手，成双成对。他们往前探出几步，停下，然后转身，鞠躬屈膝，接着又往前探出几步，绷着金色的脚尖。女人们戴着镶有蝶翼的花环，男人们戴着主教一般的冠冕。在人类耳朵听不到的频率上，一定有音乐在为他们奏响。

"那儿，"托拜厄斯说，"第一把火。他们有火把。毫无疑问也有炸药。"

"但其他人……"威尔玛说。

"我帮不了其他人。"托拜厄斯说。

"但是诺琳,还有乔安妮。她们还在里面。她们会被……"她意识到,自己正紧紧攥住自己的双手。这双手就像是别人的。

"事情总是如此。"他哀伤地说,还是冷漠地说?她无法分辨。

人群中的隆隆声愈来愈响。"现在他们进到围墙里面来了,"托拜厄斯说,"他们在大楼的门前堆满了东西。我猜边门也是。他们会干得很彻底。他们正在把油桶滚进门里去,他们把一辆车开到了门前的台阶上,堵住任何企图逃跑的人。"

"我不喜欢这样。"威尔玛说。

突然一阵巨响,就像放烟火。

"烧起来了,"托拜厄斯说,"庄园。"传来了刺耳的尖叫声。威尔玛用手捂住耳朵,但仍然能听见。尖叫声持续着,先是很响,然后渐渐变弱了。

消防车什么时候会来!没有警笛声。

"我受不了这些。"她说。托拜厄斯拍了拍她的膝盖。

"也许他们会从窗户里跳出来。"他说。

"不,"威尔玛说,"他们不会的。"如果是她自己,就不会。她会放弃。无论如何,浓烟会首先吞噬他们。

现在火焰肆虐。它们如此明亮,就算不用眼睛外围的视野她也能看到。和它们混在一起闪烁飞扬的是那些小人,红色的外套从里向外透着光,猩红色,橙黄色,明黄色,金色。他们盘旋而上,如此欢乐!他们相互靠近,拥抱,又分开。这是多么轻快缥缈的舞蹈!

看哪。看哪!他们在歌唱!

致 谢

这九则传奇得益于古往今来的传说。把一篇短篇小说称为"传奇"至少能略微减去一丝日常工作与生活的单调气息。它能让人想起民间故事、神话故事和许久之前故事讲述者的世界。我们也许可以保守地认为所有的"传奇"都是虚构的,而"故事"可能是描述我们通常所称的"真实世界"中的真实事件,正如一则短篇故事通常总会保持在社会现实主义的范畴之内。**《古舟子咏》**[1]讲述的是传奇。"给我一枚铜币,我就给你讲个绝妙的传奇。"后来的**罗伯逊·戴维斯**[2]也很喜欢这样说。

这些传奇中有几篇是关于现存的传说,到底是哪些传说,我将留给你们去探寻。其中有三篇曾经发表过。

---

[1] 《古舟子咏》是英国浪漫主义杰出代表、"湖畔派诗人"之一塞缪尔·泰勒·柯勒律治(Samuel Taylor Coleridge,1772—1834)的经典诗作。

[2] 罗伯逊·戴维斯(Robertson Davies,1913—1995)是加拿大著名作家,他的小说作品通常包含魔幻、神秘主义和荣格心理学的成分。

题名小说《石床垫》始于加拿大探险公司组织的一次加拿大北极圈游轮之旅，写来给我的探险家同伴们解闷。**格雷姆·吉布森**[1]做出了实质性的贡献，在这样一次旅程中，一个人要如何着手谋杀另一个人且逃脱法网，他脑中似乎已有详尽的计划。因为旅客们都想知道故事如何发展（船上无数的鲍勃们尤为感兴趣），我写完了它。感谢编辑黛博拉·特里斯曼，《纽约客》刊发了这则故事（于2011年的12月19日和26日）。

《天生畸物》是为**迈克尔·查邦**[2]编撰的志怪小说集《麦克斯维尼的惊奇故事魔法屋》所写。编辑系迈克尔·查邦，由维塔奇出版社2004年出版。

《我梦见泽尼亚和她的鲜红獠牙》是为《海象》杂志（2012年夏季刊）所写。作者们被要求重温一位早期创作的小说中的角色。我选择了《强盗新娘》中的泽尼亚，以及她的朋友们，或者说是被她欺骗过的受害者洛兹、查丽丝和托尼。

一如既往，感谢我的编辑们：兰登书屋（加拿大）麦克里兰和斯图尔特出版社的艾伦·塞利格曼；兰登书屋（美国）双日出版社的南·塔尼斯；布卢姆茨伯里（英国）出版社的亚历山德拉·桑斯特。此外还有善始善终网站（Stronginish.

---

[1] 格雷姆·吉布森（Graeme Gibson）是加拿大小说家，也是作者的伴侣。
[2] 迈克尔·查邦（Michael Chabon）是美国著名小说家、编剧，曾获得普利策奖。

ca）的版权编辑海瑟·桑斯特。

感谢我最初的读者们：**杰西·阿特伍德·吉布森**[1]和我的北美地区文稿代理菲比·拉莫，以及我的英国地区文稿代理，柯提斯·布朗文稿代理中心的薇薇安·舒斯特和卡洛琳娜·萨顿。

同时要感谢柯提斯·布朗文稿代理中心处理海外版权事宜的贝茜·罗宾斯和索菲·贝克。ICM文稿代理中心的罗恩·伯恩斯坦。维塔奇出版社的路易斯·丹尼斯，铁锚图书的卢安·瓦尔瑟，悍妇出版社的莱尼·古丁斯，以及我在世界各地的代理和出版商。还要感谢艾莉森·里奇、阿什利·邓恩、玛德琳·菲尼以及朱迪·雅各布斯。

感谢我办公室的工作人员，苏珊·娜波特、萨拉·韦伯斯特、劳拉·斯特恩伯格、潘妮·卡瓦诺夫、V.J.鲍尔、乔伊·卢比诺维奇和谢尔顿·舒尔布，以及迈克尔·布拉德利和萨拉·库珀，柯琳·奎恩和赵晓兰（音）。同时要感谢东安格利亚大学，特别是安德鲁·考恩，以及诺维奇作家中心，特别是克里斯·格利博。我在这里担任了一学期联合国教科文组织的"文学之城"客座教授，并且完成了本书中的两个故事。

最后，特别要感谢的是永远诡计多端的格雷姆·吉布森。

---

[1] 作者的女儿。

译后记

咒语始于一场风雪

亡者在幻境中吐露真言

枯竭的诗人不过是故事的注脚

（他在酒桶中永生）

乌发黑眼的女猎手并未赢得桂冠

（石巢封印 毒蜂噬心）

所有人终将老去

除了毛皮茂密、指甲血红的少女

（她在满月之夜及时坠入火海）

诱惑与安慰 都来源于妄想

化作黑寡妇、斑点狗

或是强盗新娘

作家本人并不擅长

解读作品中的隐喻和意象

惟有北极圈的寒鸦见证

静待数十亿年的凶器被初次挥舞

复仇之路通向何方?

献祭终结于一场火焰

年轻人说

举杯歌唱吧,灰烬中将诞生新的世界。

出生于1939年的加拿大作家玛格丽特·阿特伍德已逾古稀之年,她的名字依旧常常出现在诺贝尔文学奖的陪跑名单中。距她的成名作《可以吃的女人》出版已有将近50年,但这位天蝎座的女巫婆婆并没有停下创作的脚步,依然狡黠地挥舞着魔杖为读者们施展法术。2013年完成末世三部曲的终曲《疯狂亚当》之后,她又在2014年参与了"未来图书馆"计划,创作了一本将被封存100年的小说 *Scribbler Moon*。因为除了标题之外阿特伍德没有透露本书的任何信息,所以我们无法确定合适的译名,《涂鸦者之月》?《拙劣文人星球》?这些只好留待百年之后有缘得见这位"睡美人"真面目的译者来考虑了。所幸的是，2014年阿特伍德还发表了一部短篇小说集《石床垫》，给了翘首期盼的读者们一丝安慰。

《石床垫》由九则短篇小说组成。正如标题小说中"石床垫"所指的几十亿年前诞生的叠层岩一般，它们层层堆积、缓缓发力，一点一滴在海水中释放出人类赖以生存的小小氧气泡。然后，当氧气量足够的那一刻，世界在瞬间开始改变，细胞进化，历史翻开了崭新的一页——平凡的微小力量也能创造出波澜壮阔的史诗。书末的致谢中，阿特伍德表示更愿意把这九篇小说称作"传奇"（tale）而不是普通的"故事"（story）。与story比起来，tale通常更赋有神话、传说和假想的虚构色彩。这九篇小说尽管没有完全跳脱你我熟悉的现实基础，但的确如作者所言，少了"一丝日常工作与生活的单调气息"，而更像是一本不可思议的现代传奇。饮下女巫婆婆调配的这份魔药，在翻滚的水泡和蒸腾的雾气之中，我们跟随主人公穿梭在现实与虚幻之间，探索略显怪诞的哥特风世界。

那么，调配这样一份特别的魔药，女巫婆婆用了哪些原料？

一、沧桑古旧的黄铜坩埚

在本书中，"晚年"可以说是贯穿始终的主题。九篇小说中有七篇的主人公都是老人，他们之中有能听见亡夫声音的奇幻小说家，有一切行动受年轻妻子控制的没落诗人，有相依为命只信任彼此的双胞胎兄妹，有遭遇过同样伤害而团结一致的受害者同盟，有莫名取得成功却众叛亲离的恐怖经典大师，有独自踏上北极游轮之旅的优雅寡妇，有安逸生活恍然间风云突变的养老院住客。无论曾经是谁，无论经历过什么，都无法抵御岁月的侵袭。在晚年，被某个特殊的契机触发，他们开始回溯遥远的青春过往，解开情感纠葛，揭露隐秘心事，应对昔日幽魂，掷出复仇之石，或是茫然无措地被时代的洪流吞没。

阿特伍德生动地描绘了人在晚年可能遭遇的各种生理问题：皱纹、眼袋、脱发、不举、肌肉松弛、骨质疏松、牙齿脱落不过是不足挂齿的小问题，幻听、关节炎、高血压、心脏病、糖尿病、动脉硬化、老年痴呆、黄斑退化症、夏尔·邦纳综合征可能会给你的生活制造障碍。但真正让人举步维艰的并非只有生理问题：伴侣撒手人寰，子女远在他方，朋友逐个逝去，而主人公孑然一身，在身体的苦楚和心灵的孤寂中挣扎求生，一边忍受过往心结的折磨，一边自问"我如何落到了这步田地？"一边假想"如果那时……现在会怎么样？"青春和健康就像一场梦。不仅如此，即便主人公已经安于天命，不再纠结过往，只想平静度过余生，也并非易事。本书的最后一篇《焚尽余灰》就夸张地描绘了这样的世界：戴着新生婴儿面具的极端主义者宣称老人不过是社会的累赘,床下的余灰,侵占了社会资源,剥夺了年轻人的机会。他们在全球范围内组织游行暴动,封锁养老院,甚至纵火虐杀老人。而政府毫无作为,媒体袖手旁观,任凭老人们在火光中被绝望吞噬。阿特伍德在以前的作品中也曾刻画过回忆往昔的老人,但如今已近耄耋之年,她对"衰老"的理解和感悟显然更为深刻透彻:"变老不就是一连串漫长的屈辱吗?有哪个正直诚实的人能忍受这些?"(《焚尽余灰》)

二、花样繁多的新鲜配料

尽管年事已高,阿特伍德却与时俱进。她不排斥使用各类高科技的电子设备,在互联网社交媒体上相当活跃,对业界的流行风潮也不乏关心。可以说她并没有被不断变化、飞速前行的世界抛在身后。在本书中,可以看到我们这个时代正流行的科技元素:电子书、电子游戏、平板电脑、Youtube、Dropbox、Craigslist;也可以找到近年来广受追捧的通俗文化元素:剑与魔法的奇幻世界,粉丝齐聚的动漫展会,恶灵缠身的恐怖电影,奇装异服的哥特萝莉,荒废仓库里的离奇凶案,随着月相畸变的尖牙兽女……当然,"还有吸血鬼。你曾经和他们站在一处就能认出他们——臭气熏天、邪恶无比还死不掉——但现在又有了品行端正的吸血鬼和声名狼藉的吸血鬼,还有性感迷人的吸血鬼和闪闪发光的吸血鬼,所有关于他们的老规矩都不管用了。"(《我梦见泽尼亚和她的鲜红獠牙》)这里莫不是在吐槽《暮光之城》《吸血鬼日记》《真爱如血》等作品引领的新时代吸血鬼风潮？对于这些流行元素，阿特伍德的态度是带着一丝反思与反讽的：在《死手爱你》中，弗洛伊德派和荣格派的评论家们热切地解读着"享誉国际的恐怖经典"中的情节，而作者本人却觉得他们都是在"胡说八道"，他的情节并无深意，不过是为了早日赶出成品化解房租危机。

当然，除了这些流行元素之外，阿特伍德也在书中埋下了不少经典文学的梗。莎士比亚的十四行诗，马提亚尔的拉丁隽语，哈德良大帝的遗言，还有丁尼生、柯勒律治、沃尔特·培特、赫尔曼·黑塞和厄普代克。在品尝时细细分辨这些花样繁多的配料，对读者来说也是一件趣事。

三、加国风味的爽口沙冰

作为加拿大作家，阿特伍德一直不遗余力地为"加拿大文学"的身份建构而努力。加拿大的壮阔山川、冰封天地也一直是她作品中的重要主题之一。在本书中，她也不忘撒下一把加国风味的爽口沙冰。

书中故事发生的舞台大多在加拿大，甚至主要在多伦多：《阿尔芬之境》《归魂》《黑女士》中的康斯坦斯、加文和玛乔里在六十年代约克维尔的一家波西米亚咖啡馆里有所交集；《冻干新郎》中的山姆在皇后大道西边经营着一家古董家具店；《我梦见泽尼亚和她的鲜红獠牙》中的老友们生活在帕克戴尔地区；《死手爱你》中的四个同学租住在多伦多大学附近的一栋破旧小楼里;《石床垫》中的弗娜来自多伦多周边一个微不足道的小镇。加拿大的严寒天气也在书中扮演了重要的角色:暴风雪肆虐,康斯坦斯需要亡夫声音的引导来应对这次危机(《阿尔芬之境》);极地涡旋来袭,山姆在寒风刺骨的郊区仓库遭遇一场危险的诱惑(《冻干新郎》);冰山在身边漂移,弗娜在航向北极的壮阔旅行中实施临时起意的复仇计划(《石床垫》)。除此之外,我们还能找到许多充满加国风味的关键词:唐米尔斯、密西沙加、马尼托巴、樱桃海滩、加拿大弹棋、独木舟餐厅、A353 软膏、西尔维娅·泰森、加德纳高速公路……对于并不十分熟悉加国地名和风土人情的译者来说,发掘这些词的含义也是一件非常有趣的工作。有时,笔者禁不住会造次地假想这样的画面:女巫婆婆举起加了双糖双奶的蒂姆·霍顿家咖啡,豪爽地大笑:"干了这杯蒂米·霍顿,来生还做加拿大人!"

在本书的翻译过程中,我想首先感谢河南大学出版社杨全强老师的耐心和信任。其次,感谢家人们的理解、陪伴与支持,特别是在翻译之初刚刚降临人世的女儿,你的笑容永远是我疲惫时的一针鸡血;感谢我的先生,与我共同应对新手爸妈的各种挑战;感谢我的父母们,在工作与生活上都给予我宝贵的经验与鼓励;还有我的奶奶,她已年过九十,和阿特伍德在本书中描绘的众多老人一样忍受着衰老带来的屈辱与冷落,但她永远开朗乐观,不断尝试新鲜事物——愿她福寿安康！

此外，因本人学识水平有限，译文中难免有疏忽错漏之处，还请各位读者不吝赐教，批评指正。

译者

2017 年 8 月于南京